一週教育論壇系列叢書之五

Weekly Forum on Education Series Ⅴ

追求美善的教育

Pursuing the Education of Aesthetics and Goodness

潘慧玲　主編

心理出版社

主編序

　　本書是《一週教育論壇系列叢書》之五，該系列叢書集結了我自二〇〇二年至今主持教育廣播電台「一週教育論壇」節目的內容。這份主持工作，自二〇〇二年接手至今，一晃眼已五年多，對我而言，是一項新的嘗試，也讓自己原本已經忙碌的生活，憑添幾分匆忙，尤其過去幾年還曾身兼台灣師範大學教育研究中心的主任！然而，能夠推廣新知、能夠接觸到不同的人、能夠從不同視角觀看事情，這樣的廣播經驗，確是令人難以忘情，因此，額外的工作承載有時也成了甜蜜的負擔。

　　在主持節目的過程中，本乎自己一向秉持的「盡其在我」之信念，常思考節目如何因應環境的變遷以及收聽者的需求而發揮更大的效能。於是，節目的定位、確認主要的收聽群眾，便成為首要之務。每一集節目主題的找尋，均以教育時論與教育改革為主軸。幾年來所談過之主題，涵蓋範圍甚廣，包括法令修訂與制度革新、教育領導與評鑑、各級學校教育、九年一貫課程、教學與評量、性別與族群、學校革新、教師專業發展、以及各類議題教育（如藝術教育、生命教育、人權教育等）。

　　為使所談過的主題更具系統性地呈現於讀者面前，一方面讓收聽過節目的聽眾，有經過整理而可以參照的紙本，另一方面讓未收聽過節目的讀者，也能透過書籍的閱讀，分享教育新知，乃將相關主題之節目內容彙整成冊。此外，為提升本系列叢書的可讀性，許多原來在廣播節目中的口語表達，均作了文字修潤；為讓文章的重點得以清楚凸顯，每集內容也都畫龍點睛地下了標題；甚至為使原本節目所談內容能即時更新並作理解之延伸，有些則以附註或「編輯小語」進行補充。

　　本書《追求美善的教育》之出版，乃著眼於國內性別與原住民教育的相關政策與實施有其缺漏之處，以及過去正式課程中有一些較不

被重視但隨著社會變遷卻愈趨重要之教育議題，值得加以關切，並作深入之討論。在本書中，首先探討性別教育重要改革之工作方向，以及性別平等教育之教學、教材、課程與師資，並以多元文化之觀點，檢視當前的原住民教育政策，提出紐西蘭的原住民政策以供借鏡。另則針對美感、音樂、媒體、網路、環境、生命、人權及法治等議題，透過與專家學者的對話檢視與省思我國當今教育哲學脈絡與課程內容之規劃與建構是否過於偏狹或有所闕漏，俾使我國教育與課程之內涵能更為豐富與良善。望本書之付梓能具拋磚引玉之效，引發讀者大眾對於重要議題之關心，並豐碩讀者大眾對於生命意涵之感知。

每一本書的完成，總是涉及許多人的努力與投入。對於本系列叢書的順利出版，首先要感謝教育廣播電台陳克允台長邀請我主持節目，電台同仁林武英小姐、呂雪小姐盡責地製播節目，以及參與廣播節目的所有來賓，他們毫不吝嗇地貢獻了自己寶貴的智慧與經驗。其次，本系列叢書之能完成，台灣師範大學教育系博士班學生洪瑞璇小姐功不可沒，她孜孜不倦地為本系列叢書作編輯，全書之能綱舉目張，都要歸功於她。另者，我的專任助理王名騄小姐、紀雅玲小姐、梁志彬先生、台灣師範大學教育政策與行政研究所碩士班學生王淑芬小姐、台灣師範大學教育系碩士班學生鍾嘉純小姐、台灣師範大學教育系學生李金薇小姐、張眞嘉小姐及林倩文小姐，為了書籍之排版、校對，均花費甚多之心力；台灣師範大學教育系博士班學生陳鏗任先生為書籍所做的美工編輯；以及幫忙轉錄廣播節目逐字稿的同學們，都是我在此要一併致謝的。最後，感謝心理出版社協助本系列叢書之相關印製與發行事宜，誠摯期盼本系列叢書之出版，能夠激盪更多的教育思考與論辯，也期盼方家不吝惠予指正。

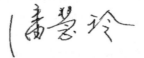

寫於台灣師範大學

主持人、與談人簡介

主持人

姓 名	主 持 論 壇 時 職 稱
潘慧玲	國立台灣師範大學教育學系教授兼教育研究中心主任

與談人

姓 名	參 加 論 壇 時 職 稱	與 談 主 題
王秋絨	國立台灣師範大學社會教育學系教授	婦女教育政策的背景與理念 婦女教育政策的目標與實施方案
陳惠馨	國立政治大學法律系教授	性別平等教育法概論 性別教育平等法的精神與重要內容
蘇芊玲	教育部兩性平等教育委員會委員	教育部性別平等教育五大工作方向（上） 教育部性別平等教育五大工作方向（下）

姓　名	參 加 論 壇 時 職 稱	與 談 主 題
賴友梅	性別平等教育協會副秘書長	
		性別平等教育的教學與教師意識覺醒
		性別平等教育的教材與推動現況
莊明貞	國立臺北師範學院課程與教學研究所教授	
		性別平等教育與課程改革
		性別平等教育的師資與展望
汪秋一	行政院原住民委員會教育文化處處長	
		概覽台灣原住民教育
		原住民教育的現在與未來
利格拉樂・阿烏	專職作家、公共電視原住民節目諮詢委員	
		原住民教育的體驗
張建成	國立臺灣師範大學教育學系教授	
		從多元文化觀看臺灣原住民教育
		文化認同與台紐原住民教育政策
崔光宙	國立東華大學教育研究所教授	
		美感教育理念與美感判斷發展
		美感規準、藝術語言與美感教育

追求美善的教育

姓　名	參 加 論 壇 時 職 稱	與 談 主 題
陳瓊花	國立台灣師範大學美術學系教授	
		從美術課到視覺藝術——台灣美術教育的發展
		美術教育的教學與鑑賞能力
林淑真	國立台灣師範大學音樂學系教授	
		音樂資優人才的培育
		音樂欣賞教育
吳翠珍	國立政治大學廣播電視學系副教授	
		國內媒體教育與媒體教育
		媒體教育白皮書及國內媒體教育概況
何榮桂	國立台灣師範大學資訊教育學系教授	
	兼電子計算機中心主任	
		電玩小子
		網路教學
張子超	國立台灣師範大學環境教育研究所副教授	
		環境教育的意涵與推動
		營造美麗境界——環境教育在校園裡的落實
孫效智	國立台灣大學哲學系副教授、	
	教育部生命教育委員會委員	
		生命教育的意義探究概覽
		生命教育的實踐

V

（依文章出現先後排序）

目錄

第一篇　婦女/性別教育

🔲 第二篇　原住民教育 🔲

◨ 第三篇　美學教育◨

◨ 第四篇　媒體、網路與教育環境 ◨

第五篇　生命、人權與法治環境

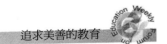

追求美善的教育

第一篇：

婦女／性別教育

婦女教育政策的背景與理念

主持人：潘慧玲（國立台灣師範大學教育學系教授兼教研中心主任）

討論人：王秋絨（國立台灣師範大學社會教育學系教授）

論壇日期：2002 年 11 月 17 日

 討論題綱

【婦女教育政策的背景與理念】

一、前言

二、婦女教育政策研擬的背景

◆　研擬背景

三、女性在教育情境中居弱勢地位之因

◆　先天生理限制

◆　後天社會壓迫

四、婦女教育政策的理念

◆　實施婦女教育的原因

◆　婦女教育政策研擬的原則

◆　生命自主權的彰顯

◆　多元性別概念的重視

五、結語

一、前言

• 潘教授

今（民國九十一）年六月十四日行政院婦女權益促進委員會第十四次委員會裡，通過了婦女教育政策的修正版本，[1]至此，婦女教育政策可謂步入了推動實施的階段。不過這一份婦女教育政策的研擬應該要回溯到民國八十八年，當時教育部訓委會委託台灣師範大學社會教育學系王秋絨教授籌組一個專案小組，規劃婦女教育政策。今天我們特別邀請王秋絨教授來與我們談談婦女教育政策的研擬動機，以及這個教育政策的理念。首先請問王教授，婦女教育政策是在何種時空背景下擬定的？

二、婦女教育政策研擬的背景

◆ 研擬背景

• 王教授

事實上，有幾個很重要的背景，首先是整個世界潮流對性別平等的倡議。台灣是一個很容易跟國際聲音接軌的國家，所以也受到了世界潮流的影響。再者，過去許多婦女團體為婦女教育政策盡了很大的力量，民國八十八年的時候這些婦女團體認為我國要成為一個先進國家，就必須實踐男女平等。所以行政院的婦女權益促進委員會就研擬了一個新世紀婦女政策藍圖，而教育是其中一個部分。

---

[1] 「婦女教育政策」可於行政院婦女權益促進委員會網站中的「婦女相關政策、方案、計劃與研究」子網頁中尋獲政策全文（http://cwrp.moi.gov.tw/WRPCMain/Project_Show.asp?Project_ID=5）。其他有關婦女相關政策亦可於此網站中得到。另外，在本書【性別與婦女教育補充資料】裡，可以查到該政策之摘要。

• 潘教授

在民國八十八年的時候，教育部其實已經成立了兩性平等教育委員會，為什麼教育部不乾脆研擬一個性別平等教育政策，而要針對婦女另外規劃一個婦女教育政策呢？

• 王教授

我不是很清楚他們為什麼要這樣做。如果我從學者的眼光來看，我會認為婦女政策可能是第一階段的目標，而兩性平等是第二階段目標。亦即，在爭取男女平等上，我們先針對婦女，讓她們願意成為與男性平起平坐的社會人，然後再請男性成為彼此尊重與同樣平等的人。因為如果一開始就要從男性著手，要原本不太承認兩性平等的男性馬上改變，可能會有很大的困難。通常我們是請弱勢者集體出來爭取比較獨立自主的地位，這種做法是比較有力量的。因為弱勢者被壓制，所以想變好的動力非常強，而要壓制者（男性）自己改變來承認女性的弱勢是比較困難的。今天婦女教育會存在，就是因為過去處於男尊女卑的狀況下，我們覺得有必要讓女性獨立自主，才造成婦女教育的蓬勃發展，如果是從男性著手來做的話，恐怕會有很大的阻力與困境。

三、女性在教育情境中居弱勢地位之因

• 潘教授

在目前的社會結構底下，女性還是屬於一個比較弱勢的地位，如果我們閱讀許多相關的婦女處境報告書，所檢視出來目前婦女在教育上的處境（譬如以入學機會來談），可以發現隨著年級或者教育層級的爬升，男女性別比例是不一樣的。近幾年雖然大學中男女入學的機會差不多，不過到了研究所階段，碩士班還是以男性居多，而博士班

男女的比例差距更大，男性居多的現象更明顯。而這只是入學機會的部分，請王教授再跟我們談談，婦女在教育情境中有哪些部分比較居於弱勢地位，使我們在推動性別平等時，可以先針對這些部分來做？

◆ 先天生理限制

● 王教授

　　這可以從兩方面來談：一方面是女性是不是有特別的生理限制？另一方面是我們的社會價值觀是不是影響到學習過程、或入學機會的不均等？使得整個受教過程產生不均等的情形。生理限制的問題是由很多學者研究出來的，他們發現女性的腦部結構跟男性不太一樣，尤其在處理情緒上女人與男人是不一樣的，所以有人會覺得女性比較情緒化。這是因為男性處理情緒的時候，是透過理性的神經控制去處理情緒的部份；而女性處理情緒的時候，她本來用來控制理性的神經沒有辦法跨越過來處理她的情緒，所以她是以產生情緒的系統來處理情緒，於是女性本質上就沒有那麼理性，這是生理上的一個的限制。

◆ 後天社會壓迫

● 潘教授

　　就生理這個部分，很多人其實有不同的說法。剛剛王教授提到的是先天說，但是也有一些婦女團體或婦女研究的學者們，提出這是後天建構論的主張。男女情緒控制上不同，是不能完全歸因於先天生理條件的不一樣；另外，為什麼男生數學比較好，而女生語文比較好，後天的社會化過程是不是也發揮了很大的影響作用？

● 王教授

　　我覺得先天條件是有影響的，但是還要加上後天環境對女性不同的訓練與期待所造成的影響。譬如我們常常對女孩子講很多話，如果

從神經心理學的角度來看，常常加以語言訓練會刺激她，相對應語言管理的那個部分特別發達。所以，她語言功能就會特別好，也許是這樣的訓練使女性的語言特別好。

再者就入學機會而言，如果分科來看，高中職以下各科的就學機會其性別人數大致是相等的，大學以上就會因科系而有很大的差異，譬如有些理工科系中女生就很少。造成這個現象的原因有很大一部份是社會規範的限制，社會總覺得女孩子學工要做什麼？因為做工的人就不是溫柔，我們對女性的期待就是要很溫柔，所以父母不喜歡女孩子學習需要拋頭露面、粗裡粗氣、很粗獷的領域。是以，我認為大學以上男女比例差距大的原因有其後天影響存在。不過到目前為止，還沒有很清楚的資料可以預測有多少比例是生理的影響、多少比例是心理的影響、而多少比例是社會價值的影響，但是我們可以知道這幾個因素交錯起來，交互影響的結果便造成這種情況。

上述其中的社會價值部分就是教育最能夠處理的地方，我們要讓女生可以依她的才能掌握學習機會，而不要去阻礙。今日在觀念上我們都會承認大家是均等的，但實際作法還是存在著很「沙豬」的、不均等的作法。比如女生要念博士，父母一定警告女生說「那就不要嫁」，以前不結婚是比較嚴重的，現在大家比較習慣了，可是很多女生還是不太希望跟別人不一樣，因為大家還是想要結婚，所以有很多女生考量要不要讀碩博士班。我姊姊有個學生考上公費留考，後來她家人極力阻止，認為等她出國回來就找不到人嫁了，因為屆時可以找的對象將越來越少，所以就阻止她出國留學，最後她只好留在高中教書。

• 潘教授

事實上，我有學生也如此，考上博士班要來就讀，內心卻產生很大衝突，她會考慮男朋友怎麼辦？男朋友又沒有念研究所，所以家人

給她壓力，男方家裡也會給她壓力。通常男生就不會有這種心理壓力，他們唸博士班好像是理所當然的，但他也會有念不到博士班的壓力。比如，Ph.D.的中文是哲學博士，有人開玩笑說這是"push husband for degree"（逼迫先生追求學位），這是「博士」的新解。在整個受教過程中，社會給予男女學生不同的教育期望

為什麼我們會對男女有這麼多不同的期望？如果我們就社會化歷程來看，女生數理能力較差這個現象，將會發現女生小時候如果對科學的東西不感興趣，父母親好像也不會特別勉強，可是卻會特別鼓勵男生多去看自然的東西，多去做自然領域的探索。總之，就整體婦女受教過程來反思，我們應該探究如何幫助女性，讓她能夠在受教過程中有機會成為她自己。

四、婦女教育政策的理念

● 潘教授

可不可以請王教授談一談，為什麼要實施婦女教育以及當時研擬婦女教育政策的理念？

◆ 實施婦女教育的原因

● 王教授

實施婦女教育有三個很重要的原因：首先，因為在過去「男主外、女主內」的結構或社會機制運作下，產生男尊女卑的狀態，使得婦女受教育的機會不多，甚至存在著被剝削正常受教機會的事實，而且這是長期歷史文化的累積；第二個原因是婦女的生理與學習方式是不太一樣的，比如有很多教育學者研究指出，婦女比男性更依賴個體經驗來解釋或認識這個世界，所以女性論理或者從政的能力常常是不如

男生的，她多從情感面出發，情緒感受性很強，也很容易造成以偏概全論理的形式，這些均指出女生與男生之間還是有集體性的差異存在；第三個原因與男主外、女主內有關，畢竟社會對男女的期待是不一樣的，所以男生就要很強，要學很多職場上需要的知識技能，譬如學理工科，而女生當然就是學繡花、吟詩之類有氣質的活動，或者學習怎麼教養子女等比較軟性的東西。

今天我們之所以主張有推展婦女教育的必要，是因為現在的社會分工已經改變，不再是絕對的男主外、女主內了，男女都可以一起做他們想做的事情，所以過去的規範不適用了。但是價值規範要徹底改變事實上是很困難的，因此，為了因應新時代的需要，我們應該加速而且有系統地處理男女不平等的事實，因為它已經傷害到社會的運作。而婦女教育就是要達到性別平等教育的一個階段性工作，於是那時候我們擬了幾個重點，做為婦女教育政策的主要施教理念。首先，我們認為婦女教育的實施內容、重點或範圍，在於引導婦女建立樂於做自己生命主人的價值觀念。第二，政策實施先以婦女為對象。第三，政策要有實踐的倫理性，要尊重女性、也尊重男性地實施婦女教育。第四，一定要有階段性，這個階段性當然需要考量性別平等的扭曲狀態。最後，我們希望達到相互尊重，以及尊重男女之間的個別差異。

◆ 婦女教育政策研擬的原則

● 潘教授

剛剛談了婦女教育政策研擬的理念，關於原則的部分請王教授詳細說明一下？

● 王教授

婦女教育政策研擬原則有兩個重點要把握，第一個是整個婦女教育的核心部分，是要幫助婦女朋友不再重複過去當人生的附庸，或社

會規範下的附庸，她可以真正當生命的主人。第二個重點是實施婦女教育的時候，必須先考慮是不是能避免對準備被教育、被啟蒙的婦女朋友造成傷害，也不要在女性成長或受教的過程中，排擠或間接傷害到男性的自尊，這點是非常重要的，我們把它稱為婦女教育政策實施的倫理性。再仔細說明這個倫理性觀念，什麼叫「消極地避免對女性的傷害」？有些女生可能已經很習慣依賴男生過日子，你要她突然改變，事實上她在觀念上還做不到，若一定要把它改過來，我認為這就太強制了，就會犯了在教學上或教育上所說的「沒有尊重受教的主體性」這樣的毛病。所以，教育工作者能做的，不是一下子把它改過來，而是設計或提供很多機會讓她思考，讓她自己願意慢慢改，這種做法可能比較妥當，也就是不要去強制女性一定要在很短的時間內改變觀點。男尊女卑這樣的觀念是長期歷史文化的累積，所以我們需要多一點的耐性等她改變，並且要放在長期的歷史文化脈絡下慢慢去改。我們也不主張因為要爭取女性的獨立自主權，而把男生痛罵一頓，或者是排斥他們、指責他們，其實男性優於女性的現象是過去的人造成的，不是現在的男人造成的，我們應該怪的是過去的歷史，可是我們常常會把「都是你們男生啦」這種口頭禪掛在嘴上，男生就會覺得為什麼無故受到池魚之殃。如果是這樣辦教育，那麼男生與女生之間就太緊張了，教育效果也不會好。所以我們希望站在尊重的前提去談這個部分及實施婦女教育政策，這樣比較有效果，也可以把握尊重男人與女人這樣的教育原則。

• 潘教授

在推動婦女教育政策的過程裡，有些策略的確是可以考量的，而這也是目前實施性別平等教育時會碰到的。譬如女性啟蒙後產生自主意識，開始會思考為什麼大結構是這樣的？為什麼社會是一個不公平的體制？她的內心一定會充滿許多的衝突、矛盾，甚至是對大體制的

抵抗。所以這會是一個長期的過程，必須花很長的時間慢慢思考清楚女性要追求的主體性到底是什麼。另外，剛剛您提到特別要注意不要將罪過全部歸到周圍的男生身上，讓好多男生都覺得很無辜，為什麼女生老是罵他們？我認為在追求性別平等的過程中，責難的對象應該是父權體制而不是個人。不過，若反向思考，我們怎麼讓這些男性也願意重新思考女性目前的弱勢地位與處境，而一起致力於性別平等的工作，我認為是蠻重要的。還有，當時研擬婦女教育政策時，也特別提到要以人為出發點，讓女人可以做自己生命的主人。我們今天一直談論 "empower"，它的意思就是讓每一個人都可以掌握自己，可以做一個自主的人。事實上當初構擬婦女教育政策的時候，思考的不只是讓女人可以生存在這個世界上，還希望她能夠成為一個經濟獨立自主、發揮其生命價值的個體。您可不可以就這方面再跟我們談一下？

◆ 生命自主權的彰顯

• 王教授

　　其實我們談婦女教育時，一直有個核心觀念，就是「生命自主權」的問題，這是一般女性朋友比較難做到的，當然現在已經比以前好很多了。我認為婦女教育要教女性建立這樣的價值觀念，就是要做自己生命的主人。做自己生命的主人不是一個口號，也不是很空洞、抽象的東西，其實要做自己生命的主人，通常有兩個層次：第一個就是要吃飽肚子，我們把它稱做「生存權」；第二，吃飽肚子以後可以開展一個很棒的自我，就是認可自己生命的軌跡或成為生命活動的主體，這個是「存有權」。事實上當自己生命主人還牽涉到兩個層次：第一，要有本事讓自己賺足夠的錢，不要依賴男人，自己掌握生存權；第二，在經濟獨立下，才能進一步思考在社會參與上是否也能獨立，並對自己存有擁有「界定權」。女性應該注意的是不只是現階段要爭取

脫離男性的控制，不被男性再度奴役，另外很重要的是，女性是不是也有一些偏頗不當的價值觀念奴役著自己？恐怕這也是需要反省與處理的，基本上婦女教育的理念有這兩個層次。

◆ **多元性別概念的重視**

• **潘教授**

當我們談到婦女的時候，一定會接觸到性別的概念，那麼在婦女教育政策的規劃過程中，是怎麼看待性別議題呢？以前我們在推動性別平等教育的時候，通常都把它界定為「兩性」，也就是男女兩性，所以過去稱為「兩性教育」，但是現在性別的概念開始多元了，我們會尊重不同性取向的人，也開始談多元的性別，不曉得在婦女教育政策研擬過程中是怎麼處理性別的概念？

• **王教授**

首先，我們先探討性別指的是什麼？如果從學理上來看，大概有三個層面的區分方式：第一個就是「生理性別」，從生理器官去判斷他到底是男人或女人；第二個是「社會性別」，亦即社會對男性有一套角色期待或行為期待，例如男性就要剪短頭髮、穿襯衫褲子，而女性要穿裙子⋯⋯，這些都是社會期待下的產物，我們稱做社會性別；另外一個就是「心理性別」，就是自己心理的認同，覺得自己比較像男人或者像女人，這是很私密的、屬於自我認同的部分。我們在教育上比較重視的是社會性別的部分，我們要處理因為社會文化中角色分工的不合時宜所造成的男女不平等，所以我們是以社會性別為主要考量，可是我們並不排除生理性別造成的男女差異，我們也會考量之。

• **潘教授**

我們今天社會所建構出來的男性，要很陽剛、強壯、果決，而女

性要嬌柔、體貼、細膩,當這些男性、女性特質被建構出來之後,它又跟生理性別存在著符應關係,也就是社會期望生理性別為男性的人就應該展現出社會建構的男性特質。可是,我們會看到有些生理性別為男性的人,卻表現出女性特質,然而,社會認為這類人是怪胎。所以當這些人在教育現場中有不同的性取向,或者表現出異於傳統所希冀的性別特質時,他們是相當掙扎、煎熬的。不知道婦女教育政策研擬的過程中,是否有針對這個部分加以著墨呢?

● 王教授

我們很仔細想過這個問題,後來我們對性別的看法是從互相尊重與欣賞理解的角度來處理,使男性表現細膩溫柔特質的時候,不會導致社會排斥。

五、結語

● 潘教授

性別平等運動可謂一個漫長的歷史進程,如王教授所言,婦女教育政策是這個運動的第一階段任務,而今年也正式實施這個政策了。今天很開心能夠邀請王教授在政策實行之際,來與我們一起探討政策的形成背景與理念。在論壇中,我們對政策的內容有很清楚的了解,也深入探討了許多性別相關議題。在下個論壇單元中,我們將繼續這議題,要實際看看婦女教育政策的目標為何?實施的方案又是什麼?

編輯小語

◆學歷越高、女性越少：根據教育部統計（2005），九十、九十一、九十二及九十三學年度的統計資料顯示，大學部的男女學生人數比例均約各佔一半；到了碩士班階段，男性的人數比例明顯高女性；而博士班階段，男性人數更是女性的三倍之多。是以，學歷越高，女性的人數比例變逐漸下降。下表即為四個學年度男女學生人數比例（原始數據來自教育部：http://www.edu.tw/EDU_WEB/EDU_MGT/STATISTICS/EDU7220001/data/serial/seriesdata.htm?open，由編者計算四捨五入取到小數點第二位後，獲得兩性人數之比例，整理為下表）。

年度	大學		碩士		博士	
	男	女	男	女	男	女
九十	339285	337886	55897	31354	12325	3637
	1:1		1.78:1		3.39:1	
九十一	381320	389595	65272	38153	14203	4502
	1:1		1.71:1		3.15:1	
九十二	410467	427135	75798	46111	16276	5382
	1:1		1.64:1		3.02:1	
九十三	441613	452915	83557	52435	18160	6249
	0.98:1		1.59:1		2.91:1	

◆女性多集中在大學部的人文、社會科系：根據教育部（2005）統計，九十三學年度大學部的人文、社會科中女學生約為男學生的兩倍；但是到了碩士班階段，人文科系女生數量就略為減少了，而社會科系女生數量甚至少於男生；在博士班階段，無

論人文或社會科系，男學生的人數明顯高於女學生。是故，雖然人文、社會科系中女性居多數，但是隨著學歷階級攀升，即使是人文、社會科系，男性的人數仍舊比女性高。另外，在科技學系中，無論大學、碩士班或博士班，男性的比例明顯高於女性，從大學的兩倍、碩士班的三倍，到了博士班，男性學生的人數甚至要達到女性的五倍之多。事實上，科技領域儼然成為男性主導的領域。下表即為三類科系與三個高等教育階段之男女學生人數比例（原始數據來自教育部網站：http://www.edu.tw/EDU_WEB/EDU_MGT/STATISTICS/EDU7220001/data/serial/u.xls，由編者計算四捨五入取到小數點第二位後，獲得兩性人數之比例，整理為下表）。

年度	大學		碩士		博士	
	男	女	男	女	男	女
人文	43524	101390	11967	19810	1758	1707
	1:2.33		1:1.66		1:0.97	
社會	103291	219837	22122	17807	2371	1481
	1:2.16		1:0.8		1:0.62	
科技	294798	131688	49468	14818	14031	3061
	1:0.45		1:0.3		1:0.22	

◆性別差異的觀點：一般人會認為男生比較強壯、女生比較溫柔，但這些性別特質是先天如此？抑或後天造成？關於這個問題有兩種不同的觀點（Streitmatter, 1994: 3-7，引自林昱貞，2001：28-29）：（1）先天不同論，相信男女天生不同的理論是假設不同的性別間，由於遺傳或賀爾蒙等先天因素，而有不同的思考及行為模式。這類研究一般來說有三個焦點，第一，女生思考方式與男生不同，第二，男人、女人因為特定的染色

體不同而使大腦發展出不同的能力,第三,性別間的行為有天生的差異,例如男生多半被認為比較有侵略性、競爭性,女人則較具母性等。但是根據 Richmond-Abbott(1983)和之後的 Sadlker, Sadlker 與 Klein(1991)檢視後指出,這些研究多半是用動物做實驗,對人類而言,很難劃分是環境影響或天生使然,許多以人類為主體的研究,傾向於顯示沒有特殊關聯。(2)後天社會建構論,許多性別差異先天決定論的研究仍在繼續進行中,而且尚無定論,但是卻已經有更多的證據顯示,父母的確透過二分化的增強過程來形塑兒子與女兒的行為,這加深了性別化的活動、興趣及其他與性別相關的行為(Golombok & Fivush, 1994: 82)。如男性被教養為要勇敢、堅強、喜愛自然探索與運動,女性被教養為要溫柔、順從、喜愛文學藝術與手紅等。這類型的性別差異觀點目前較為學界所接受,最著名的就是 Margaret Mead 在 1935 年對新幾內亞三個原始部落所做的田野調查,她發現文化相關因素(例如這個部落中人們所持的態度和特質)才是造成社會中性別角色分化的主因。

◆婦女教育政策的基本觀點原則:(1)婦女教育係以彰顯人的主體性為根本依據:婦女教育最終目的是要使女性與男性都能成為真正自主的人,每個人都享有最大的生存尊嚴,都受到最大的尊重,擁有最大的自主生存權,為自己的生命負責。(2)婦女教育政策之擬定雖以婦女為對象,然而其本質係立基於性別平等的考量:婦女教育的主要對象是婦女,然而要養成女性適當的角色概念與平權行為,需要男性的接納與支持,因之,本政策不僅著重教育婦女,亦重視教育男性。(3)婦女教育政策的實踐與推動宜具有教育的倫理考量:婦女教育的推動宜考量實踐過程中消極地避免對女性或男性的傷害,積極地要遵守

人際互重的準則，並依據人的教育權與存有權（being）來研擬教育政策。（4）婦女教育的落實與推動宜具階段性：首先教育婦女認識自己依附男性存在的扭曲狀況；接著引導婦女學習與男性平等，建立兩性相互尊重的價值觀，並進而使婦女有能力與男性共同學會成為一個真正自主的人（婦女教育政策摘要，2004）。

參考文獻：

王秋絨、潘慧玲、黃馨惠、楊幸真（2002）。台灣婦女教育政策實施方案研究。**教育研究資訊**，10（5），163-178。

林昱貞（2001）。**性別平等教育的實踐：兩位國中女教師的性別意識與實踐經驗**。國立台灣師範大學教育研究所碩士論文，未出版，台北市。

教育部（2005）。**各級學校學生人數－按性別分**。2007 年 6 月 19 日，取自 http://www.edu.tw/EDU_WEB/EDU_MGT/STATISTICS/EDU7220001/data/serial/seriesdata.htm?open

行政院婦女權益促進委員會（2004）。**婦女教育政策摘要**。2007 年 7 月 01 日，取自

http://cwrp.moi.gov.tw/WRPCMain/Project_Show.asp?Project_ID=5

追求美善的教育

婦女教育政策的目標與實施方案

主持人：潘慧玲（國立台灣師範大學教育學系教授兼教研中心主任）

討論人：王秋絨（國立台灣師範大學社會教育學系教授）

論壇日期：2002 年 11 月 24 日

 討論題綱

【婦女教育政策的目標與實施方案】

一、前言

二、婦女教育政策的目標

◆ 四個層次的目標與「動態平衡」

◆ 具體目標

三、婦女教育政策的實施方案

◆ 十二個具體方案

◆ 婦女教育的評鑑

◆ 婦女教育的研究

◆ 婦女教育政策的落實

四、結語

一、前言

● 潘教授

在上次的論壇中，我們了解了婦女教育政策的擬定背景與理念，也深入探討性別相關議題。今天，仍邀請國立台灣師範大學社會教育學系王秋絨教授繼續與我們談這個問題，看看婦女教育政策的目標與實施方案。首先，先請王教授說明婦女教育政策的目標為何？

二、婦女教育政策的目標

◆ 四個層次的目標與「動態平衡」

● 王教授

婦女教育政策有兩個實施的層次，第一個是「生存權」，第二個是「存有權」。我們根據這兩個層次來劃分主要的目標層面。首先，實施婦女教育要讓他們有正確的男女平等觀念。現代人都知道要男女平等，可是有少數男女還是願意維持男尊女卑的狀態，我認為這個部分值得重新反省思考。另外，當我們極力訴求男女平等、女人也享有自主權的時候，女性就要有相當的能力，而社會也要給她機會，換句話說，在受教機會上要與男生均等。此外，教育應存有一個共同的目標─價值的關懷，即我們希望將來的男女皆可做自己生命的主人。

根據這樣的理念，我們設立四個層面的目標。第一是建立男女均等的正確觀念；第二是培育女性有獨立自主及參與的能力；第三是我們將擴展並提供更好的教育機會給女性；第四就是建構男性與女性可以「動態平等」的未來社會。

所謂「動態平等」，就是男生與女生應該基於互相尊重的原則─男生可以當生命主人，女生也可以當生命主人─來互動並分工社會的

責任與活動，而不是男性一定要擔負百分之五十的責任，女性一定要擔負另外五十的責任。以家事為例，現在很多男女朋友都知道要先訂結婚契約，尤其是在家事的約定上，很多人都是以夫妻各佔一半家事的方式來分配，這樣做事實上是很容易引起爭執的。因為某方沒空的時候無法做飯，那另外一方就會說你負責做飯怎麼沒做飯？那我的工作我也不要做，這樣一定會產生衝突與抗拒。我認為雙方應該要協調，讓彼此都覺得受到尊重，才是最好的平衡。而我把這種平衡稱做「動態平衡」，也就是不是機械式的平等，我認為這才是「男女平等」。

● 潘教授

　　整個目標的擬定很具層次感，先從建立觀念開始著手，有了觀念還要培養能力，但大環境是不是也提供了女性發展機會？所以就有了第三個目標層面，也就是要開拓相關的機會。上次論壇中我們提到目前女性上研究所的比例比男性來得少，雖然大學沒有限制女性入學，可是受教過程給予兩性的發展空間或機會其實是不太一樣的，事實上很多社會傳統規範、文化會影響女性自我成就的期望。

　　說到這兒，我想到了一個小故事。有一次我到餐廳吃飯，心裡想怎麼服務生全部都是女的？於是我問一個女性服務生為什麼都是女性在外面服務？被問的人覺得很有趣怎麼客人會問這個問題，所以就跟同事討論起來，後來回答我說因為女生比較細膩、體貼，服務比較周到，所以女性都在外面。那我又問廚房工作的是不是有女生，還是都是男生？她說都是男生，我就進一步問為什麼沒有女生，她楞了一下，又回去聊一聊，再回來跟我說因為廚房是很高熱的環境，又要拿很重的鍋劍，要有很好的體力，一大早又要準備食材，很辛苦，所以女生何必這麼辛苦，賺一點錢就夠了，不一定要賺這麼多錢。為什麼女生對自己的期望會這麼低呢？男生覺得他可以吃苦，他可以多賺一點錢來發展他的生涯，而女生就覺得沒有關係，錢夠用就好，反正以

後嫁一個好老公讓老公養？這就是我們剛剛談的第三個層次，也就是社會是否平等開拓兩性發展的機會？而第四個層次是在建構兩性動態平衡的理想。針對這些基本目標層面，應該如何規擬出可以落實的方案內容呢？

◆ 具體目標

● 王教授

剛剛說的是大目標，或許還有點抽象，我們先轉成比較容易付諸教學的幾個具體目標，然後再轉成十二個具體的實施方案。

在「建立觀念」上有兩個具體目標，第一個是要培養婦女有主體意識，就是願意當自己生命主人的意識。第二個是要建立性別平等的觀念，事實上男女平等需要獲得別人認可的，也就是說要與別人平起平坐是要付出代價的，所以她要有一個很健康的觀念，而不是談權益或利益時，就主張男女要平等，但是談責任的時候，就說「男生幫我背個背包吧！」這就不是健康的性別平等觀念。

在「培養能力」方面，有兩個重要的具體目標，第一個是培養婦女獨立自主的實踐能力，也就是認知之後還要具體行動。第二個是要增進婦女社會參與的能力。我們的社會到目前為止，還有三方面不是男女均等的情況，一個是政治參與男女比例太過懸殊，不是說女人沒有興趣或沒有能力，事實上這是社會價值所致。另一個是許多高度專業領域女生參與太少，比如我們預測將來掌握人類發展的三大重要因素為：位元（byes）、基因（gene）與傳統電子，從這三個高度專業領域（如基因工程、醫療倫理或電子科技）來看，女性參與的太少，所以我們對女性的科技或高度專業領域的培訓是不夠的。第三，就是文化責任的問題，女性通常都是配合者、被動者，很少有大氣魄去開展人類文化的走向，要真正變成歷史文化長流中的主人，是要很有氣

魄的。

在「開拓受教機會」方面有三個具體的目標，第一個是消除婦女學習的障礙。剛剛談到女性怎麼自我期待那麼低，認為念到大學就已經很了不起了，為什麼還要那麼辛苦念到博士？我想那都是一種自我設限，別人對女性的期待是表現不必太好，女性就自我設限了，所以女性應該要改變畫地自限的學習動機與學習成就水準。第二個是要提供婦女終身學習的機會。第三是提供男女均等的受教機會，這當然要從調整我們沈澱已久的文化價值觀念開始。歷史文化所沈澱下來的歷史灰塵，影響女性對教育有較低的自我期待，這些歷史灰塵恐怕得先清除。

「建構理想」的目標，首先必須重新建構合理的性別規範文化。多元文化強調我們應該尊重他人，例如有些人具有男性的生理，卻有著女性的心理，這是可以被尊重的；反之有著女性的生理及男性認同的心理之個體，我們也懂得去悅納、欣賞並尊重她。在後現代社會中，採取多元瞭解與尊重的觀點是比較合適的，不是站在一個平面上來看男女平等，而是站在立體空間中，以不同的角度來看男女組合（不管是生理性別、社會性別、甚至所謂的價值性別），抱持一種多元價值的性別觀念，所以這就是我們要達成兩性動態平等社會的具體目標。

根據具體的目標，我們便構思如果從教育方面著手，可以怎麼合作。首先要瞭解的是，如果教育要發揮功能，教學就要能夠有效；而教學要有效，便得先考慮教育的內部系統及外部系統要做哪些事情。教育內部系統裡有三個層面的教育要做，就是學校教育、社會教育與家庭教育，這三個層面的教育裡都有影響教學成效的兩大因素，一個是直接要素，另一個是間接要素。「直接要素」首先是看課程要怎麼規劃、要做哪些、婦女教育的內容到底包括甚麼。其次就是教學內容，及如何教這些內容。最後是誰來教，人才的 qualification（資格）如

何規定、要具備什麼素質才能把這些內容教得好。而「間接要素」就是我們的法令制度要怎麼規定,比如兩性平等教育法要怎麼規定,或者婦女教育政策要怎麼規定,行政系統、評鑑系統研究或是婦女空間的訂定等等,這些都是屬於間接因素。再來就是「支援系統」。教育其實是社會制度之一,所以它還是受到其他社會制度的影響,而影響婦女教育最大的要素首推媒體,我們現在還是常常看到連續劇中對女人的描述都是善於嫉妒、很會吃醋,動不動情緒一來就摑人巴掌,我想這其實是很不好的男女觀念扭曲,所以我們可以從媒體上調整支援網路、獎勵方案還有國際交流等等因素。於是根據這樣的系統性規劃概念,我們就化成十二個很具體的方案。

三、婦女教育政策的實施方案

• 潘教授

婦女教育政策的實施,事實上考慮的相關影響因素非常多,真正要落實時不只是學校的問題,還包括了社會與家庭的部分。我們知道教育要真正落實,不只是執行內部系統的直接與間接要素,整個社會外部的支援系統也是滿重要的。婦女教育政策的研訂,已經考慮到內部系統與外部系統。接下來,我們來談具體的實施方案有哪些?

◆ 十二個具體方案

• 王教授

我們根據前面所談的概念架構,以系統思維想出對應於每一個系統的實施方案,然後再回顧目前的婦女教育已經做到什麼程度,最後過濾出十二個努力方向。第一個是調整各級各類學校性別相關的課程與教學,尤其配合九年一貫把兩性教育議題融入七大學習領域,每個

領域的老師都要懂得如何推動性別教育，所以我們希望舉辦以學校為主的進修教育，引導每一科老師避免男尊女卑的文化複製，並積極以有效的教學方法使老師能夠融入課程，開拓比較好的性別教育教學方案。第二個是培育婦女教育人才，我們發現其實婦女教育人才的數量還不是很足夠，而在職教育人員也有提昇知能的空間。

- **潘教授**

這點讓我想到，我們談培育婦女教育人才的重要性。目前國內的公費留學考試，並沒有特別設性別學門或婦女教育學門，所以在這個方案裡我們也特別把它放進去，希望以後政府能夠比較有系統地培育這方面的人才。另外，通識課程也是一個問題，比如師範院校是不是開設了性別的課程，讓我們以後的師資能有正確的性別意識，這點相當重要，因為如果國中小要實施相關的課程與教學，而我們的老師卻沒有合宜的性別觀念，兩性教育融入九年一貫課程將形同泡影！

- **王教授**

所以在師資上，我們要從多元文化的觀點考量，讓教師學會如何欣賞不同的文化、不同階層的次文化和規範價值等，而性別是其中一部分。我們要從師資培育裡把性別變成一個很重要的觀念。在英國，關於教師資格的相關法令就規定得非常清楚，你一定要有理解與悅納多元文化的能力才可以當老師，這是其中一個很核心的能力，而我們的師資培育就缺少這點。這必須從在職教育來做，而職前教育也可以開始推動。

第三個就是研訂、修正各級各類性別平等的相關法令，這些相關法令大部分都沒有考慮到男女差異。比如修業年限上，有些婦女可能在某些階段就結婚生子，而沒有機會繼續就學，那麼有關休學的規定，如能不能讓女性可以享有比較長的修業時間等問題，都值得再考

慮。第四個是開拓婦女多元學習的機會。第五個是增加特殊婦女的學習機會，現在有很多特殊際遇的婦女，比如處於不利地位的或者是特殊族群的，像客家人、原住民、外籍新娘、外籍勞工或貧窮婦女等，這些都需要好的方案來推動。第六個是強化與增設婦女教育機構。第七個是建立婦女教育評鑑系統，透過評鑑才能讓我們知道每一個工作階段做到甚麼程度，下一個階段要怎麼做才不致資源重複，這一點是我們目前比較缺乏的。第八是推廣婦女教育研究，並促進婦女教育的國際交流，這方面過去一直有所進展，但希望能夠再加強。第九個是保障教育機構內女性的空間能力，所謂的女性空間定義很廣，例如廁所可以做很人性化的處理等，又譬如女性比較喜歡談天，可以考慮以談話室作為工作品質提昇的支援體系，這裡面都可以做一些創新性的考慮。

　　第十個就是結合各界資源及大眾媒體來推動性別平等觀念。我們發現文化沈澱的灰塵對人的影響其實是無所不在的，這會透過媒體很清楚具體地影響到我們的下一代。性別平等的價值觀或習性如果不改，要達到兩性平等的境界是很困難的，所以應該要注意大眾傳播媒體是不是符合兩性平等精神。第十一個即為結合並建立相關資源網絡。第十二個是建立與實施婦女教育的獎勵方案。這些婦女教育獎勵方案中有一些是特定屬於女生需要的，會影響到婦女教育機會的。例如休學期限是不是可以因為懷孕生子而比男性長；中低收入的婦女是不是可以在進修高級學位的時候減免學費；或者政府是否可以提供一些托嬰的相關措施，讓婦女不要因為育兒問題而影響就學機會等等。這些支援教育機會均等的措施，都需要有好的方案來實施。基本上這十二個方案是扣住系統內的直接因素、間接因素，及系統外的支援因素來設定的，如果加上確實評鑑的話，五年之內我們的婦女教育應該會有一個很大的進展，而十年之內我們就不必再談婦女教育，可

以好好來談性別教育、多元性別教育的部分。這表示我們每一次推動都有階段性的目標要達成，這樣才是比較合理的。教育的東西並不完全是理論的建構，重要的是如何把理念或理論真正實踐，並且產生實際的成效，這才是教育的成就。

◆ **婦女教育的評鑑**

• *潘教授*

剛剛您提到有十二個不同的方案，其中包括一些相關的法令，適應婦女的需求（例如因懷孕而延長修業年限等），另外還有一個性別平等教育法的推動問題。性別平等教育法在民國八十八年草擬婦女教育政策的時候還沒有正式推動，後來性別平等教育法目前已經完成了草案，[2]所以整個婦女教育政策裡頭有部分確實是在做了。另外，剛剛提到方案中一個重要的部分是評鑑，談到評鑑，我便想到台北市的學校大概都被評鑑搞得七葷八素，今天來一個校務評鑑，明天來一個校長評鑑，還有營養午餐評鑑，甚至兩性教育實施也要評鑑。所以我認為如果要落實一個比較好的婦女教育評鑑，那麼應該要統整所有的評鑑，不要今天來一個評鑑，明天又來另一個評鑑。

• *王教授*

那樣做的效果將會不好，流於形式化而無法看到真實的面貌。

◆ **婦女教育的研究**

• *潘教授*

另外一個部分是婦女研究，國內近十年來性別研究越來越蓬勃發展，但是我總認為中間欠缺婦女到底是如何學習和認知的研究。外國學者經常問我 Gilligan 主張女性比較傾向關懷、認知取向的，請問台

---

[2] 性別平等教育法已於民國九十三年六月五四通過並公佈實施。詳細討論內容請見陳惠馨教授之【性別平等教育法概論】、【性別平等教育法的精神與重要內容】兩則論壇。

灣婦女是不是這樣？

- 王教授

我開個玩笑，我們本土婦女學習的重要途徑應該叫做長舌學習之道，因為我發現台灣婦女非常喜歡聊天，所以我們是否能以聊天談話當作學習的主要原型，然後將它轉成理性思考的方式。

◆ 婦女教育政策的落實

- 潘教授

另外，我們應該要怎麼做才能讓婦女教育政策更為落實呢？

- 王教授

男性與女性不平等的事實是長期歷史的累積，若要透過教育來恢復平等狀態，需要長期的努力。因此，就個人層次而言，男生與女生都要有耐性，要把持做自己生命主人的觀念。呼籲台灣人都可以來享受教育部訂定性別平等教育的美好政策，並共同來達成當自己主人這樣的教育理想。

四、結語

- 潘教授

非常感謝王教授談了很多婦女教育政策內容及目標，也涉及到具體的實施方案。婦女教育政策修訂版現在已經通過，我們希望今後能夠逐步落實。

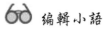 **編輯小語**

♦ 婦女教育政策四個層面、九項政策目標：

四個層面	九項政策目標
建立觀念	喚醒婦女的主體意識
	建立性別平等的觀念
培養能力	培養婦女獨立自主的實踐能力
	增進婦女社會參與的能力
開拓機會	消除婦女學習的障礙因素
	提供婦女終身學習的機會
	達成男女受教機會的均等
建構理想	重構合理的性別規範文化
	達成兩性動態平等的社會

♦ 婦女教育政策十二項具體實施方案：

一、調整各級各類學校的性別教育相關課程與教學。

二、培育婦女教育的人才。

三、研訂與修正各級各類性別平等教育之相關法令。

四、開拓婦女多元學習機會。

五、增加特殊境遇婦女的學習機會。

六、強化與增設婦女教育推動機構。

七、建立與實施婦女教育評鑑系統。

八、推展婦女教育研究及促進婦女教育國際交流。

九、保障教育機構內女性的空間權利。

十、結合各界資源與大眾傳媒推動性別平等觀念。

十一、整合與建立相關資源網絡。

十二、建立與實施婦女教育獎勵方案。

（王秋絨、潘慧玲、黃馨惠、楊幸眞，2002）

◆ 女性的認知風格：Head(1996)在分析許多相關研究後提到男女的認知風格確實存有許多差異，Gipps（1996: 5）將之歸納如下（引自潘慧玲，1998：10）：（1）男性較傾向從情境中萃取資訊；女性較傾向注意問題的情境。（2）在做道德推理或在解決某一問題時，男性較傾向於採用以規則爲基礎的分析方式；女性則較傾向於採用整體性（holistic）的方式，並側重同理心。（3）男性較爲急躁，願意冒險；女性則較爲小心謹愼。（4）男性通常將其成功歸因於自己的努力；將其失敗歸因於外在的影響因素。女性則持相反的歸因方式；而其失敗的歸因常有礙於後續的表現。（5）男性間的互動，包括對話，較具競爭性；女性則較喜以合作的方式工作。

參考文獻：

王秋絨、潘慧玲、黃馨惠、楊幸眞（2002）。台灣婦女教育政策實施方案研究。**教育研究資訊**，10（5），163-178。

潘慧玲（1998）。檢視教育中的性別議題。**教育研究集刊**，41，1-15。

性別平等教育法概論

主持人：潘慧玲（國立台灣師範大學教育學系教授兼教研中心主任）

討論人：陳惠馨（國立政治大學法律系教授）

論壇日期：2002 年 06 月 30 日

 討論題綱

【性別平等教育法概論】

一、前言

二、楔子

三、「性別平等教育法」制定的歷史脈絡

四、必也正名乎——「兩性」→「性別」

五、「性別平等教育法」草案研訂過程、內容以及現況

◆ 研訂過程

◆ 內容

◆ 後續與現況

六、公聽會提出的討論議題

◆ 適用對象的爭議

◆ 性別平等教育委員會男女委員比例問題

◆ 修習性別教育課程的問題

◆ 教師的角色

七、結語

一、前言

● 潘教授

國內近十年來性別議題的討論已經成為一個熱門的焦點。從教育改革的時間面向觀察，我們可以看到幾個重要的里程碑：第一個是八十五年行政院教改會首先把兩性議題放入教改規劃來討論；第二是八十六年立法院通過《性侵害犯罪防治法》；第三是教育部在同一年將兩性教育議題融入七大學習領域裡；之後在八十九年開始了《兩性平等教育法》的研訂，現在更名為《性別平等教育法》。今天我們特別邀請政大法律系陳惠馨教授，來與我們討論《性別平等教育法》。目前《性別平等教育法》的工作是由陳教授來負責召集人的工作，請談一下您當時接這個工作的源起？

二、楔子

● 陳教授

民國八十八年教育部成立「兩性平等教育委員會」時，就希望我與教育部兩性平等教育委員會的委員一起擬一個《兩性平等教育法》的草案。3因此，我們（關心性別教育議題的學者或律師）從八十八年的十二月就開始思考，要由誰來做這個事，最後是由我來負責召集，然後由當時的富慈基金會董事長徐建民教授、長期關懷台灣青少年福利法的沈美眞律師、清華大學研究教育哲學與社會學的謝小芩教授以及我，四個人組了一個研究群。八十九年年初的時候，教育部兩性平等教育委員便正式委託我來主持這個「兩性平等案」研究計畫，這個計畫經過我們三十五次的會議討論以後，就在九十年二月擬出了

---

3 《兩性平等教育法》草案已改名為《性別平等教育法》，並於民國九十三年六月通過、公佈實施。

《兩性平等法》草案,將之交付教育部兩性平等教育委員會,這是整個草案的研擬過程。

三、「性別平等教育法」制定的歷史脈絡

• 潘教授

　　我們知道陳教授除了法律專業背景之外,也長期留意性別議題,對女性相關研究頗具素養。所以,接下來我們要探討《性別平等教育法》是在何種情境脈絡下制定的?我們可以看到在性別平等教育的推動上,起步較早的國家如美國,在一九七二年就通過了教育法案第九號修正案,希望在教育歷程與教育結果上,將性別角色刻板印象與性別歧視減到最低,以提供孩子一個性別平等的學習環境;在一九七四年又通過《女性教育平等法》;一九七六年也通過《職業教育法》。由這種種法案我們可以看到,他們的性別平等教育已經慢慢步入法治化的階段。那麼台灣的情形呢?

• 陳教授

　　誠如您所言,近十年來台灣才開始注意性別的議題。若從修法的立場來看,一直到教育部兩性平等教育委員會成立以後,裡面的委員才透過討論互動,發現若要真正改善性別刻板印象,恐怕必需透過教育方面的法規修法或訂法。所以,我想如果沒有教育部兩性平等教育委員會的成立,並由其委員提議修法,那麼這個法可能還要孕育很久。

四、必也正名乎－「兩性」→「性別」

● 潘教授

十年來國內性別平等教育已經慢慢地推動了，而教育部兩性平等教育委員會確實是一個很重要的推手。他們現在是不是更名叫做「性別平等教育委員會」？

● 陳教授

教育部兩性平等教育委員會尚未更名，可是我們的草案更名爲「性別平等教育法草案」。爲什麼要更名呢？主要是因爲我們在擬訂草案過程中的座談會或公聽會中，聽到有人回應認爲這不僅是「兩性」平等的問題，而是「性別」的問題；亦即，我們所要處理的不只是男性與女性的平等問題，還要關注那些比較傾向女性特質的男性，以及比較傾向男性特質的女性，他們可能在我們的教育體系裡受到歧視。所以，當我們把草案送到教育部時，在教育部兩性平等教育委員會裡就做了一個決定，將草案的題目改爲《性別平等教育法》草案，可是兩性平等教育委員會名稱仍舊，到目前都還沒有改。[4]

● 潘教授

在教育領域裡談"gender education"時，我們也一直思考國內爲何將其譯成「兩性教育」？事實上性別不止於男女兩性，而是有多元性別的存在。另外，您提到《性別平等教育法》草案研訂過程開了三十五次會議，請您再詳細地說明整個過程，以及目前進展的情形。

---

[4] 教育部的兩性平等教育委員會於民國九十三年正式更名爲性別平等教育委員會。

五、「性別平等教育法」草案研訂過程、內容及現況

◆ 研訂過程

● 陳教授

　　十多年來我都在教育體系裡做研究，但是我認為《性別平等教育法》草案的擬訂是讓我感到最有成就感的一次，因為我終於可以找到一個路，把研究與推動社會性別平等運動結合起來。當年這個草案名為《兩性平等教育法》草案，由我們四個人共同來負責草案的擬定，一開始先集思廣益，如蘇芊玲教授長期關懷婦女教育性別平等的議題，謝小芩教授在教育體系裡也做了許多研究，而我與沈美真兩個法律人便與學習社會學及教育哲學的謝小芩，以及性別教育研究者蘇芊玲對話，思考如果要在教育環境中推動性別平等觀點，那麼我們應該從哪些地方著手？開了三、四次會議以後，我們大概有想法了，於是便形成這個草案的內容，教育部兩性平等教育委員會的網站上可以看到目前性別平等教育法草案的內容。

◆ 內容

● 陳教授

　　這個草案的條文總共有四十一條。草案內容有七大章，但主要重點只有六大章。我們認為如果要從教育體制來改善性別問題，那麼最重要的就是教育環境的問題，也就是說我們是否提供一個性別平等的、安全的教育環境？學生或老師在這個教育場合中，是否得到平等的機會？這是第二章所談的「安全平等的環境」。接下來，我們認為教育環境中最重要關鍵就是師資，那麼在師資培育過程中，是否可以把性別平等觀念放入？再來，學生在教育體系裡是受教者，而影響他們的首推教學活動，教學活動就有正式課程、潛在課程的問題；另外，教材、教法、評量，都蘊含著影響學生的性別觀念。然後，我們開始思考，在台灣的教育環境裡，其實最嚴重的問題是性騷擾與性侵

害的問題，這也是性別平等教育法之所以會引起國人注意的原因，因為一開始是從性侵害與性騷擾事件引起大家注意。

- **潘教授**

　對，尤其是彭婉如事件。

- **陳教授**

　彭婉如事件其實就是引發教育部成立兩性平等教育委員會最主要的動力。彭婉如事件之後，我們陸續發現校園中存在許多性騷擾與性侵害問題，不管是老師與學生之間，還是學生與學生之間都有類似事件發生。所以我們在《性別平等教育法》草案第五章，就擬定了性騷擾與性侵害的處理辦法。第六章談到怎麼申訴？向誰申訴？申訴以後學校的處理流程為何？還有，當某人侵害到別人的權益時，要怎麼處罰他/她？第二章到第六章的基本架構出來以後，我們就在第一章為性別平等教育下定義。性別平等教育的意義是指實質上的性別平等，而不是齊頭式的平等。另外，因為它是全國性的性別平等教育政策，所以必須在教育部、兩直轄市、各縣市以及各級學校設立性別平等教育委員會，所以我們在第一章裡就明訂中央、地方及學校的性別平等教育委員會成員的職能內容，並且也提到預算及獎懲的問題。而第七章則規範法律的生效時間。

◆　後續與現況

- **潘教授**

　目前草案是否已全部公聽完畢？進展到什麼階段了呢？

- **陳教授**

　九十年二月我們把草案送到教育部以後，就告訴教育部還要針對這個草案再做一次檢查，看看有沒有問題。我們並不想急著通過草

案，而是希望在未來一年中，能夠透過公聽會把草案的精神傳播出去，並且讓不同教育場域裡的人都可以提出意見。所以，案子送到教育部兩性平等教育委員會以後，他們就成立了一個十五個人的委員會，由我們這十五個委員再針對草案內容做了四次的討論。今年四月至五月期間，我們也在北、中、南、東舉辦四場公聽會，北部的公聽會是在萬芳高中辦的，南部是在高雄的三民家商，中部是在台中市的文華高中，宜蘭則在宜蘭高中辦公聽會。每一場公聽會都邀請各地區各級學校、教育局官員，甚至是地方民間團體來參與，每一場大都有兩百到三百個人與會。在公聽會裡面我們聽到非常多的意見，甚至有些意見是我們多達三十五次會議討論中所沒有想到的，非常寶貴。

六、公聽會提出的討論議題

◆ 適用對象的爭議[5]

● 陳教授

在公聽會中最常被提的一點是關於第二條，也就是《性別平等教育法》草案如果通過了，那麼它到底要適用於哪些團體、學校？本來立法的時候認為它只適用於公私立各級學校，但是在討論的過程中發現，很多人希望幼稚園也應該列入適用範圍，甚至一般的社教機構也應該遵守。關於這一點，將來我們回到十五人小組討論的時候，會再斟酌、思考。

● 潘教授

既然你們當時是以公私立學校為適用對象，為什麼沒有把幼稚園放進去？是不是認為幼稚園不是學校呢？

---

[5] 正式通過之《性別平等教育法》第二條第二項，規範適用對象為公私立各級學校。

- 陳教授

其實這也牽涉到一個問題，我們知道許多國小都附設幼稚園，所以所謂「公私立各級學校」其實就包含這些附設幼稚園，但是為什麼我們沒有把幼稚園納入？最主要的想法是，幼稚園有的是私立幼稚園、有的規模很小，如果把它納入，那麼他們在成立性別平等委員會上是否會有困難？不過，經由公聽會的討論，我們也開始考慮將來可能要把幼稚園放進去，但是我們會成立一個區域性的幼稚園性別平等教育委員會，亦即跨幼稚園式的區域性委員會。所以，我們將來還要回到小組裡再思考。

- 潘教授

除了適用對象的討論之外，有無其他值得再提出來討論的議題呢？

◆ 性別平等教育委員會男女委員比例問題[6]

- 陳教授

我還要特別提出來的是，這個法律裡有許多條文規範地方或中央性別教育委員會的成員中，女性委員不得少於委員總數的二分之一。這就產生一個很有趣的問題，我參加北中南三場公聽會中，一直聽到與會者小組討論時提到，既然要談性別平等，為什麼要特別規訂女性委員不得少於委員總數的二分之一？這樣不就反而是一種不平等？這個意見非常有趣，因為提出這個問題的通常都是女性。

- 潘教授

我們師大也有兩性平權及性侵害防治委員會，裡頭也會規定女性成員不得少於某一比例，於是在校務會議上，男性教授就質疑為什麼

---

[6] 目前正式法條中仍維持女性委員應佔委員總數二分之一以上的規定。

要這樣規定？

• 陳教授

　　女性委員不得少於總委員數的二分之一的這個規定並不是永久的，可是我們知道除了大學之外，學校裡常常是女性老師多，女性行政人員很少，而當學校成立委員會的時候，經常也是女性委員數比男性少很多，所以我們才會規定女性委員不得少於二分之一，而這也是因為我們希望男女至少都有代表來關懷性別議題。我們也考慮將來改成規定每個性別不得少於四分之一，其他部分就讓學校的生態去運作。其實我們是將這個條文當做一個階段性的規定，也就是說，有朝一日性別平等教育法草案通過且實施五年、六年之後，社會中的性別平等確實實踐了之後，我們可以考慮把這個條文拿掉，所以它是一個階段性的考量。

◆　修習性別教育課程的問題

• 陳教授

　　另外，法案第二十條第三項特別說明希望公私立高級中等學校（也就是高中職）的學生，在畢業前至少要修習一學分的性別平等教育相關課程。[7]為什麼要這樣訂定？因為我們注意到高中職學生為了要應付大學聯考或為就業準備，所以沒有安排什麼課程是談性別問題的，可是高中職年齡的學生已經開始對異性產生很高的興趣，甚至開始學習尋找異性伴侶，是以，若教育體系裡沒有論及性別概念的課程，那麼他們很可能基於傳統刻板印象而在生活中做出讓異性不能接受，甚至是侵害異性的行為。所以我們希望透過要求他們在畢業前要修一學分的課，讓他們對於兩性之間，或者對社會中不同性別的人有

---

[7]後來正式法條中的第十七條第三項，僅規範應將性別平等教育融入高中課程，未規定應修習多少學分。

更多的認識。

- **潘 教 授**

　　學校教育層級有好多，爲什麼特別要求在高中階段要修習一個學分？

- **陳 教 授**

　　您之前提到九年一貫課程通過以後，六大議題之一的兩性教育[8]便融入各領域課程，所以國中、國小的性別教育算是照顧到了。而許多大學都成立婦女研究或性別研究中心，他們也都不斷地在大學裡開相關的通識課程。可是高中並沒有這樣的課程設計。

- **潘 教 授**

　　但是還是有些大學沒有開設，該怎麼辦？

- **陳 教 授**

　　基本上大學還是比高中的情形要好一點，台灣目前有八所大學成立性別研究中心，甚至有很多大學已經有性別教育研究所了，所以空白的地方是在高中職的教育層級。而且我們認爲高中職學生正是對異性特別有興趣、特別有交往意願的階段，也可能已經開始尋找婚姻伴侶，可是他卻完全沒有這方面的知識，也不了解另一個性別的人怎麼想、怎麼思考，所以我們認爲這方面知識的涵養是很重要的。

◆　　**教師的角色[9]**

- **潘 教 授**

　　另外，我看到草案第二十二條特別提到教師的教育活動要具備性

---

[8] 「兩性教育議題」現改爲「性別平等教育議題」。
[9] 正式法條爲第十九條。

別敏感度，並避免性別刻板印象，要匡正而非複製性別歧視與不平等。針對這個部分不曉得研究小組是不是已有其預設？與會人士是怎麼解讀此條文的意義呢？

- **陳教授**

我們都認為教育是要教導人們知識，可是近年來研究發現，教育過程其實經常複製很多可能有問題的觀念，所以我們就在條文裡指出教育應該匡正而非複製性別歧視與不平等。不過在公聽會時，確實有老師認為這個條文的撰寫方式恐怕不太好，好像已經假設教師都在複製性別不平等概念。我想將來我們會把這個條文再做文字上的修改，因為我們並不認為所有教育現場的人都在複製性別不平等狀況，可是我們希望藉著這個條文讓大家提醒自己。例如，會不會認為男同學一定是調皮的，所以他調皮的時候老師就可以比較寬容，而對女同學就認為她應該是文靜的，所以女同學表現比較活潑或調皮的時候，老師就可以很嚴厲的責怪她；或者思考自己是否曾在課堂上有意無意地告訴女同學說「其實讀書對妳不重要，將來嫁人最重要」？又或者有沒有告訴男同學說「男生不可以哭，男性一定要堅強，將來一定要保護女性」，而讓男性朝比較陽剛的特質發展？針對這一點，我們希望將來修改以後的文字，是大家比較能夠理解，而且比較能夠接受的。

- **潘教授**

我能理解研究小組的用意。的確，就像美國雖然法治化工作做得很早，但如果現在翻開教科書或檢視老師的教學，其中還是有很多性別歧視或性別刻板印象的複製現象，這種情形在中小學甚至大學裡都存在著，所以我很能夠了解您們的用心。

- **陳教授**

我聽說曾經有個國高中生的自然科學研習營，裡面與會者女性多

於男性，結果在會議裡有位男性輔導員就說「唉呀！女性多於男性，那真是污名化我們這個團體」。其實他不是故意的，而是不小心就流露出他原本的性別意識，所以我們要互相提醒、互相注意。

七、結語

● 潘教授

今天非常感謝政大法律系陳惠馨教授來到一週教育論壇談《性別平等教育法》草案，讓我們清楚瞭解了《性別平等教育法》草案研擬的歷史脈絡、制定過程，以及公聽會中提出的一些值得討論的議題。在下次的論壇中，我們要請陳教授針對草案的詳細內容做一個完整的介紹。

編輯小語

- 《性別平等教育法》：《性別平等教育法》已於民國九十三年六月四日由立法院三讀通過，並於民國九十三年六月二十三日由總統公佈實施。其中包含七個章節，共三十八條：第一章總則，定義《性別平等教育法》等相關名詞之涵義、規範中央與地方各主管機關設立性別平等教育委員會；第二章為學習環境與資源；第三章課程、教材與教學；第四章校園性侵害或性騷擾之防治；第五章申請調查及救濟；第六章罰則；第七章附則，明訂實施時間。詳細法律條文請閱本書之【性別與婦女教育補充資料】。這項法案正式通過立法程序後，除既有的「兩性平等教育」將正式更名為「性別平等教育」外，未來推動校園性別平等教育也將超越行政命令位階，朝法制化新局向前邁進。在此法令中，課程、教材與教學部分，明定各級學校應將性別平等教育融入課程或廣開性別研究相關課程，正式為性別平等教育在課程的推行上奠定法源基礎；教材編寫、審查及選用應符合性別平等教育原則。另外，懷孕學生仍須保障其受教權，並提供必要的協助（楊惠芳，2004）。

- 性別平等教育法適用對象：依據正式法條第二條規定，目前規範為「公私立各級學校」。

- 性別平等教育委員會的男女比例：依據正式法條第七、八、九條規定，中央主管機關、直轄市、縣（市）主管機關以及學校之性別平等教育委員會之女性委員應佔委員總數二分之一以上。

- 公私立高級中等學校之性別平等課程：依據正式法條第十七條，僅規定高級中等學校應將性別平等教育融入課程，而無規範應修習的學分數。

- 性別平等教育中教師的角色：依據正式法條第十九條，教師使用教材及從事教育活動時，應具備性別平等意識，破除性別刻板印象，避免性別偏見及性別歧視。教師應鼓勵學生修習非傳統性別之學科領域。

參考文獻：

楊惠芳（2004，6月5日）。性別平等教育法三讀通過：學校招生教學不能男女有別，懷孕學生仍有受教權。**國語日報**，2版。

性別平等教育法的精神與重要內容

主持人：潘慧玲（國立台灣師範大學教育學系教授兼教研中心主任）

討論人：陳惠馨（國立政治大學法律學系教授）

論壇日期：2002 年 07 月 07 日

 討論題綱

【性別平等教育法的精神與重要內容】

一、前言

二、性別平等教育法的精神

- ◆ 揭露不平等、追求平等
- ◆ 「平等」的真義——積極性差別待遇

三、法案的概要內容

四、關懷教育場域中不同性別氣質與性傾向者

五、相關的師資培育與聘任

六、相關的課程教材與教學法

七、性侵害、性騷擾的防治

八、通報義務與協助被害人

九、結語

一、前言

• 潘教授

　　近十年性別教育議題在國內受到熱烈的討論，爲了使性別教育得以法治化，民國八十九年教育部開始推動《性別平等教育法》的研訂，請到政大法律系陳惠馨教授擔任研訂小組的召集人，所以今天特別請她再次來談《性別平等教育法》。在前次論壇中，我們討論了《性別平等教育法》的立法源起、研訂過程，以及公聽會討論的許多議題。今天繼續這個議題，首先請陳教授介紹《性別平等教育法》草案的精神及特色。

二、性別平等教育法的精神

◆　揭露不平等、追求平等

• 陳教授

　　《性別平等教育法》草案第一條很清楚地說明：爲了促進性別地位的實質平等，要消除性別歧視，維護人格尊嚴，建立性別平等的教育資源與環境，而制訂這個法律。我在這裡特別說明什麼叫做「性別平等教育」，當時在立法的時候思考些什麼？當初訂定法律的時候很清楚知道，我們希望透過這個法案，嘗試以教育的方式消除社會中現存的性別歧視，然後促進性別地位的實質平等。什麼叫做「性別地位的實質平等」？我們知道平等有很多種定義，而依法律人的用語「實質平等」是指「事物相同的相同對待，事物不同的不同對待」。那麼男、女或不同性別的人何處相同、何處不同呢？這可能會因爲不同國家、不同文化背景而有不同。不過以我們的社會來說，在過去傳統社會裡女性幾乎是沒有機會受教育、沒有機會到公共場域裡參加公職的，這是傳統歷史因素所造成的性別不平等狀況，那麼生理因素也可能造成生理不平等狀況，比如女性會生育，而男性不會（當然，或許

未來科學發展讓男性也可以生育，但是至少在目前是不可以的）。因為生物或歷史文化背景會造成某一種性別在社會上的處境是比較弱的、比較不好的，所以我們希望透過教育讓大家看到這個狀況，讓大家嘗試更正這種不平等的狀況，這就是立法的主要精神。

◆ 「平等」的真義——積極性差別待遇

● 潘教授

「性別平等」一詞的英文是"gender equity"，"equity"這個字其實與另一個詞－"equality"的意涵有些不同。"equality"比較強調等同的、相同的待遇，而"equity"就會有公平的意涵，也就是"fair"。可是，我們如果看國內婦運之後性別概念的推展，好像大多主張要消弭性別歧視、要讓男女或不同性別的人在教育過程裡得到等同的待遇，比較偏重在"equality"，不過剛剛陳教授提到《性別平等教育法》草案也很強調另外一種平等的意涵。

● 陳教授

對，而且我們強調的不是某一個性別的人一定要這樣、另一個性別的人一定要那樣。舉例來說，我們在做這個計劃的過程中，曾經做過一些問卷，發現很多國中小老師在體育課考試的時候，會規定男生要跑一千五百公尺，女生要跑五百公尺，可是我們知道有些男同學跑一千五百公尺對他而言是可以負荷的，但是有的人可能跑個三百公尺都不行；女性也一樣，有的人可能可以跑一千公尺、一千五百公尺，而有的人可能只能跑兩百公尺。我們希望透過《性別平等教育法》的推動，讓老師們知道，在評量學生的時候不要單純地以性別分類學生，而可以依據他的個別能力及發展，發展出一套讓學生跟自己挑戰的評量，而不是讓同性之間、同班同學之間，或某個年齡學生之間來挑戰。此即您說的「公平」，也就是有的人生下來身體就比較好，他的環境讓他體質好，那麼他可能就被要求多一點，對他也是一種促進發展；但相反地，如果也如此要求體質沒那麼好的學生，對他就是不

公平的。

● **潘教授**

我們談性別平等時，常會思考是不是應該給社會中居弱勢的群體更多的資源，所以有所謂的「積極性差別待遇」概念。在《性別平等教育法》裡是不是也融入這樣的概念呢？

● **陳教授**

我們在《性別平等教育法》第十四條裡特別提到，希望學校的招生與就學許可中不可以有性別或性取向的限制與歧視。[10]當然，為了某種特殊情形或特殊教育，比如我們特別要讓某一性別的人有一定的發展，那麼就可以考慮「差異」的存在，但是這個差別待遇要有一定的理由。當一個社會不斷談平等的時候，大家對差別待遇其實是滿敏感的。因此，我們希望將來要進行差別待遇的時候，必須是有理由的積極優惠待遇，是要能說服人而不是隨便的一個理由。

三、法案的概要內容

● **潘教授**

《性別平等教育法》從八十九年開始研訂，到九十一年事實上也有一段時間了。所以上次陳教授特別提到，在九十年二月已經大抵完成草案的修訂，只不過你們希望草案的精神更廣為人知，所以在九十一年五月底之前又辦了四場公聽會，特別提到草案的立法精神、組織職掌、經費，也談到實質的內容，包括學習環境與資源，師資的培育與聘任，課程教材與教學法，還有性侵害與性騷擾的防治，以及申訴與罰則等等。請你現在就介紹當時你們是怎麼思考去構成整體內容

---

[10] 在正式法條中第十三條規定學校之招生及就學許可不得有性別或性傾向之差別待遇。但基於歷史傳統、特定教育目標或其他非因性別因素之正當理由，經該管主管機關核准而設置之學校、班級、課程者，不在此限。

的？為什麼條文是這樣制定的？

● **陳教授**

我們當時擬定草案的小組成員裡頭，有兩個是法律人，就是我及另外一位沈美真律師，另外一個是長期關心台灣性別教育尤其是婦女教育或婦女處境的蘇芊玲教授，以及非常關心國內教育體制的謝小芩教授，所以我們是一個跨法律學科組合成的研究群。謝小芩與蘇芊玲教授對於性別教育的問題比較有思考，所以她們嘗試用她們的語言把關心到或觀察到的問題，告訴我與沈美真律師，而我與沈律師則把她們所提出來的看法，透過法律文字變成法律條文。我們不斷思考，應該怎麼在台灣這個環境中推展性別平等教育觀念？例如第二章裡頭有三個條文，第一個條文是談安全平等的環境，要怎麼樣才能達到安全平等的環境呢？我們希望學校要擬定性別平等教育實施辦法與具體措施，而且要公告給學生周知，這是軟體部分的環境，亦即要告訴學生我們學校正在推展性別平等教育政策。另外，還要有符合性別平等的學習環境，建立一個安全的校園空間。最重要是要尊重學生與教職員工的性別特質與性取向，而硬體、軟體及態度上，必需要達到安全平等的環境。另外，我們談到就學許可，以及學生在進入學校以後，不管參加活動、評量、或獎懲、福利制度，要盡量是平等的。當然我們也考慮如果老師懷孕是不是一樣要去做導護老師呢？我們希望學校應該要為不一樣處境的人考量，不管他是老師或是學生，學校都要有特別的待遇，也就是剛剛講到的積極性差別待遇。

四、關懷教育場域中不同性別氣質與性傾向者
● **潘教授**

這裡特別提到，對於不同性別或傾向的人應該要公平對待，職是之故，我也要特別談談性傾向的部分。目前在國內教育領域中，關於同性戀議題的討論並不多，雖然社會各界都已經公開討論性別議題

了，可是我發覺一般老師好像不太容易接受同性戀者，可否請陳教授談一下這個部分。

● **陳教授**

我們擬草案的過程中，南部某一個國中有一個學生上廁所的時候死在廁所裡面，[11]沒有人知道他是為什麼死的。於是，兩性平等教育委員會就成立了一個小組進行調查，發現長期以來這個學生是一個比較女性化或是柔性發展的人，他喜歡唱歌、喜歡烹飪，他對人講話比較和善、比較陰性取向，所以他每次在學校上廁所時都會被騷擾，男同學會去看他的下體，以致於長久以來他都不敢上廁所。他不是要在上課鈴打了，大家回教室上課後才敢去上廁所，不然就是在還沒有下課之前，就跟老師要求要提前去上廁所，以免在上廁所的時候被同學騷擾。他就是因為在一次課堂上，提前五分鐘去上廁所，結果就死在廁所，到現在都不知道原因，雖然調查出來是因為滑倒，可是事實上有很多跡象顯現這個案子是滿特殊的。當時學校老師曾經提到，如果他早一點知道如何處理這件事，也許這個小孩就不會死亡。當然死亡是最悲慘的狀況，另外還有一些特殊的人，不只是同性戀，還有陽性發展傾向的女性或是陰柔傾向的男性學生，在學校裡其實也不是很好過的。所以，首先老師要學會重視這個問題，並且與學生懇談，讓學生反思為什麼要對他做這種歧視的行為？為什麼要對他口出惡言？這就是我們希望教育工作者共同思考的。

● **潘教授**

我覺得這個議題滿值得老師再進一步思考，因為我們經常可以看到不同於傳統性別特質的個體，受到很大的壓迫與歧視，所以女孩表現得比較像男孩子，就被稱為男人婆，男生表現得像女孩就被說是娘娘腔，而且是都是以歧視的字眼來描述。面對同性戀又是另外一個問題了，因為這牽涉到性傾向，一般老師對同性戀的看法都認為這是一

---

[11] 即民國八十九年四月二十日葉永鋕事件。

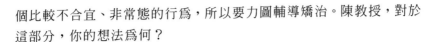

個比較不合宜、非常態的行為，所以要力圖輔導矯治。陳教授，對於這部分，你的想法為何？

● 陳教授

法案裡也有提到要改善性別弱勢者的處境。當時我們還在考慮要用什麼語言來代表，後來選擇「性別弱勢者的處境」作為進行特殊措施的對象。例如，當學校發現有同性戀傾向或特殊傾向的學生時，我們不應該打壓他，或要求他避免讓人家知道，而是去接受他，並與不接受他行為的學生懇談。我發現在教育現場中，如果老師正視這個問題，其實都會找到辦法解決的。可是我也發現很多老師因為不知道如何處理，於是就假裝沒有看到。

● 潘教授

因此才會發生南部學校的那個悲劇。

● 陳教授

因為他們以為處理這種事情是很困難的，事實上我們的經驗是，如果一發現問題後，直接找學生從基本人權與全人尊重的觀點來談，學生馬上就會收到老師的信息，也會改變他的行為的。

五、相關的師資培育與聘任

● 潘教授

接下來，我們要跟大家談師資培育與聘任問題。對於這個部分法案有什麼特別的要求與規範嗎？

● 陳教授

法案第三章共有四個條文，其中一個條文是關於教育人員權益問題，不過因為兩性平等工作法在三月八日通過了，所以這個條文可能

會拿掉。[12]另外，我們希望未來教育人員的職前教育與在職進修，以及教育行政主管人員的儲訓課程，都要納入這個性別平等教育內容。

● 潘教授

可是如果我們的法律條文只規範要納入性別平等教育的內容，那麼每個學校的做法可能會不一樣，有的可能會在課程中融入性別平等教育，有的則單獨設科？所以，這個法律條文是否需要規範詳細些？

● 陳教授

我們當時這麼立法，其實是希望能夠保留彈性，因為設科有設科的困難。例如，設科以後不一定有足夠的師資，或者其實是一位不適當的教師佔了缺，導致所傳達的是在複製傳統不平等的性別概念。所以當時立法的時候，我們嘗試以比較模糊的語言撰寫這個條文，不過針對這個問題，未來整個修法委員會恐怕得再想得更清楚一點。

● 潘教授

對此部分，我的考量點在於，一旦模糊規範，那麼大家都會說我已經做了，這個法就沒有用了。

六、相關的課程教材與教學法

● 潘教授

進一步我們要談的是有關課程教材與教學法的部分。先前我們也談到要求高中學生在畢業前至少要修習一個學分的性別平等教育課程，[13]除了這個之外呢？

---

[12] 正式條文中，第三章課程、教材與教學只有三項條文，關於教育人員的權益問題已不在此列。

[13] 正式條文中，僅規定高級中等學校及專科學校應將性別平等教育融入課程，而無規範應修習的學分數。

● 陳教授

我們在公聽會最常被問到的一個問題是,什麼是性別平等教育的內容?或者何種教材編寫最符合性別平等教育原則?當時在立法的時候我們發現,由於國內對性侵害、性騷擾的防治,從彭婉如事件發生之後就有好多的實際演練、操練或者實際案例出現,所以我們在訂這個法的時候,思維是很清楚的。可是,當我們思索要如何編寫教材、審查選用教材,或者是考量如何將性別平等教育觀念納入課程中的時候,發現我們的想像空間其實很少,我們能夠具體思考的可能性不多。所以大家可能會發現,我們用很多抽象的語言來撰寫法案,比如我們認為「教材的編輯審查選用人員要具備性別平等意識」,[14]到底什麼是「具備性別平等意識」?我們好像只能透過否定式的觀點來說明,例如當我們看到某個教材很明顯的講男性是某一種特性、女性是某種特性,我們可以說這不符合性別平等意識,但是要積極、正面地談,則難度比較高。我必須說我們在立法的過程中,發現我們的語彙是有限的。例如,我們在「教材」裡面說,「教材內容應該平衡反應兩性歷史貢獻及生活經驗,並呈現不同的性別觀點」,那麼有的人就覺得太抽象無法想像。如果分析過國小、國中教科書的人就會注意到,過去教科書裡的重要歷史人物都是哪些性別的人?而在家庭、家居生活圖中,妳會看到女性都在煮飯、男性則在看報紙。甚至我們也注意到,學校的實驗課程中做實驗的人、主要操作者都是男性,而女性都是旁觀者。這些都是呈現性別不平等觀點的教材,可是,將來如何在法律文字上更落實?我希望屆時小組能更有想像力、更有創造力,當然也希望大眾給我們意見。

● 潘教授

不過,因為法律條文通常是比較抽象性的規範,不太可能落入到

---

[14] 正式條文中,這句話已被刪除,僅在第三章第十八條中提到,學校教材之編寫、審查及選用,應符合性別平等教育原則;教材內容應平衡反應不同性別之歷史貢獻及生活經驗,並呈現多元之性別觀點。

具體操作面的定義，所以我們需要的是施行細則，或者是後續相關辦法的訂定，才能夠使法律條文的意義更具體明確化。

● 陳教授

　　沒有錯，我們希望現在新成立的十五人小組修法委員，可以把草案弄出來，然後在立法院下一次會期中通過，所以我們暫時還是用這個比較抽象的文字，將來透過施行細則，以及學校編撰教材並在教育現場實施的時候，盡量把抽象的語言具體化。過幾年以後，當社會對這個問題有更成熟的意見時，我們再回來把法律文字做更具體的修改。其實法律常常在作出定義時，就跟不上社會的發展了。

● 潘教授

　　有時候就是這樣。

● 陳教授

　　可是我們不能一直等。

七、性侵害、性騷擾的防治

● 潘教授

　　我們接下來討論性侵害及性騷擾防治這個部分。

● 陳教授

　　性侵害及性騷擾防治是所有公聽會中，大家最喜歡參加的小組。在這裡面我想跟大家說明幾個重點，第一個是在條文第二十條，嘗試要整合學校裡的性別平等教育委員會與過去教育部要求各學校成立的性侵害、性騷擾委員會。因為事實上學校不會經常發生性侵害、性騷擾事件，這種事件通常都是學校的特例，然其震撼性很夠，所以我們希望將來每個學校都有一個性別平等教育委員會，當學校發生需要

調查的性侵害及性騷擾事件時，由這個委員會來成立調查小組，而且這個小組還可以找校外委員或是其他專家學者來參加，亦即性侵害及性騷擾委員會可以不要變成常設機構。

● 潘教授

我發現我們師大的觀念滿先進的，因為在《性別平等教育法》可以開始規範之前，我當時就認為我們學校的性侵害及性騷擾防治委員會不能只是消極性地作處理，所以我們才會採用一個很長的名稱，叫「兩性平權及性侵害防治委員會」，也就是說，這個委員會同時處理積極性推展性別教育與消極性防治性侵害之事務。

● 陳教授

沒錯，我們希望透過這個條文的訂定把這兩個委員會整合起來。而第二十五條[15]即為處理性侵害事項時的一些基本原則，讓學校在處理相關事件時，很清楚知道應該注意什麼。例如，應該注意避免重覆傷害被害人，對於被害人或檢舉人的身份資料要保密；另外，也要注意雙方當事人權力差距的問題，尤其當事人若是老師與學生，或學長與學妹、學姊與學弟的時候。其實為什麼這個法要這樣訂？我們發現很多學校在發生性侵害、性騷擾事件的時候，因為不知道應該如何處理，而常常對被害人做出二度傷害，甚至因為在處理過程中，觀念不是很清楚，很多學校校長就認為被害人提出申訴是破壞校譽，所以不但不處理、矯正加害人的行為，還處罰被害人。另外，我特別想要提的是對加害人的懲處問題，我們在草案第二十六條第二項，[16]特別訂定主管機關可以視情節輕重對加害人做一些處理。例如，要加害人向被害人道歉、寫悔過書，要接受性別平等教育八小時的課程，或加害人要做心理輔導。為什麼要這樣呢？如果他是性侵害的加害人，他通常會受到刑法的制裁，可是如果是一個性騷擾事件的加害人，我們其

---

[15] 正式條文中，為第二十二條。
[16] 正式條文中為第二十五條第一項。

實不太希望他因此被刑法制裁，或者是依教師法處理，我們希望能給他一個機會。例如，如果是一個不能控制的行爲，那麼他要接受治療、輔導，如果是一個比較沒有那麼嚴重的行爲，通常首先要求加害人向被害人道歉，第二個他必需停止侵害別人的行爲，很多被害人都會這樣要求。我們希望將來透過這個法，讓不同等級的加害人受到不同的對待。很多老師被控性騷擾學生的時候，他就抵死說他沒有，雖然所有的證物都呈現他有，但是他就說他沒有，爲什麼？因爲他怕受到現在教師法的處罰，教師法對這種行爲的處罰其實是非常嚴格的，沒有中間的緩衝處理。

- 潘教授

　　事實上，對加害人的懲處包含了接受性別平等教育相關課程等教育輔導方式的懲處，其中也包含治療的功能。

- 陳教授

　　我們發現很多性騷擾或性侵害的加害人都是從小案件開始，如果在教育現場或生活裡，有人可以適時的阻止他們，或給他們一些幫助，就不會變成一個連續加害者，我們希望可以透過教育來解決這個問題。

八、通報義務與協助被害人

- 潘教授

　　最後，可否請陳教授說明性侵害通報的義務以及被害人的協助等議題。

- 陳教授

　　法案第二十八條[17]是性侵害通報義務。過去處理性侵害、性騷擾

---

[17] 正式條文中爲第二十七條。

事件時，我們發現有些加害人在處理過程中就設法轉校，如果他是老師就轉到別的學校教、如果是學生就到別的學校來受教，而原來的學校便會認為這個人離開了就跟我無關了，所以他也沒有通報。於是，如果不是很嚴重的事件，可能繼續發生的問題不會太嚴重，可是如果他是一個性侵害的加害者，那麼他到別的學校如果行為沒有被阻止，或者他性騷擾的行為很嚴重，那麼他就會繼續加害別人，甚至事件爆發後，他會學習如何更小心而不被發現。所以，我們希望在二十八條加一個通報義務。另外，二十九條[18]是希望能夠對被害人有更多的協助，例如學校應該協助被害人接受心理諮商輔導或是其他保護措施，我們希望這個法不只是處罰加害人，更重要的是要更積極地協助被害人。

九、結語

• 潘教授

非常謝謝政大法律系陳惠馨教授來到一週教育論壇談性別平等教育法，常言說得好：「徒法不足以自行」，性別平等教育法要能落實，最重要的是還要靠你我的努力。

---

[18] 正式條文中為第二十四條。

編輯小語

- 性別「平等」教育的意涵：「平等」的概念人言言殊，給所有人相同的待遇是平等、給不同特質的人不同的待遇也是一種平等。Bennison, Wilkinson, Fennema, Masemann 及 Peterson(1984: 1-16)即以四種模式來看性別平等教育裡「平等」一詞的涵義：首先，是「同化模式」（assimilation model），其假設男、女學生的特質基本上是相同的，故如果提供相同的教育機會和教育目標，男、女學生的教育結果應該也會相同。第二個是「缺陷模式」（deficit model）主張男、女的教育目標和結果應該一樣，但因某一性別學生在教育過程中可能在某方面處於不利地位，故爲達成相同目標，教育計畫必須要補償其不利部分，因而產生教育上的補償方案。第三爲「多元模式」（pluralistic model），除了認知弱勢群體的不利地位外，主張教育目標應依群體而有所不同；當特定群體的學習者特質與主流群體有差異時，這些差異不應被視爲缺陷，相反地，教育師應考量到這些差異，以使學習者的教育結果也可以多元。最後是「社會正義模式」（social justice model），此模式假設人在某些方面是相似的，在某些方面則是不同的。因此，人們在相似處必須等同對待之，在不同處則予以差別待遇。如此，相關的差異被尊重且被公平對待，即可達成正義，此觀點類於 John Rawls 的正義原則（引自潘慧玲，2003：89；薛曉華，2001），亦是本論壇兩位學者所言積極性差別待遇之觀點所在。

- 葉永誌事件：「葉永誌住在高樹鄉的建興村，從小就有非常女性化的特質，烹調、女紅、打毛線、摺紙、掃地、洗衣或幫客人洗頭，……樣樣行，爸爸、媽媽很能接受這個事實，很疼愛他；村人們也稱他很賢慧，是個好孩子，一點都不排斥他。 不過，葉

永誌離開家庭，走出村子之後，一連串歧視和不平等遭遇隨即而來，連學校也保護不了他。葉媽媽說，永誌從國中起就嚴重遭受同學歧視！男同學們笑他像女生，很噁心，有的人還會動手打他，甚至還會趁他上廁所的時候，大家聯合起來脫他的褲子，想看看他到底是男的還是女的，嚇得永誌不敢在正常下課時間上廁所，只能趁著上課時間獨自一個人再來。好幾次，葉永誌害怕被同學打，不敢上學，偷偷留字條向爸爸媽媽訴苦。葉媽媽曾向校方反應，但學校並沒有及時處理這個問題。 今年四月二十日上午，葉永誌利用第四堂課 下課前五分鐘徵求老師同意後奔向廁所，但就此一去不回；下課後，才經同學發現他躺臥在血泊中，左後腦勺有明顯的撞傷…。」（中時晚報，2000/6/1，引自吳嘉苓，2000）

- 《兩性工作平等法》：民國九十一年一月十六日立法院通過、總統公佈的《兩性工作平等法》，共有七章（總則、性別歧視之禁止、性騷擾之防治、促進工作平等措施、救濟及申訴程序、罰則、附則）計四十條法令，以明文規定來保障兩性工作權之平等，貫徹憲法消除性別歧視、並促進兩性地位實質平等之精神。兩性工作平等法用意在保障求職者或受僱者在工作場所不會因性別而受到差別待遇；另外，此法也課僱主應提供受僱者一個免於性騷擾工作環境的責任；並藉著促進工作平等的措施，讓受僱者不論男女，皆能兼顧工作與家庭，同時讓女性勞動力不致因家庭因素而有所折損（陳菊，2004）。有關該法之詳細內容與其他附屬法令、相關法令問答，請詳閱行政院勞工委員會兩性工作平等法資訊網（http://www.cla.gov.tw/equalnew/index.html）。

- 《性騷擾防治法》：除了在性別平等教育法裡頭規範性侵害與性騷擾之相關規定以外，內政部已於民國八十六年制定《性侵害防治法》（詳情請見【教育部性別平等教育六大工作方向（上）】論壇之「編輯小語」）、民國九十四年二月五日通過「性騷擾防治

法」，以規範性侵害與性騷擾之相關事項。其中，性騷擾防治法共計二十八條條文。該法令中有關「性騷擾」的定義是指「對他人實施違反其意願而與性或性別有關之行為，且有下列情形之一者：一、以該他人順服或拒絕該行為，作為其獲得、喪失或減損與工作、教育、訓練、服務、計畫、活動有關權益之條件；二、以展示或播送文字、圖畫、聲音、影像或其他物品之方式，或以歧視、侮辱之言行，或以他法，而有損害他人人格尊嚴，或造成使人心生畏怖、感受敵意或冒犯之情境，或不當影響其工作、教育、訓練、服務、計畫、活動或正常生活之進行」。法令中除規定各級政府設置性騷擾防治委員會，女性代表不得少於委員總數二分之一，還特別明文規定，凡是人數超過十人以上的公民機關單位，對於性騷擾案件應設立「申訴制度」；人數達三十人以上者，應會同相關代表，訂定並且公開揭示性騷擾防治措施。另外，在罰則方面，只要對他人進行性騷擾者，由直轄市、縣（市）主管機關處新臺幣一萬元以上十萬元以下罰鍰。對於因教育、訓練、醫療、公務、業務、求職或其他相類關係受自己監督、照護之人，利用權勢或機會為性騷擾者，得加重科處罰鍰至二分之一。意圖性騷擾，乘人不及抗拒而為親吻、擁抱或觸摸其臀部、胸部或其他身體隱私處之行為者，處二年以下有期徒刑、拘役或科或併科新臺幣十萬元以下罰金。另為維護校園安全，訂定「校園性侵害或性騷擾防治準則」。此外，行政院勞工委員會於民國九十一年三月六日制定「工作場所性騷擾防治措施申訴及懲戒辦法訂定準則」共十五條。詳細條文請見全國法規資料庫。（http://law.moj.gov.tw/Scripts/SimpleQ.asp?rb=1name&K1=性騷擾）。

參考文獻：

吳嘉苓（2000）。**從男女有別到男尊女卑：性別政治導論**。2007 年
　　7 月 01 日，取自 http://hsc.social.ntu.edu.tw/program2000/

　　course/000711-2.html

高鳳仙（1999）。**性騷擾防治法之立法問題探究**。萬國法律，105。
　　2007 年 7 月 01 日，取自 http://www.wrp.org.tw/Conf/index7b3_c.htm

陳菊（2004）。**主委的話**。2007 年 7 月 01 日，取自
　　http://www.cla.gov.tw/equalnew/chief/chief01.html

潘慧玲（2003）。性別與教育－追求性別平等的教育。載於潘慧玲
　　（主編），**性別議題導論**（頁 75-101）。台北市：高等教育。

薛曉華（2001）。性別平等教育推動中「平等」概念的反省。台灣
　　教育社會學研究，1(1)，49-78。

教育部性別平等教育五大工作方向（上）

主持人：潘慧玲（國立台灣師範大學教育學系教授兼教研中心主任）

討論人：蘇芊玲（教育部兩性平等教育委員會委員）

論壇日期：2002 年 12 月 15 日

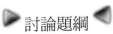 討論題綱

【教育部性別平等教育五大工作方向（上）】

一、前言

◆ 性別平等教育在台灣——從民間到官方

◆ 檢視教科書、教學法的性別意識

二、教育部推動性別平等教育的五大方向與困境

◆ 「教材教法」、「教師研習」、「研究發展」、「校園安全」、「家庭和社會教育」

◆ 推動時的困難

三、教材教法的推動重點

◆ 開發性別平等教育教材

◆ 提供其他相關參考教材

四、教師研習工作

◆ 促進教師性別意識的覺醒與成長

◆ 成立相關研習團體

五、結語

一、前言

• 潘教授

近十年來性別議題在台灣成為一個很熱門的話題,民間團體做了很多的努力,而政府部門也從民國八十六年教育部成立兩性平等教育委員會[19]後,就開始系統地推動相關工作,並把兩性教育列入九年一貫課程的六大重要議題之一,對性別教育的推動更是有贊助之功。今天,我們要討論性別平等教育,特別請到教育部兩性平等教育委員會委員蘇芊玲教授來到一週教育論壇。蘇教授目前在銘傳大學任教,也是婦女新知基金會前任董事長,現在擔任常務監事的工作。婦女新知基金會近十年來推動了很多性別平等工作,請蘇教授就整體來談,民間團體在推動性別平等教育上到底做了哪些努力?

◆ 性別平等教育在台灣——從民間到官方

• 蘇教授

事實上跟台灣其他教育改革議題一樣,在八〇年代戒嚴之前,有很多改革性的議題都是由民間來推動,性別教育也不例外。一九八八年的時候,婦女新知基金會曾經辦過一個公聽會,公佈檢視教科書內容的結果。這個結果還蠻全面的,從量化和質化的角度檢視國小、國中、高中,特別是與文史科目相關的課本裡面所呈現的女性比例,以及是否出現性別刻板印象等等,結果發現偏差情形滿嚴重的。結果公佈之後,基金會提出了兩個訴求,一個就是修改教科書的內容,另外一個就是要落實兩性平等教育。

一九八八年是一個起點,之後就歷經了四一〇教改的訴求。一九九四年行政院成立了教改會,經過兩年研討的結果,總諮議報告出爐了。總諮議報告書把落實兩性教育納入教改的議題,於是這個議題便

---

[19] 教育部兩性平等教育委員會於九十三年更名為性別平等教育委員會。

從民間進展到政策建議的部分。另外，值得一提的是有很多大學校園在九〇年代以後，開始成立性別研究室，比如台大婦女研究室、清大和高雄醫學院亦成立。除了在大學裡開設性別課程和從事性別研究之外，他們也舉辦性別教育方面的活動，希望能更全面、更普及地推動兩性平等教育。我們都知道教育越早紮根越好，所以很多人都在期待要如何在中小學教育中納入、落實這樣的教育理念。一九九七年通過了《性侵害犯罪防治法》，這部法裡頭有一個條文是，防治性侵害應該要落實到教育裡頭，其中明文規定中小學應該有四個小時的相關教育。從民間、教改會、相關的學者專家研究，一直到性侵害防治法的制定，教育部於是在民國八十年正式成立了「兩性平等教育委員會」，我覺得這樣一個委員會的成立是非常重要的。過去，我們都認為中小學校園封閉性比較強，它對一些比較新興的議題或者是民間的力量，通常是比較自我保護的，所以民間的力量很難與中小學老師、主管對話或分享。自從教育部成立了兩性平等教育委員會之後，它在某個程度上稍微開啟了中小學封閉和保護的狀態，讓這些推動性別教育的個人、團體和學者專家，可以和中小學校園搭上線。

◆ 檢視教科書、教學法的性別意識

• 潘教授

蘇教授談到一九八八年婦女新知基金會開始檢視教科書，我記得不只是婦女新知這個民間團體，有些教育學者在八〇年代就展開了一系列教科書的探究。我還記得當時爭議點在於：教科書裡談的為什麼是「爸爸早起看書報、媽媽早起勤打掃」等內容，而引發大家討論性別議題。從性別教育的推動腳步來看，教科書檢視是第一個著墨的部分，然後慢慢進行各項推動工作。

• 蘇教授

因為教科書是最具體的、白紙黑字的東西，同時也是老師在課程

或教學裡非常重要的依據,所以當時就先從教科書開始解釋,讓很多人可以引起共鳴。其實教材的改變是非常重要的,過去十幾年來,在開放民間版本的目標上已經有很大的進步;可是,教科書是很死板的東西,如果要靈活運用教科書,那麼老師就扮演了非常關鍵的角色。老師要具有性別意識的觀點,要活用他的教材,譬如,當教材還不是很完美的時候,他可以透過舉例、補充教材,或是自己開發教材等來補足,而這就牽涉到教學、教法的問題。至於怎麼讓老師從意識的覺醒,到可以在教學中扮演一個靈活積極的角色,則老師的研習就非常重要了。

二、教育部推動性別平等教育的五大方向與困境

◆ 「教材教法」、「教師研習」、「研究發展」、「校園安全」、「家庭和社會教育」

• 蘇教授

　　教育部開始有兩性平等教育委員之後,基本上分成五大方向同時進行:「教材教法」、「教師研習」、「研究發展」、「校園安全」,以及「家庭和社會教育」,兩性平等教育委員會就是從這五個方向同時推動性別平等教育。「校園安全」的主題與性別教育有關,譬如性騷擾、性侵害的事件,以及對性別特質的歧視事件。舉例來說,一個不符合性別刻板印象的學生,在學校裡很可能是面對一個充滿敵意的環境,這個部份就跟校園安全有關。另外,很多人會說光是學校教育是不夠,家庭教育和社會教育也要配合,所以第五個小組就是社會與家庭教育。

◆ 推動時的困難

• 潘教授

若以蘇教授的角度來看，從一九八八年到一九九四年，教改會也曾經把教改議題放到總諮議報告書中，當時提出了許多構想，這些構想在後續的推動裡是否付諸為較具體的實踐？或者有哪些你認為比較不滿意、到現在還沒有做得很好的部分？

• 蘇教授

教育部兩性平等教育委員會成立至今將近六年，明年三月即滿六年，如果以一個議題的推動來講，應該說它紮實而且小有成果，但是離理想的目標當然還是有很長的距離。其中存在著一些問題，譬如城鄉的差距，過去偏遠地區或鄉村雖然已有從事性別教育的老師，但是不夠普遍化，因此，我們強調老師的研習。但是，到底誰可以與老師們分享？我們很多的人力都集中在都會，所以非都會區的老師即使有心要辦教師研習，卻也找不到適當的師資或適當實務背景的人來與他們分享，那麼這就會是一個問題。第二個問題是，這幾年來台灣的大環境改變了很多，譬如我們現在都強調縣市自主、學校自主，當縣市或學校自主的時候，相對來講縣市主管也好、校長也好，他們是不是有性別意識或熱誠來推動？這也成為關鍵因素。過去那種由上而下的教育推動方式在相當程度上已經改變，學校可以發展自己的特色和本位，縣市政府也可以以它自己的方式來推動教育政策，所以主管的用心會牽涉到整個機制的建立和經費的分配。我認為這個也是目前某一些縣市或學校在推動性別教育時，呈現出來的腳步參差問題。

三、教材教法的推動重點

• 潘教授

　　剛剛您提到教育部有系統地在推展性別平等教育，且分了五個大組，不斷地進行推動工作。如果我們進一步來談，在教材教法、老師的研習、研究發展、校園安全，以及社會與家庭教育這五大部分各自做了哪些事情？另外，剛剛您也提到推動時的一些障礙，到底這五大部分在整個推動過程裡彰顯的重點為何？有哪些障礙？

　　我們先來談教材教法，剛才說教材方面以前是檢視教科書，但是並不是檢視現有的教材就夠了，我們有沒有發展一些比較好的教材讓老師能夠運用？

◆　開發性別平等教育教材

• 蘇教授

　　事實上是有的，因為民間審訂版已開放，而且就算是審訂版，其教科書檢視都逐年在進行當中。這有兩個目的：一個就是讓使用這個教科書的老師瞭解我們所說的這些問題；另外，就是讓民間出版者可以自我期許，編出更好的教科書，特別是在性別角度上。檢視教科書是一個部分，第二個部分是如何培養老師開發教材、發展補充教材，或者老師也可以善用取材。很多國小老師都做的很好，他們以繪本作為教材，彙整童書中與性別有關的部分，利用童書來從事性別教育。另外，也有很多老師在做教材的研發，譬如最近楊佳羚老師就把許多性別教育的教材編輯成冊，[20]提供給老師們分享。因此，除了仰賴出版社所編的教科書之外，老師們也開發自己的出版品。以教育部而言，五、六年來也有很多教材開發的案子，教育部將教材開發案委託給學者專家，從國小一年級、中年級、高年級、國中，一直到高中職

---

[20] 楊佳羚（2002）。性別教育大補帖。臺北市：女書。

各階段都有，教育部進一步將成果彙編成冊，然後送到各學校去。[21]

　　另外，還有一些長期的、習慣性的、應該改進的問題。過去兩性平等教育委員會常常提供很多宣導品或教材給老師，但是有時候因爲師資僵化，就會形成某些刻板印象，使很多東西不管怎麼宣導好像都沒什麼用。這麼認眞的委員會紮實地做了一些事情之後，應該給這些性別教育出版品再次機會，讓老師眞的來翻翻這些出版品，他們的用心應該被看到，並且被好好地使用。更值得一提的是，這五、六年來，教育部也發行了一個新的雜誌叫「兩性平等教育季刊」，[22]我認爲這個季刊在相當程度上就等於是老師進修的教材，季刊裡有一些理論和理念介紹、實務分享和生活、生命經驗分享，老師們可以從這份季刊裡得到定期性的求知管道，可以把季刊的內容轉換成教學上可以運用的教材，所以這個季刊非常值得向老師們介紹。

◆　提供其他相關參考教材

● 潘教授

　　教育部兩性平等教育委員會是一個非常認眞投入的委員會，委員們開了好多的會議，爲台灣近幾年來的性別平等教育花了非常多的心力。剛剛蘇教授也談到有很多童書繪本，以及專家學者編寫的刊物和書籍，包含教育部出版的兩性平等教育季刊，都可以供教育工作者在教室裡應用。除此之外，還有沒有其他可以參考的教材或書籍？

● 蘇教授

　　因爲教育現場中孩子的年齡不等、階層不同，所以可以使用的教材就不一樣。以小學階段來講，有很多老師用童書繪本，譬如他們會

---

[21] 此部份的資料可在目前教育部兩性平等全球資訊網網站中的「教材導覽」處尋獲（http://www.gender.edu.tw）。

[22] 「兩性平等教育季刊」已於民國九十三年五月一日第二十七期正式更名爲「性別平等教育季刊」，此期刊各期文章之全文亦可於教育部兩性平等全球資訊網網站中的「教材導覽」處搜尋（http://www.gender.edu.tw）。

看《威廉的洋娃娃》，從這本童書裡面可以看到，許多性別特質和喜好不一定要隨著我們的天生性別那麼地刻板化，威廉也是可以喜歡洋娃娃的，他也可以培養和發揮溫柔細膩、善於照顧的特質；另外，在《我的媽媽真麻煩》一書，打破了對母親、對女性的刻板印象，傳統上女性好像只能持家，而且必須是個賢妻良母，這使媽媽不太能發揮她多元、俏皮的個性。而「朱家故事」這本書講的是家庭分工的問題。很多老師就會從這些故事書取材，然後在教室裡和同學分享，如此一來，不但配合孩子們對童書繪本的興趣，同時也進行了性別教育。

- 潘教授

　　這些書都是哪些出版社出版的？

- 蘇教授

　　各個出版社都有，有些是翻譯的、有些是本土的，老師們可以上網站取得這些出版訊息。如果以國中階段來講，楊佳羚老師最近就有很不錯的出版品，楊佳羚她本身就是國中老師，後來唸了研究所，做的是性別教育相關研究，而且她唸書之餘，也全省跑透透地到每個縣市和學校來與老師們分享。楊佳羚老師把她這幾年做研究的一些教材集結起來，以議題區分，譬如「性別特質」、「性取向」、「生涯規劃」，甚至也談到如何在英文課中以融入的方式進行性別教育，她這本書叫做「性別教育大補帖」，可以提供老師們參考。另外，從國中到高中職這個階段的女孩很喜歡看羅曼史，過去我們都認為羅曼史可能會讓孩子的性別印象更為刻板，但是鍾佩怡老師寫碩士論文的時候，就試圖翻轉羅曼史，並親近學生的經驗，但是在親近學生經驗的同時，她也提醒學生進行討論和反思，所以她把碩士論文叫做「我把羅曼史變教材」。我知道這個碩士論文得過很多獎，最近她又把它變成一般的出版品，並著重教案的開發。這五六年來社會推動了很多性別相關法案，譬如兩性工作平等法、民法親屬篇等等，我想老師可以為學生掌

握社會的脈動和訊息，把這些東西變成教室裡的教材。總之，關於這些性別方面的教材，老師們上網就可以取得相關的訊息，而這些教材對老師確實會有很大的幫助。

• 潘教授

不過，教材是死的，而老師們怎麼去使用，就涉及到活用的部分。例如，老師們是不是真的有性別意識？同一套教材（例如羅曼史）可以複製性別刻板印象，也可以重新解構傳統的性別刻板印象。所以我們就要接著談另一個話題，就是老師研習的問題。

四、教師研習工作

• 潘教授

剛剛提到教育部兩性平等教育委員會第二項工作是要舉辦許多教師研習，不曉得成效如何？

• 蘇教授

老師確實才是性別平等教育裡最靈魂和最關鍵的人物。老師其實可以扮演一個發電機的角色，他怎麼讓這些東西靈活起來，並且在教學裡落實是很重要的。這幾年來，教師研習是教育部持續進行的一個重要工作，從種子老師的培訓，到縣市教育局也有所謂的「中心支援學校」負責推動或推廣。無論小學、國中或高中職，都有一個中心支援學校策劃每一縣市的教師研習，而每一個學校也都有教師研習的推動計畫。

◆ 促進教師性別意識的覺醒與成長

• 蘇教授

教師研習分成幾個部分，第一個是性別意識的覺醒與成長。性別

其實是我們非常直接的一種經驗，只不過它被當作理所當然、根深蒂固的東西，所以很多人常常不知不覺就接受了它、也複製了它。我們該怎麼去回溯生命經驗與生活經驗？性別並不是無中生有，而是必須把它召喚出來，知道原來是這個東西在影響著我。舉例來說，很多女老師在家裡其實都過著性別分工不太均衡的生活，長期下來可能會造成她身心非常的疲累，很多家庭的衝突皆源自於這裡，過去她可能用一種比較消極的態度面對，無奈地回應說她能怎麼辦呢？但是她現在知道這些東西是可以學習得來的，而我們之所以要學習，是因為要創造一個更為豐富、更為體諒的生活，是一種所謂「夥伴」（partnership）的婚姻或生活。因此，這種意識的覺醒不只在造福女老師，其實對她的伴侶也具有很好的影響，她的伴侶因為參與，所以知道事情的細膩面，譬如他的參與，讓他得以建立比較好的親子關係，讓他知道男性的一生不一定要放在追求公領域上，如此一來，當他退回私領域的時候就不會覺得身心不相屬，其實這對男性來講也有很大的召喚力量。

那麼，怎麼把性別的東西透過生命經驗和生活經驗的回溯，讓老師們知道這樣的東西不是天生的而是經過教育形塑而成，而且很多意義是由社會建構起來的？當我們知道社會建構出這樣的東西、我們的教育形塑出這樣的觀念時，就會瞭解這些東西是可以被改變的。這個認知非常重要，要認知到我們不需要宿命觀，只要我今天開始做，就可以點滴累積。而我們這一代改變之後，下一代就有可能重新教育。

再者，老師的認知如果建立之後，他怎麼把意識的覺醒、敏感度和認知落實到教學裡，這就是專業的部分。我們常常談所謂的融入式教學，也就是不管老師教的是什麼科目，人文、藝術、國文甚至是數理科目都好，老師可能會想要在原本的課程裡加入一些性別的東西，從教材教法、潛在課程等每一個細膩的環節開始。老師們只要意識一覺醒，他那個發電機開始啟動之後，後面有很多富創意的東西都是很棒的，他可以從一牽引到二，二就發展到三，只要等著看他的成果與

驚嘆號就好了。

◆ 成立相關研習團體

• 潘教授

　　可是，我常常覺得性別意識的養成或開展，其實需要滿長的時間，不太可能說他頓悟了，就突然變得非常有性別意識，因為既定的、傳統的性別價值觀念其實很容易在腦海裡殘存著，我認為這是一個慢慢開展的歷程。不知道教育部在推動教師研習的時候，是透過哪些方式來做，才能有益於教師性別意識的開展？

• 蘇教授

　　我認為課程的規劃是很重要的。在意識覺醒的部分有讀書會或成長團體，譬如，在臺北我們和萬芳高中合作辦讀書會或成長團體[23]，以人的生命或生活為取材，這可以從閱讀報章雜誌、看影片的時候獲得許多素材。我希望老師做「參與式的閱讀」，譬如，我在閱讀這些影片或書籍的時候，不要視其為外在於我的東西，不要好像有個距離在看別人的故事，而應與那些內容對話，並且反過來觀照我自己。雖然有些人有順利的成長過程，但個人的順利也不足以否定結構上仍存在的性別不平等，而必須要非常細緻、多元地帶領老師們觀照個人的性別觀點與處境。

• 潘教授

　　若從教育部推動的角度來看，現在的做法是什麼？是委託學校推展教師研習？還是其他方式？

---

[23] 臺北市立萬芳高中最新的性別平等教師研習為「二〇〇四年第二屆亞洲性教育研討會」（2004 年 8 月 4 日到 20 日）以及「臺北市政府教育局九十三年度性別平等教育家長研習實習實施計畫」（2004 年 8 月 13 日到 9 月 20 日）。其他相關研習請隨時參考萬芳高中網站（http://www.wfsh.tp.edu.tw）。

• 蘇教授

　　都有，非常多元。縣市政府可以規劃，學校或民間團體也可以規劃，很多大學也提供協助，中小學老師也可以跟教育部申請經費來組成讀書會。教育部在去年製作了「兩性新視界」的錄影帶，也提供老師們所需的教材。

五、結語

　　今天非常榮幸邀請到蘇芊玲教授來一週教育論壇，與我們談論教育部在推動性別平等教育的工作狀況。在這次的論壇中，我們大致瞭解了性別教育在台灣的發展，並且探究教育部對性別平等教育工作的五大發展方向之前兩項：教材教法以及教師研習。在下次的論壇中，我們將繼續邀請到蘇教授與我們談後三個工作方向：研究發展、校園安全，以及家庭和社會教育，期許透過這樣的論壇，能讓大眾對於性別平等教育工作更加瞭解。

編輯小語

◆ 台灣性別平等教育的推動歷史：

時代	機構或運動	備註
1970 年代	呂秀蓮 新女性主義	
1982 年	婦女新知	
1985 年	台大婦女研究室	台灣第一個婦女研究機構
1988 年	婦女新知基金會「全面檢視教科書」	為台灣兩性別等教育運動之開端。針對國小、國中及高中國語文及社會、公民等人文學科教科書，進行性別觀的全面檢視。發現無論數量或樣態，女性人物都遠低於男性，而其中更是充斥性別刻板印象及尊卑歧視觀念。後出版《兩性平等教育手冊》，除呼籲教育部及國立編譯館儘速改進教科書內容之外，另提出開放民間編

		印教科書的訴求。
1989 年	清華兩性與社會研究室	
1992 年	高雄醫學院兩性研究室	
1993 年	女性學學會	
1994 年	台大城鄉所性別與空間研究室	
1995 年	中央大學性／別研究室	
1996 年	性侵害犯罪防治法	因彭婉如事件而快速通過的法案。該法第八條明文規定中小學每學年必須實施至少四小時之相關教育，內含「兩性平等教育」。至此，兩性平等教育終於取得初步法源基礎。
1996 年	成功大學婦女與兩性研究室	
1997 年	世新大學性別與傳播研究室	

1997 年	教育部兩性平等教育委員會	將兩性平等教育列為全國教改政策。
1999 年	東海大學性別與文化研究室	
2004 年	性別平等教育法	

（資料整理自蘇芊玲，2001：13-14）

◆ 《性侵害犯罪防治法》：《性侵害犯罪防治法》乃於民國八十六年立法、公佈，並歷經民國九十一年五月與六月的兩次修正，修正後的法令共計二十條。其中除了對性侵害加害者、受害者、相關機關有所的規範外，另外還在教育方面規定各級中小學每學年應至少有四小時以上之性侵害防治教育課程，內容包括：（1）兩性平等之教育、（2）正確性心理之建立、（3）對他人性自由之尊重、（4）性侵害犯罪之認識、（5）性侵害危機之處理、（6）性侵害防範之技巧、（7）其他與性侵害有關之教育。詳細法規請參考全國法規資料庫網站（http://law.moj.gov.tw/Scripts/Query4A.asp?FullDoc=all&Fcode=D0080201）。

◆ 教育部性別平等教育委員會年度計畫：

一、 政策規劃組規劃工作
（1）性別平等教育法、性別平等教育法施行細則（草案）及校園性侵害或性騷擾防治準則進行英譯事宜。
（2）辦理八場中央與地方性別平等教育委員會之對談會議 。

(3) 規劃與教育部相關主管業務單位討論有關性別平等教育推動事宜。

(4) 規劃性別平等教育相關之國內、外影音資料庫之建置。

(5) 規劃並執行95年度亞太地區性別平等教育研討會。

(6) 評鑑大專校院資料諮詢與服務工作站之運作成效及後續推動事項。

(7) 協助規劃有關幼教、高中職層級學校性別平等教育年度工作之擬定及推廣。

(8) 獎助碩博士性別平等教育研究論文。

(9) 規劃有關性別平等教育諮詢中心之設置事宜（納入並強化校園性騷擾或性侵害防治之諮詢服務）。

(10) 考量全國性別平等教育諮詢專線設立之可行性，例如113婦幼保護專線（列入諮詢中心）。

(11) 針對以往訓練評估問卷內涵，審閱是否符合成效評估標準並予以修訂後，提供各相關性別平等教育訓練活動評估依據。（列入諮詢中心）

二、 課程教學組規劃工作

(1) 獎勵並補助各級學校研發性別平等教育之課程與教學。

(2) 補助地方政府及高中職學校辦理性別平等教育年度工作計畫。

(3) 培育地方政府及各級學校推動人才（委託或補助性計畫），包括調訓地方主管機關承辦人員、督學、性別平等教育中心學校校長、教務人員及各科教學輔導團團員等。

(4) 補助大專校院性別相關中心系所，輔導地方性別平等教育中心學校推動性別平等教育，並提供性別平等教育之課程與教學諮詢服務。

(5) 委託訂定培育、進修之參考課程（包括校長、主任及相關教育人員儲訓納入性別平等教育課程）及實施辦法。

（6）針對研習培訓課程之核心實施對象審慎考量，訂定性別平等教育核心參考課程架構（含校園性騷擾或性侵害防治課程）內涵。

（7）委託訂定認證相關辦法。

（8）持續委託維護及更新性別平等教育全球資訊網網站，整合性別平等教育資源。

（9）委託整合各級學校性別平等教育課程與教學之教材與媒體。

（10）委託發展性別平等教育之課程與教學評鑑指標。

（11）委託建構九年一貫課程教科書之多元文化教育評鑑標準（莊明貞委員）。

（12）委託研訂、解讀與融入課程能力指標及教材範例。

（13）委託研擬視導機制與指標。

（14）與公務人力發展中心研商合作進行「性別平等教育線上課程」以利進行訓練宣導事宜。

三、 社會推展組規劃工作

（1）出版性別平等教育季刊第 30-33 期。

（2）建議社教司賡續辦理家庭教育中心性別平等教育種子人員培訓。

（3）補助民間團體申請辦理性別平等教育相關活動。

（4）委託教育廣播電台製播「性別教育 easy go」節目，自 94 年 1－12 月播出，已播出節目掛於電台網站 60 天，供下載收聽。

（5）委託進行「兩性新視界」（已更名為「性別萬花筒」）系列二節目，已完成十集節目腳本審查，並進行拍製作業。

（6）網站之功能擴充【除網站進行改版外，繼續加強資料庫之維護，並蒐集近年來相關性別平等教育（含校園性騷擾或性侵害防治教育）教材媒體

資源，學校辦理性別平等教育自評功能、網路讀書會、電子報及其他互動功能，以資料庫入口網站設計】。

(7) 於本（94）年 6 月 23 日性別平等教育法公佈施行週年之系列活動中，辦理「性別說文解字」，提供學生發表有違性別平等之用語，宣導正確性別平等觀。

(8) 母親（父親）形象攝影展並舉行分區座談，以建立健全性別角色之意向，發揮親職教育性別平等之意涵。

(9) 補助家庭教育中心辦理性別平等親子共讀計 157 案，父職(男性)成長教育計 28 案，婦女教育 74 案(含原住民婦女 17 案)。

(10) 針對家庭暴力議題辦理座談會，邀請法界實務工作者及學者討論家庭暴力相關案例，並結合媒體報導，以達相關法令宣導及教育之功效。

四、 校園性侵害或性騷擾防治組規劃工作

(1) 修訂各級學校校園性侵害或性騷擾防治辨識指標及輔導案例彙編。

(2) 強化各級學校教職員工辨識輔導校園性侵害或性騷擾事件及被害人之能力。

(3) 研發校園性侵害及性騷擾調查專業人員培訓課程，並建立課程綱要及能力指標。

(4) 分區培訓各級學校校園性騷擾或性侵害事件處置調查專業素養人員（含種子教師），並建立人才資料庫。

(5) 發展安全校園空間指標供各級學校進行體檢改善並進行督導評核。

(6) 依據校園性侵害或性騷擾防治準則訂定調查處理標準作業程序。

(7) 督導各級學校依據準則訂定校園性騷擾或性侵害防治辦法。

詳細內容請見教育部兩性平等全球資訊網之年度工作計畫（http://www.gender.edu.tw）。

性別平等教育教材補充：

書名	威廉的洋娃娃 （William's Doll）	
作者與譯者	夏洛特・佐羅托　文 杜波瓦　圖 ／楊清芬　譯	
出版資料	初版：1998/09/05 2001 年五版	出版：遠流出版
故事介紹	這是一本以小男孩想要洋娃娃為主軸的故事。只因他是小男孩，這小小的心願就惹來哥哥說噁心，鄰居的小朋友罵娘娘腔，爸爸也只肯買別的玩具給他……。直到有一天，奶奶來了，不但實現了小男孩長久以來的心願，並且讓爸爸瞭解玩洋娃娃的男孩其實沒有什麼不好。一本幫助兒童瞭解「愛與平等」的繪本。〈我會愛精選繪本〉系列之一。兒童心理醫師陳質采策劃、導讀。 （資料與圖片來源：遠流博識網 http://www.ylib.com/Search/ShowBook.asp?BookNo=Q6203）	

書名	我的媽媽眞麻煩 （The Trouble with Mum）	
作者與譯者	芭蓓蒂‧柯爾　圖文 ／陳質采　譯	
出版資料	初版：1998/09/10 2002 年 12 刷	出版：遠流出版
故事介紹	這本書是以一個小男孩的眼光來看自己和同學都不一樣的家庭，他有一位酗酒的爸爸，以及常常讓自己感到困擾的巫婆媽媽。他的媽媽吃的和穿的都跟別人不一樣，又不擅長社交。在親師懇談會上，她想和其他家長開開玩笑，卻因把他們變成蟾蜍而惹人厭煩。後來，在一次意外災難中，她終於有機會發揮所長，讓大家認識到她和其他的媽媽一樣：善良，愛孩子，想要被看重。在芭蓓蒂‧柯爾詼諧誇張的畫風中，故事處處是童趣和驚喜。一本幫助兒童瞭解「愛與接納」的繪本。〈我會愛精選繪本〉系列之一。兒童心理醫師陳質采策劃、導讀。 （資料與圖片來源：遠流博識網 http://www.ylib.com/Search/ShowBook.asp?BookNo=Q6206）

書名	朱家故事 （Where the wild things are）	
作者 與 譯者	安東尼‧布朗　圖文 ／漢聲雜誌　譯	
出版 資料	1997 五版	出版：漢聲出版
故事 介紹	故事主要內容描述在朱家裡，所有的事都由朱媽媽一人負責，早上一家人吃完早餐，媽媽還要整理家裡所有的事之後才出門上班。傍晚家人回家後，又只會喊肚子餓等吃飯，吃完飯後，除了媽媽其他家人都在看電視，所有的家事都由媽媽一人來做。(媽媽整天辛苦沒有笑容)有一天，媽媽離家出走，接下來的幾天，爸爸和小孩度過了一段如豬般的生活。最後媽媽回來了，大家體會到家是大家的，應該分工合作、互相體諒…於是爸爸幫忙燙衣服，小孩幫忙摺棉被，大家一起做晚餐，一家人很快樂…最後朱媽媽還學會了修車子。(最後媽媽終於露出了幸福的笑容)（故事簡介與圖片來源 http://www.phy.ntnu.edu.tw/nstsc/doc/new/92models/model06.doc） （此故事可於許多網站上下載 power point 檔，如林妙伶老師的網站即有：http://teacher.ccjh.tp.edu.tw/t281/homepage/homepage.htm）	

書名	性別教育大補帖（上） －教師基礎觀念大挑戰 性別教育大補帖（下） －學生作業活動百寶箱	
作者	楊佳羚	
出版資料	初版：2002 年	出版：女書店出版
內容介紹	性別教育和過去的「教育」不一樣的是，在推動的過程中，教師不只是教學者，同時也是學習者。在「無處不教學」的性別教育實踐過程中，不一定要有固定的教材、時地才能教「性別教育」。性別教育是什麼?性別教育要怎麼想，怎麼說，怎麼做，怎麼玩，怎麼教，怎麼在日常生活與教學當中實踐出來? 作者楊佳羚從國中教學的實務經驗與性別論述的思考中淬練出不只一套的性別教育教學法，提供九年一貫教育後中小學教師強而有力的《性別教育大補帖》。上冊-＜教師基礎觀念大挑戰＞，著重性別基礎觀念的探討與意識的培養，對常見的性別迷思有精彩的解析與澄清，例如：性別刻板印象、性別不平等、性騷擾、兩性關係，以及同志教育等主題。不只適合教師閱讀，更適合於家長以及對性別議題有興趣的人。剛入門者，有了循序漸進的教材；已經有性別意識的人，可以演練如何溝通與論辯；學校老師則可以根據書中教案的範例，進而研發屬於自己的教材。作者由生命經驗出發，讓性別議題生活化了起來。下冊-＜學生活動作業百寶箱＞則是性別教育教學活動教案，搭配著上冊的性別議題章節由流行文化、網路遊戲、漫畫等學生親近的領域，利用活動、閱讀、演練等方式練習性別教育的實踐方法，活潑、有趣味，方便於教師與學生一起演練！（內容與圖片來自女書店書局網站：http://www.fembooks.com.tw/publish6.htm）

書名	我把羅曼史變教材了	
作者	鍾佩怡	
出版資料	初版：2002 年	出版：女書店出版
內容介紹	妳/你讀過羅曼史嗎?羅曼史，簡單的說，就是言情小說，套著固定公式的浪漫愛情故事，有翻譯的、也有本土的。在一般的書店中，放羅曼史的區塊，常常是人聲最鼎沸的，中學女生、家庭主婦、粉領上班族，各式各樣的女生在這裡尋找情感/慾的想像與慰藉。羅曼史這麼有魅力，但也令人憂心。文本中充滿性別偏見與刻版印象的兩性關係與情慾情節，影響著青少年/女形塑性別觀念與行為，也消蝕著近年來教師與民間團體努力推動的性別平等教育的力量。然而，與其批評羅曼史，作者鍾佩怡更積極將坊間普受歡迎的羅曼史轉化為性別教育課程的素材，和學生一起來，帶上「性別眼鏡」找找看羅曼史裡面有什麼，從羅曼史的典型情節中延伸出性別平等教育議題的討論，包涵:貞操的迷思、美貌神話、身體自主權、性暴力……。而本書第三章是以羅曼史發展而成的教案，包括給學生的學習單以及給教師的教學指引，非常方便教師直接使用，這套教案;第四章則是教學經驗分享，是作者實踐本教案的教學箚記與學生的回饋，提供教學者第一手的田野資訊。（內容與圖片來自女書店書局網站:http://www.fembooks.com.tw/publish6.htm）	

參考文獻：

蘇芊玲（2001）。台灣推動兩性平等教育的回顧與前瞻。**兩性平等教育季刊**，14，13-18。

教育部性別平等教育五大工作方向（下）

主持人：潘慧玲（國立台灣師範大學教育學系教授兼教研中心主任）

討論人：蘇芊玲（教育部兩性平等教育委員會委員）

論壇日期：2002 年 12 月 22 日

 討論題綱

【教育部性別平等教育五大工作方向（下）】

一、前言

二、性別平等教育的研究發展

◆ 實務經驗研究居多、性別發展研究不足

◆ 應從積極性差別待遇的角度思考

◆ 性別平等教育法的修擬工作

◆ 「兩性」教育與「性別」教育的論辯

三、校園安全的工作要項

◆ 在教育場域裡落實兩性平等概念

◆ 整合性騷擾事件處理機制

四、社會與家庭教育的推動要項

◆ 在社會與家庭教育中納入性別平等教育

◆ 培訓富性別平等觀的社會與家庭教育種子教師

◆ 提供性別教育相關資訊與諮詢

五、面對性別平等教育推動阻礙的心態

六、結語

一、前言

性別平等教育在台灣，如一般的教育改革議題一樣，從民間運動逐漸發展到官方，教育部終於在民國八十六年正式成立了「兩性平等教育委員會」。在上回論壇之中，我們邀請到兩性平等教育委員會委員蘇芊玲教授說明教育部成立的這個委員會在性別平等教育工作上的發展狀況。接續上次論壇的主題，今天我們繼續探討教育部性別平等工作五大方向之「研究發展」、「校園安全」，以及「家庭和社會教育」等三部分。首先，我們先談性別平等教育的研究發展。

二、性別平等教育的研究發展

● 蘇教授

大部分的先進國家都在七０年代就開始推動性別平等教育工作，所以他們有很多理念與落實的經驗非常值得我們參考，例如，我們可以將資料、書籍、參考資料以及國外經驗蒐集回來，知道別人走過的路。更重要的是，雖然每一個國家的性別問題具有普及性，但是它也有在地性，所以我們怎麼樣把這樣的理念與經驗放到本土脈絡裡，這也是值得討論的。

另外，過去五、六年來因為推動性別平等教育的關係，因此國內也進行了一些研究。譬如，到底老師的性別意識現況如何？臺北市每一年都會檢測這個部分，才能知道老師們的現狀與需求。而有的研究是針對教育現場來進行研究，例如學校在推動性侵害防治教育的困難在哪裡？它的成效如何？有沒有比較成功的教學策略？甚至也要瞭解媒體對學生的影響，因為今天是媒體的時代，但是我們的媒體常常是複製性別刻板印象的來源，所以我們使用媒體的時候，也應該知道媒體對學童和中學生的影響。

◆ 實務經驗研究居多、性別發展研究不足

● 潘教授

　　相關研究多是實況的瞭解？

● 蘇教授

　　對，就是關於落實性別教育的實務經驗之研究。當然，相關理念的開發也是在鼓勵之列。所以，這幾年我們可以看到部分高等學府的建置已經考慮到性別議題，比如高雄師範大學在兩三年前成立了性別教育研究所，這應該是亞洲第一個為了性別教育而成立的研究所；高雄醫療大學也成立了性別醫療這方面的研究所；民國九十二年臺北世新大學也會有性別研究所，它比較強調媒體這個部分。另外，這幾年來許多學校也設有性別教育的學程，比如台大婦女研究學程與清大的性別教育學程。

● 潘教授

　　清大的性別教育學程已經設立了嗎？當時提出要提供不同的性別教育課程，而不是設立學程，現在已經設立學程了嗎？

● 蘇教授

　　清大這一、兩年好像已經設立了性別教育學程，[24]在原本的高等學府裡加入一些與性別相關的研究，有理論的、也有實務的，這幾年是有一些比較明顯的推動。

● 潘教授

　　不過，就我自己的觀察，國內在從事性別相關研究時，比較多是從性別角度切入，比如探討老師有沒有性別意識？或者是目前推動的性別教育是否滿足不同性別的需求？而比較不是著力在研究女孩的發展情形。

---

[24] 國立清華大學於人文社會學系中開設「性別研究」專修課程。

追求美善的教育

女性在社會上居於較弱勢地位，我們應該去瞭解女性的處境，以及其自小如何發展自尊自重概念，而自尊自重概念是否隨著年級爬升而有變化？但目前屬於這類基礎性的研究似乎較少。

• 蘇教授

我們確實還有很大一片領域等待更多的人來研究瞭解。性別的發展是非常錯綜複雜的，是很多因素交相運作之下的結果，所以應該從各種角度、投入更多的人力來研究。事實上，這五、六年來只是性別教育的一個起步，如何在這之中把更多的需求、可能性和創意加進來，則需要更多的研究或更多的關注。

◆ 應從積極性差別待遇的角度思考

• 潘教授

另外，歷年來性別平等教育的推展較為重視給予男女兩性相同學習機會的「平等」概念，而較忽略從弱勢者的角度切入，亦即一般不會認為女性因處於社會弱勢，故應給予她們較多的資源，「積極性差別待遇」的理念尚不被強調。但是國外就比較重視積極性差別待遇，例如他們研發許多對女孩子友善（girl-friendly）的教材教法，甚至反省女生數學比較不好的原因，涉及數學教材所傳達的知識或數學的教學方法不利於女生，外國有滿多這方面的研究。

• 蘇教授

沒錯，他們同時也反思敘述知識的方式，例如，究竟哪一種敘述法比較好？是用「一以貫之」的敘述法？或者是一種可以反覆思辯的、貼近生活經驗的敘述法？特別是貼近女性生活經驗的那種敘述法。我們過去大多從結果來論斷性別特質，比如女生數學考的差，就認為女生數學本來就比較差，而比較不會從更多元的角度來探討到底數學差的原因是什麼？

◆ 性別平等教育法的修擬工作

● 潘教授

我們知道蘇教授也參與了《性別平等教育法》的修擬工作，是不是也可以與我們分享一下這方面的經驗？

● 蘇教授

在研究發展部分，教育部草擬一份《性別平等教育法》草案，[25]希望把過去推動的東西更為法治化，讓性別議題能夠走得更長久。推動這個法案後，國家預算、相關人力的配置等部分會有一個比較好的基礎。如果能夠順利成功，我認為也是滿值得驕傲的，因為國外大多僅用單一條文或幾個條文來從事性別議題的推動，而我們則是很全面性地規範學校或各級政府的職責，營造善意和無歧視的學校環境，教材教法、老師的研習培訓、課程的開發以及校園性騷擾的處理，全部都在這個法案裡頭，所以是非常周延並全面地來推動。雖然台灣的性別教育起步比較晚，到九○年代中期才起步，但是如果可以順利推動性別平等教育法草案，就能趕上其他先進國家在這部分的推動。目前，這個法案完成了公聽的階段，可能九十一年年底或明年初就會送到相關部會，進入政府的立法程式。

● 潘教授

我記得你們的研究小組曾經說過，觀念的溝通是非常重要的，所以不急著把草案送到行政院、立法院。由此可知，你們現在已經告一個段落，覺得可以送到立法院了嗎？

● 蘇教授

過去我長年在婦女團體中推行民法親屬篇或推動兩性工作平等法等實際工作，所以常常可以看到推展的困難所在。譬如，兩性工作

---

[25] 《性別平等教育法》已於民國九十三年六月五四通過並公佈實施。詳細討論內容請見本書中陳惠馨教授之【性別平等教育法概論】、【性別平等教育法的精神與重要內容】兩則論壇。

平等法花了十幾年的時間才讓社會接受。不過，過去幾年來，由於性別相關法案的推動，讓整個社會對「女性」、「性別」等議題觀點的接受度變得比較大，因此推動性別平等教育法的時候，很多人都已經感受到這其實是一個時勢所趨，也知道一個國家若要說它是以人權立國，並且被認為是具有民主尊重的國家，那麼「性別」就成為既需被檢驗，也需繼續往前瞻的議題。所以這幾年下來，社會對於這個議題逐漸有比較好的反應。

◆ 「兩性」教育與「性別」教育的論辯

• 潘教授

我們在節目裡，有時候談「兩性平等教育委員會」是採用「兩性」一詞，有時候又說要推動「性別平等教育」，聽眾朋友可能會很好奇，「兩性教育」與「性別教育」有什麼不同？

• 蘇教授

我認為這兩者是一個階段性的區別。過去，當我們性別概念非常含混的時候，一般人比較能夠接受生理上區分的男性與女性，而我們也用這種概念來認識自己、認識別人。過去我們談兩性，就是很清楚地在談男生、女生，既談男性怎麼養成、女性怎麼養成，也談男女之間的互動。但是，隨著這幾年來的基礎建立之後，我們就會看到這樣的概念涵蓋不了其他的範疇。比如，當我們談跨越或兼有兩性特質的個體時，那麼生理取向則不足以涵蓋所有的性別特質；另外，與性別或性有關的問題，比如性取向的問題，也很難以生理性別涵蓋。因此，大概從兩、三年前便開始把性別概念加進來，這並不是說要排除過去的兩性概念，因為即使用兩性的談法，仍然有很多東西可以談，例如假設異性戀還是大部分人情愛的投射對象，婚姻也還是多以男女兩性作為基礎，那麼很多人在這個部分也是需要學習的。但是，當它指涉不了或涵蓋不了其他面向的時候（譬如性傾向），性別概念就必須在這個時候加進來，以增加我們對性別概念的原初認識，而有一個比較

多元光譜式的認識。

• 潘教授

　若真如您所言，為什麼教育部兩性平等教育委員會還未更名？

• 蘇教授

　實際上，就大家的認知而言它已經更名了，只是在法源基礎上，委員會依據的是《性侵害犯罪防治法》，其中第八條還是用「兩性」來談事情，所以如果法源基礎確定之後，委員會就會更名。另外，如果性別平等教育法先通過的話，就有一個法源基礎，這是屬於法律層次的問題，但是在一般使用上，性別已經取代了兩性的用法。不過我自己還是比較希望「性別」與「兩性」兩者並陳，因為還有很多不同階段的人可以依據這兩者來做不同的對話。

• 潘教授

　不過，性別裡面包括了兩性的概念。

• 蘇教授

　應該可以這樣說。我比較關心的是，談兩性的時候，有人會認為是在談生命教育、人權教育，雖然它確實有很多重疊的地方，但是不能因為談人權，就把兩性的概念模糊掉。即使現在大部分都談性別，但是兩性還是很多人瞭解性別議題的一個階段性基礎。如此一來，談兩性也沒有太大的不對，但是我們還是必須清楚地瞭解，兩性不足以涵蓋多元性別。

三、校園安全的工作要項

• 潘教授

　接下來就要來談談校園安全的問題，教育部在這方面推動了哪些工作事項？

◆ 在教育場域裡落實兩性平等概念

• 蘇教授

校園安全比較常談的部分是性別特質歧視、性取向歧視的議題，譬如，同性戀師生在校園裡遭受敵意的待遇，或者是性騷擾、性侵害事件。就某個程度而言，我們可以說之所以有這樣的事件發生，正是因為過去沒有落實兩性平等教育的關係。有了教育部兩性平等教育委員會對性別平等教育的努力推動，現在事件發生之後不會再像過去充滿許多迷思，或者去責備受害者，而沒有處罰或治療加害者。申訴處理是一個重點，如果能將救濟與處理這些事件的方法，放在平時的教育裡落實，讓老師和學生瞭解如何讓潛在的加害者不要加害別人，並且知道如何拒絕或反制性騷擾，萬一還是有這樣的事情發生的時候，也得以讓受害者知道他們不用隱忍，那麼這就比較像是"empower"（彰權益能）的過程。過去，當我們談性侵害、性騷擾時，如果沒有兩性平等的概念，有時候會讓弱者更弱，例如我們會要求比較容易受害的女性學生晚上不要單獨出去、不要做這個、不要做那個，當我們這樣講的時候，只會造成女學生對自己或環境更加地恐懼。

• 潘教授

而且還剝奪了她的一些權力。

• 蘇教授

沒錯，這樣的說法就是沒有性別平等意識的一種觀點。可是，當某個人有這樣的想法時，我們希望能去 empower 她。其實，我們在課堂裡要學生念課文和回答問題的時候，可以鼓勵、訓練她，讓她對自己的聲音自在、自信，可以大聲表達自己的聲音與想法。另外，上體育課的時候，我們如果能鼓勵女學生從事體能活動，就可以讓她在遇到侵害的時候，比較有反抗的能力。像這些例子都可以落實在教育的環節裡頭，這都是性侵害防治教育與兩性教育的著力點。從此角度來看，老師就會發現這些議題跟我們每一個人都有關係，都是可以在

教室裡進行，而不只是處理一兩個獨立的個案問題。

◆ 整合性騷擾事件處理機制

• 潘教授

　　社會上有很多性騷擾的事件，不曉得目前的法案是否可以充分處理這類問題？就校園裡的性騷擾案件而言，我們知道目前各個學校都成立了「性騷擾或性侵害防治委員會」，一旦案件發生，經過委員會的決議確定某個老師的確有性侵害行為後，就面臨了處理的問題，可是這樣的案子還要送到三級教評會處理，但教評會所做的處理，可能與性騷擾或性侵害防治委員會不一樣。所以，我們想要瞭解，《性別平等教育法》草案或者其他相關法案是否可以解決這類問題？

• 蘇教授

　　我們希望校內能有這樣的機制來調查和處理校內的性騷擾事件，所以學校相關委員會接到申訴之後，就會組織調查小組。當調查小組把事情調查了之後，首要工作是判斷事情的真相，瞭解到底有沒有這樣的事情。再者，是提供處理的建議。調查真相之後，委員會會把結果送交學校行政處置單位，在中小學教育只有一級，就是教評會，大學的話就有所謂的三級三審。學校的調查小組所做的是事實鑑定與處理建議，回到行政單位之後，就按照《教師法》來作行政考量。有一些學校運作的還不錯，比如它可能接受了調查小組的調查結果，並依照教師法做了一些懲處；另外有些則可能有些疑慮，比如負責行政懲處的人，因為不是調查小組成員，所以對事實的認定就不太有信心。我認為以性騷擾事件的專業性與敏感度而言，必須要求調查小組先具備較好的運作，也可以邀請校外的學者專家一起加入調查，如此一來行政單位只需依照調查結果進行行政懲處就好了。

　　另外一個問題是，按照現在的《教師法》，教師一旦涉及性騷擾的案件並且被認定為真的話，《教師法》是滿嚴格的，認為這種事情有違師道尊嚴，唯一的處置就是解聘、停聘等嚴格的處置，於是就會

讓學校不太敢處理性騷擾的案件，不管是學校教評會或三級三審，都會有一點猶豫，覺得一出手就是讓老師沒有退路或沒有改過自新的機會。所以，關於這個部分必須與《教師法》進行對話。以目前的《性別平等教育法》草案而言，對於教師性騷擾行為的處置，是按照情節輕重而有不同的建議，從道歉到立切結書、接受相關教育、看心理醫師，最後情節嚴重的就解聘，不過這個部分得看《性別平等教育法》有沒有通過，通過的話就會比較好處理。

- **潘教授**

亦即學校成立的性騷擾防治委員會可做出解聘之決定嗎？

- **蘇教授**

恐怕還是不行，剛才是說會依照加害者行為程度的輕重做出不同的處分，可是以目前而言，行政權還是在教評會。至於將來要不要讓這兩個機制合而為一，我認為是目前面臨的困頓，需要相關團體和機制做更密切的對話。當時之所以會讓這兩個機制分開，成立特別委員會或特別小組，是因為性騷擾議題的特殊性，它必須要有性別專業、要保密，所以要有特別的委員會來處理。至於將來要怎麼面對定位、法源問題，以及學校原有行政層級的行政懲處問題，則是目前的待決議題，這個議題非常需要各級教育人員拋出他們寶貴的看法，而我們也還在努力解決這個部分。

- **潘教授**

還得看未來定案的情形？[26]

---

[26] 在正式通過的《性別平等教育法》中，第四章，第二十五條規定「校園性侵害或性騷擾事件經學校或主管機關調查屬實後，應依相關法律或法規規定自行或將加害人移送其他權責　機關懲處。
學校、主管機關或其他權責機關為性騷擾事件之懲處時，並得命加害人為下列一款或數款之處置：
一、經被害人或其法定代理人之同意，向被害人道歉。
二、接受八小時之性別平等教育相關課程。
三、接受心理輔導。

● 蘇教授

　沒錯。

四、社會與家庭教育的推動要項

● 潘教授

　談完校園安全，最後一個要談的議題就是社會與家庭教育，兩性平等教育委員會在這個議題上有哪些推動項目？

◆ **在社會與家庭教育中納入性別平等教育**

● 蘇教授

　雖然教育部在過去五年多以來，是以學校作為它推動的主要範疇，但是我們都知道性別教育必須加進每個環節之中，包含家庭與社會教育。所以，這一兩年在這個部分就有一個比較具體的作法，比如今年我們在全國各縣市的家庭教育中心納入性別教育，完成了分區的家庭教育種子教師培訓，十二月時我們會再檢視家庭教育中心的工作成效。

● 潘教授

　這就等於是教育部裡的訓委會與社教司一塊合作，這樣挺好的。

● 蘇教授

　對，這種作法非常好。教育部社教司司長（目前也是委員會的委員）在規劃整年度計畫時，他就會考慮如何讓他原本的職責工作與性

---

[26] 四、其他符合教育目的之措施。
　第一項懲處涉及加害人身分之改變時，應給予其書面陳述意見之機會。」
　故，其中仍無規範可解聘加害者的條文。詳細內容請看本書【性別與婦女教育補充資料】中《性別平等教育法》之相關法條。

別平等教育互相配合。

◆ 培訓富性別平等觀的社會與家庭教育種子教師

• 蘇教授

另外,教育部還致力於培訓富性別平等觀念的社會與家庭教育種子教師。今年七、八月分區種子老師培訓的時候,這些本來就在從事家庭教育的老師,都覺得這是一個非常好的學習管道,因爲他們每天遇到面臨種種問題(像人身安全的問題等等)的群眾,都不知道如何切入、分享,後來才發現,原來已經有這麼多的團體或老師在做這方面的家庭教育,而且發現教育部已經在學校教育這個部分做了這麼多事情,所以老師們其實還滿高興的,我覺得這是一個非常好的開始,而明年度我們也會繼續辦理老師的培訓。

◆ 提供性別教育相關資訊與諮詢

• 蘇教授

至於家長部分,在某個程度上我認爲學校與社區可以同時扮演推動的角色,比如現在學校有很多親職教育活動,像家長成長班、媽媽讀書會等等,如果我們以學校爲主來推動,將性別教育加入親子相關活動中,也把性別教育加入社區教育中,那麼教育部的委員會或民間團體就可以扮演提供資源或諮詢的角色,讓這個部分走得更穩固些。

• 潘教授

如果我們看成人教育的發展,可以發現婦女教育的推動大多以傳統家庭教育的方式進行,而沒有融入性別平等的概念。由於成人教育由社教司負責,故婦女教育業務也由他們統籌,但學校的性別平等教育卻由兩性平等教育委員會負責,這樣形成了事權不統一、業務未整合、推動理念不一之情況,可能會衍生很多問題。所以,整合工作勢必在行。

五、面對性別平等教育推動阻礙的心態

● 潘教授

除此之外，請蘇教授回顧一下，國內在推動性別平等教育的過程中，有沒有遇到比較大的障礙或是問題？

● 蘇教授

我自己在民間團體推動性別教育這麼久，很多人都會說我們一定會遇到很多的困難與挫折，可是我自己倒不這麼認為，反而常常覺得因為參與才會知道問題所在，也因為參與就可以累積經驗、解決問題。其實這些問題原本就存在，但如果能深入參與，就能越接近真相，於是我們便從參與、接近真相開始，不管是城鄉差距問題、或者是性別刻板印象、經費不足、教材有待開發等等問題，我們都努力解決，而不會因為面臨困難與挫折，就覺得灰心喪氣，甚至認為下輩子要當男生，這樣的想法是比較消極的。現在雖然是一步一步地走，但是覺得每一步都具有累積的意義，而這個意義會擴散，並往理想目標邁進。

六、結語

● 潘教授

非常感謝蘇芊玲教授來到一週教育論壇，談了這麼多推動性別平等教育的想法，也分享了教育部目前的推動情形。教育部在教師研習、教材教法、研究發展、校園安全，以及社會與家庭教育上已經進行了多面向的努力，而蘇教授也抱持著樂觀的態度，期許性別教育的推展。誠如蘇教授所言，推動的成敗關鍵在於心態，性別平等之路尚遙遠，有待我們一起攜手共同努力、繼續邁進。

編輯小語

- **性、性別、性取向**：性（sex）乃為生理上定義，意即依天生的生理特質來分男女，亦即俗稱的兩性。性別（gender）則為社會上的定義，意即個體依據其後天教養與環境因素，形成其特殊的性別氣質，此為一多元概念，因性別不只二分為兩性，而有多元性別之譜。而性取向（esxua1 orientation）為個體在性欲上的選擇對象，其種類超脫男女兩性的生理侷限，而有異性戀、同性戀、雙性戀等多元取向。

- **教育部社教司性別平等工作的努力舉例**：教育部社教司於民國九十三年一月二十八日的「教育部補助辦理家庭教育老人教育及婦女教育活動實施要點」中，即指出教育部社教司應協調輔導相關機關、學校及民間團體各依權責規劃策辦活動，並適當補助各單位舉辦的學習活動。而所謂的學習活動計有下列幾項：親職教育、子職教育、兩性教育、婚姻教育、倫理教育、婦女教育、婦女 e 化教育、老人教育，便把性別平等教育納入其中。詳細內容請見教育部社會教育司網站「法令規章」第三十項，九十三年二月六日發布的「教育部補助辦理家庭教育老人教育及婦女教育活動實施要點及六表」

（http://www.edu.tw/EDU_WEB/Web/publicFun/dynamic_default.php#）。

性別平等教育的教學與教師意識覺醒

主持人：潘慧玲（國立台灣師範大學教育學系教授兼教研中心主任）

討論人：賴友梅（性別平等教育協會副秘書長）

論壇日期：2003 年 01 月 12 日

 討論題綱

> 【性別平等教育的教學與教師意識覺醒】
>
> 一、前言——簡介性別平等教育協會
>
> 二、九年一貫課程的融入式性別教育
>
> ◆ 以媒體為素材進行融入性別議題的教學
>
> ◆ 實際應用的教學策略
>
> 三、教師性別意識的覺醒
>
> ◆ 善用協會的研習或工作坊集思廣益
>
> ◆ 動員本校教師以研習討論
>
> ◆ 從協會網頁與通訊汲取資源
>
> 四、結語

一、前言——簡介性別平等教育協會

• 潘教授

今天要來談一談如何落實性別平等教育,特別請到性別平等教育協會副秘書長賴友梅老師來跟我們談論這個議題。

首先,請賴老師先介紹性別平等教育協會的性質,以及這個協會的創立時間。

• 賴老師

這個協會是在二○○二年十一月十六日正式成立的。其實五年多以來,兩性平等政策已經有較爲制度性的推展,過去民間團體、大專院校老師與中小學老師也已經在各地廣大進行兩性教育議題的推展工作,而協會其實是把很多基層中小學老師集合起來,希望能成立一個家來推動兩性平等教育。於是我們花費了四、五年的時間,由各地許多有心的種子老師來推動、成立了這樣一個協會。

• 潘教授

台灣校園性別取向的協會中,有一個是大學老師的組合,也就是「女學會」。而您剛才提到的性別平等教育協會[27]是比較偏向中小學老師的組合嗎?

• 賴老師

我們都知道台灣關於性別取向的組織在大專院校的部分有「女學會」,但是在中小學的部分,因爲區域性或城鄉差距因素影響,所以少有集結成專業團體的經驗,而性別平等教育協會的成立,就是讓這些基層中小學老師有一個具向心力的團體,可以來推動性別教育工作。協會成員包括中小學老師、大專院校老師和民間團體,三方共同努力。

- **潘教授**

  蘇芊玲教授是否也對這個協會的成立盡了很大的努力？

- **賴老師**

  其實我們有很多常任理監事，包括了東部、南部、中部、北部的種子老師，而蘇芊玲教授被推選為這屆的理事長。過去，我們發現很多中小學老師非常有意願從事兩性平等工作，但是卻沒有非營利團體能讓他們加入；再加上這個協會的組成和過去教育部政策的推動方向不謀而合，所以我們希望未來能藉由這個非營利組織的力量來推動性別平等議題。

- **潘教授**

  結合各方力量（包含民間）來推動的做法是滿好的，聽說現在會員已經有一百多人了？

- **賴老師**

  在這兩、三個月的召募下，已經有一百多位會員了，滿令人高興的是有很多成員是大專院校教育學程和教育研究所的碩博士生，從師資培育的角度來看，我們希望準老師從學生時代就加入，所以很高興有許多的學生會員。

- **潘教授**

  相信性別平等教育協會發表的成果，將會是許多中小學老師日後可以運用的資源。

二、九年一貫課程的融入式性別教育

- **潘教授**

  九年一貫課程主張要將兩性教育議題融入課程，可是「如何融入」

卻是個非常大的難題。老師天天面對不同性別的孩子，到底應該怎麼設計教學活動，才能真正啟發孩子正確的認知？能否請賴老師以比較具體的例子，來說明老師如何設計性別教材，或者採用什麼教學法？

◆ **以媒體為素材進行融入性別議題的教學**

• **賴老師**

　　協會成立的這兩、三個月之間，秘書長楊佳羚老師和我兩個人大概跑了五十幾場演講，從這點就可以看出很多教師殷切地想知道如何在教學中融入性別議題，也希望能獲得更多教學素材。以融入式素材為例，我們希望能從生活上的教材來獲得一些資料，減輕老師在繁忙的教學過程中，還要自己製作教材的負擔，我想製作教材對很多老師而言都是很大的負擔，這也是在多場演講中老師所表達的心聲。事實上，我們可以從很多媒體素材來進行融入性別議題的教學活動。譬如從最近很紅的漫畫、偶像劇、廣告等等流行的素材中，來談破除性別刻板印象。或者是將許多政治新聞或社會新聞融入教學，以政治新聞為例，我們希望老師蒐集相關資料或素材來談女性政治人物的形象，將會發現很多政治新聞的版面，光就數量來看，女性政治人物被報導的數量其實很少，或者被報導的方向也多注重在她的外貌或穿著，而沒有瞭解她的專業問政能力與風格，這時便可以跟學生談政治領域中的性別刻板印象問題。至於社會新聞方面，老師可以試著讓學生檢查新聞內容是否在用詞、用字上存在著刻板印象，譬如很多記者談到強暴案的時候，會說是女性當事人自己的問題；又或者男性外遇常會被認為是「享齊人之福」、「金屋藏嬌」，但是形容女性外遇卻非常嚴厲，說她是「水性楊花」、「紅杏出牆」，從這些用字遣詞的背後邏輯，就可以看出文化中的性別失衡。

　　很多廣告中也出現很多類似的問題，譬如在嬰幼兒奶粉產品廣告中，通常只會看到一個媽媽和一個嬰兒，好像沒有看到爸爸這個角色的出現，而很多手機廣告中也會發現，男性使用手機時多半講究專業

形象，塑造其為求取事業上的成功，而女性使用手機則是囉囉嗦嗦、愛多話，或者是以聊天哈拉為主的形象出現。在信手拈來或隨處可見的媒體素材裡，還有很多可以運用到教學裡的素材，我們可以藉由解剖或分析許多負面的性別形象，來讓同學們瞭解性別刻板印象，並且也可以設計讓同學實作。

◆ 實際應用的教學策略

‧潘教授

剛剛賴老師提到，許多題材信手拈來就可以與小朋友和學生分享。另外，也提到政治新聞解構的問題，例如媒體如何形容女性政治人物，我們可以發現，雖然大家常說小馬哥（馬英九）好帥喔，但是基本上大眾不只看他外表帥的部分，他的專業形象和執政能力也是被大家所稱讚的；反觀呂副總統，大眾看她的面向又不太一樣，很多時候反而較專注於她的穿著打扮。諸如此類真的是「信手拈來皆性別」，那麼我們該如何把這些議題放到教室裡討論？

‧賴老師

在實際的教學策略上，我們可以把剛剛提到的這些素材加以轉化，例如請同學上課前上網搜尋一些新聞資料等等，除了可以讓同學們瞭解性別議題之外，還可以訓練電腦運作或檢索的能力。而我們也會建議老師們可以在平常觀看電視媒體時，作一些小小的功課，將廣告的例子納入備課內容。比如把我們認為有問題的或是想討論的廣告錄下來，或下載一些相關廣告片段與文字，先讓學生閱聽，發揮「大家來找碴」這樣的功力，讓學生列出他認為的問題所在，讓同學把他的問題先拋出來，然後在上課的過程中分析或解構這些廣告。事實上，這部分的素材是非常多的，老師們可以把它當作一個課前活動，或者課後讓學生嘗試做一個小小記者來改寫報導，或者成為一個新聞的編輯者，思考如何轉換有問題的用字遣詞、或具性別刻板印象的事件描述文字，這些都是很好的課後作業。

三、教師性別意識的覺醒

● 潘教授

　　但是這麼做的前提是，老師也必須具備性別意識，因為很多人看了剛剛所說的那些廣告或新聞呈現方式並不會覺得有問題，也許他們已經習以為常了。所以，老師們該怎麼自我準備？怎麼讓自己更有性別意識？怎麼讓他們看到廣告或新聞時，能夠知覺到其中蘊含的性別偏差語言？

◆　善用協會的研習或工作坊集思廣益

● 賴老師

　　在我們為老師舉辦的研習或工作坊裡，常常可以看到老師對廣告或媒體方面的分析解釋，事實上老師也是需要練習才能看出問題或是找出刻板印象所在。在工作坊中我們常常運用的方式，是讓老師回溯或紀錄他最近最有興趣的一個廣告，以及他認為有問題的新聞媒體。或者討論最近社會上的相關議題，譬如單身稅問題，老師們便可以觀察到，針對這個議題，很多記者訪問的都是一些女性單身政治人物，男性卻沒有被訪問到，於是他們開始對這個現象提出疑問。在分析的過程中也許還缺乏豐富的討論，不過我們還是建議老師不妨利用一些研習或工作坊來集思廣益，而不必單打獨鬥，或者獨自在短時間內消化性別平等相關書籍，因為對在職老師而言，備課已經很辛苦了，教學活動通常也佔滿了他們的生活。所以，我們常希望在工作坊裡，老師可以就一兩則新聞或廣告，先提出自己的觀察或意見分享，然後聽聽其他夥伴的想法，最後將這些想法和意見整合起來，成為一個優質教案的初步規劃。老師們常常回饋說，這樣的模式會比老是聽一兩場演講來得有趣。

◆ 動員本校教師以研習討論

• 潘教授

如果老師們沒有時間或沒有辦法參加工作坊，在學校裡有沒有什麼管道可以讓他們有自我成長的機會？您提到老師們可以分析廣告，但是他們也需要有分享的對象，不曉得協會裡有沒有這樣的諮詢管道，如果老師們要分享的話，可以找誰？

• 賴老師

對這個議題有興趣的種子老師都可以成為教學群的 leader，在午休時間或週三研習時間，大家就可以針對相關的性別新聞進行討論，這當然是比較長遠的一個方式。如此一來，透過每個禮拜的討論當然會有一些收穫，但是如何把這些收穫做成教案，這就是各位老師需要下功夫的了，協會也為了因應這樣的需求，而做了很多教案和學習單。我們認為在性別教育中，能力的培養是比較重要的，大家常說「給他一條魚，不如教他釣魚的方法」，而我們在上研習課程時，也會希望教給老師的是一些策略，在觀察媒體和新聞的次數多了之後，希望他們能夠具備性別意識的視野。也許在發現問題與詮釋這些被發現的問題上，剛開始可能比較不適應，不曉得哪裡有問題，多幾次討論或與夥伴互動後，我們發現其實老師和學生的潛力是無窮的。

◆ 從協會網頁與通訊汲取資源

• 賴老師

另外，協會最近也嘗試製作一些網頁，將來也許可以在網路上討論一些相關議題，例如某些性別議題可以搭配什麼教學活動，我們會把它掛到網路上，讓老師們可以查詢。

• 潘教授

現在網頁還沒有做出來，還在努力中？

• 賴老師

　　對，目前只有每兩個月一次的通訊，通訊是寄給我們的會員以及有興趣的老師，裡頭包括教學法的研討和教材的研發，而我們也希望多多跟基層老師交流，畢竟教學現場是掌握在各位老師手中，很多老師的經驗都非常豐富，也有能力研發自己的教材。

四、結語

　　教育是性別平等運動一個重要的積極著力面向，特別是國中、小部份，更是性別平等教育工作往下紮根的重要場域，所以我們十分樂見在國中、小教師團體中成立性別平等教育協會，戮力於國民教育階段性別平等教育工作的研究與實踐。從今天的論壇中，我們可以看到性別平等教育協會在性別平等教育上的教學設計，以及如何促進教師性別意識的覺醒，下次論壇中，我們將深入談性別平等教育的教材應用，以及性別平等教育目前的推展狀況。

編輯小語

- 台灣性別平等教育協會（Taiwan Gender Equity Education Association）：為台灣第一個由中小學教師組成的性別平等教育組織。協會位址在臺北市新生南路三段 56 巷 7 號 2 樓女書店，電話：(02)23638841、傳眞：(02)23698234，亦可由電子信箱聯絡：tgeea.y2002@msa.hinet.net。

性別平等教育的教材與推動現況

主持人：潘慧玲（國立台灣師範大學教育學系教授兼教研中心主任）

討論人：賴友梅（性別平等教育協會副秘書長）

論壇日期：2003 年 01 月 19 日

▶ 討論題綱 ◀

【性別平等教育的教材與推動現況】

一、前言

二、可應用於性別平等教學中的教材

- ◆ 反思塑身美容廣告對兩性的桎梏
- ◆ 檢視性侵害案件中「責備受難者」的行為
- ◆ 《我把羅曼史變教材了》

三、性別平等教育的推動現況

- ◆ 性別平等教育的推動困境
- ◆ 性別平等教育的推動成果
- ◆ 性別平等教育的參考資源
- ◆ 師生性別意識的開展

四、結語

一、前言

• 潘教授

在上次論壇中，我們邀請到性別平等教育協會副秘書長賴友梅老師與我們討論如何落實性別平等教育的議題。今天我們要接續這個話題，再來深入探究性別平等教育可運用的教材為何？以及台灣目前的推展狀況。

二、可應用於性別平等教學中的教材

• 潘教授

上次論壇中我們提到，老師性別意識覺醒的能力尤甚於教學策略上的應用；易言之，性別平等教育的素材其實垂手可得，例如媒體即為很好的素材，但是重點在於我們該如何讓老師們在運用這些素材的同時，也能擴展其性別視野？賴老師本身對廣告非常有研究，首先請您先就這個問題再深入談一談，譬如，我們經常看到瘦身美容的廣告，老師們可以怎麼來運用這些廣告素材？

◆ 反思塑身美容廣告對兩性的桎梏

• 賴老師

其實小學的小女生、小男生就已經開始擔心自己的身材和整體形象的問題了，譬如前陣子新聞報導某校園有「減重糾察隊」，到處糾舉他們認為過胖的同學，這個議題裡頭其實包含著人權及性別歧視的問題，這些都是討論身材或塑身議題時的相關性別教育素材。前陣子我到桃園擔任教案評審時，看到一個很精彩的教案，有一位老師將購物頻道裡所有的減肥塑身廣告全部集合起來，帶領同學探討這些廣告不實的地方，批判「為什麼這些廣告都主打女性的身體？」「為什麼社會要不斷形塑女性這樣的身體面貌？」「到底形塑這樣的身體面貌

是為了誰的眼光？」我們可以從他詢問同學的問題或活動中看到，他企圖建立學生對自己身體自尊與自信的努力。

最近，許多男性塑身廣告也慢慢出現了，從這些廣告中我們可以發現，很多男性在成長過程中深深受到傳統性別刻板印象的影響，譬如一定要長得高、長得壯，膚色還不能白皙，一定要黝黑。如果我們將廣告裡呈現的男女做一個對比，結果一定很有趣，譬如廣告訴求女性「美白」的形象，但是為什麼女性一定要白晰才是美麗？而男性是否一定要黝黑才是英俊帥氣？其實這樣的刻板印象一直不斷地透過廣告來影響我們，讓我們從而質疑自己的身體形象。總而言之，一如上面的例子，我們可以把兩性身體形象的廣告擺放在一起來討論性別問題，這樣的素材一定可以吸引同學的注意，我們也可以從同學的回饋和互動中，瞭解校園的現狀以對症下藥，從而找出方法幫助孩子建立身體形象的健康觀點，並培養其信心與自尊。

● 潘教授

不只是女性的瘦身廣告，還有男生的美容廣告，都影響著兩性如何看待自己。事實上，性別教育是解放兩性的大工程，它不只是在彰顯、重視並提升女性在社會中的弱勢地位，同時也在解放男性，批判為什麼男性要背負這麼多的枷鎖？剛剛賴老師特別提到，我們也可以從男性的角度來看廣告，檢視社會如何將枷鎖加諸男童身上，讓他從小到大活在眾多規約和約束之中。

◆ 檢視性侵害案件中「責備受難者」的行為

● 潘教授

另外，當社會新聞談到性侵害案件時，一般人會馬上想到可能是這個女孩衣著不端莊所導致。造成受害者已經發生不幸的遭遇了，大眾卻又往往加以責備的情形。關於「責罰受害者」這個部分，可否請賴老師進一步來跟大家談談，老師們該怎麼利用這個題材進行教學？

• 賴老師

社會新聞對於女性身體或外貌的剝削，可以從新聞內容或者用字遣詞上看得非常清楚，很多強暴或是性侵害的新聞，常常是以「責罰受害者」這樣的心態來運作。我認為老師談到這樣的新聞時，還可以從另一個角度來說，目前性侵害案件中，九成以上的受害者都是女性，換言之，大部分的加害者是男性，而新聞在描述這些加害者的時候，常會說他們是無法自我控制的，或者說是對方引起他們的慾念，所以沒有辦法控制自己的行為。從這個部分我們可以談到，兩性互動時為什麼男性常常沒有辦法控制？或者在過去傳統教養裡，男性往往被認為要積極冒險，所以很多時候他們會採取暴力或躁進的行為；另外，是不是所有男性都贊成這樣的特質？如果男性是溫柔體貼或是不符合刻板印象的話，到底會是什麼樣的情況？這些議題都可以開放讓學生來討論，還可以試著將這些新聞事件加以改寫，或者從不同的觀點來討論這類新聞，我認為這些都是很不錯的方法。

◆ **《我把羅曼史變教材了》**

• 潘教授

除了廣告和新聞之外，老師在教學現場中還可以利用什麼樣的教材或進行什麼活動？

• 賴老師

其實在青少年流行文化中，例如小說、卡通，或者偶像劇裡面，都有很多性別議題可以討論。最近鍾佩怡老師就出了《我把羅曼史變教材了》這樣一本書，這本書是從她的碩士論文改寫而成的。事實上，很多小朋友從國中，甚至是國小中、高年級就開始閱讀羅曼史，坊間很多羅曼史都是在討論兩性互動或者愛情，裡頭充斥著許多失衡的、具性別刻板印象的角色。譬如，在許多文本中男主角通常比較勇敢，並以刻板的男子氣概形象出現；而在他們的情愛關係裡，男主角對待女主角的方式也不是那麼地平權，互動上較為暴力或是存在著不對等

的情慾關係。在這樣的文本裡，老師可以擷取羅漫史的片段和情節讓學生來找出問題，或者可以像廣播劇一樣，讓學生分飾兩角或一人扮演一個角色，那麼他們就會發現男主角的台詞永遠比女主角多，或者女主角的台詞都是傾向拒絕，或者是當女主角說不要的時候，通常男主角不會順從她的意思，或者是劇本中會有一些很暴力或很不平衡的性別關係出現。從廣播劇的對白裡，學生會發現這個腳本是有很多問題的，事實上這些角色都是滿單一、滿刻板的。

- **潘教授**

　　最近我有一個學生的碩士論文也在談羅曼史的問題，他分析女學生在生活中閱讀愛情小說的意義到底是什麼？從他的論文中可以看出，誠如賴老師所說，現在閱讀愛情小說的人非常多，而且年齡層有下降的趨勢，有些小學生已經開始在看了。羅曼史中的許多角色都具有負面影響，那麼怎麼將負面教材變成正面來讓同學重新解構？請賴老師再進一步說明。

- **賴老師**

　　我們可以摘錄羅曼史小說的情節或是扮演廣播劇，譬如我們提到男主角負心或花心時，同樣的事件若發生在女性身上，其描述是否有異？或者社會文化中是不是對男女的容忍度有所不同？不同之處可能就是性別刻板化印象的影響。或者讓男女學生針對這個故事情節來討論或辯論，讓男生挑戰自己原本的性別觀點，女生也可以勇敢表達出自己的看法。我認為這其中包涵著潛在課程的意義，男女學生之間有太多的舉動值得老師們觀察留意。例如，我們看學生打躲避球經常都是女生在裡頭躲，甚至在校際比賽中，有些學校為了要得勝，規定女生不要在外面丟球，因為她們的力氣不夠大。為了比賽輸贏，而沒有注意怎麼讓男女都有同樣的機會發展自己。事實上，校園中有太多事例可以讓老師們重新思考。

三、性別平等教育的推動現況

◆ 性別平等教育的推動困境

• 潘教授

多年來，你推動性別平等教育的時候，有沒有覺得比較困擾的地方呢？

• 賴老師

以推動者的角色來講，比較困擾的是很多學校老師會質疑這個議題有必要談嗎？或者他認為生活週遭的兩性都非常平等，有必要再強調這樣的議題嗎？這樣會不會矯枉過正？這個問題其實蠻有趣的，很多人都認為女性通常是被留在家裡、男性是在外面工作的，如果談兩性平等的話，這個狀況就會顛倒過來，男性全部留在家裡、女性全部出外工作，大家似乎是把平等與相同搞混了。我們常常提到一個觀念，亦即事實上兩性平等是去打破固有的框架，讓機會結構可以流動，讓男性與女性都有能力與機會達到教育成就、選擇職業，這是我們希望的努力目標。所以，首先要讓大家都覺知到生活週遭的性別平等議題，這是我們在推動的過程中常常會遇到的一個問題。

• 潘教授

你所接觸的中小學老師現在也在推動性別平等教育，他們有沒有反應什麼問題或者困境？

• 賴老師

一般老師具備發覺性別問題的能力之後，主要問題則在於缺乏教學方法，或者沒有教學素材的資料累積，所以教材與教學法是目前各級學校老師比較殷切需求的部分。目前在九年一貫課程領域推廣上，需要老師們群策群力、集思廣益，成立教學群進行討論，學校裡面也有一些活動設計或是教材研發需要老師們一起來做，所以我覺得資源與教學法是他們目前比較需要的。

◆ 性別平等教育的推動成果

• 潘教授

有沒有哪些學校的發展已經比較成熟,他們的教學群發展了很多教材,也分享了很多教學成果,足以提供其他學校做參考的?

• 賴老師

以臺北市為例,萬芳高中[28]周麗玉校長一直在推動這方面的工作,他們固定辦理跨校研習,這個教學研習是採學分制,有點類似社區大學,讓老師在研習過程中除獲得研習時數外,還有課業上的累積,他們必須做出一些教案或者成果;另外,臺北市文化國小劉淑雯老師也常常在做繪本、童書的運用以及成立讀書會,繪本與童書對很多中小學老師或幼稚園老師而言,是將性別議題融入教學的好素材。

• 潘教授

這個成果有對外分享嗎?

• 賴老師

可能是經費的關係,所以只能在校內研發,以後可能需要建立相關政策或者在教育部相關網站多架構這方面的資源連結,[29]讓更多老師知道在什麼地方可以找到資料。而各縣市的教育局也應該擔負這樣的功能,我發現這些資源有南北差距,或是城鄉差距,很多偏遠學校非常希望得到這樣的資料,這些都是需要教育部或教育局成立政策來落實的。

從另一個角度來說,雖然臺北地區經費和資源比較集中,所以各

---

[27] 臺北市立萬芳高中最新的性別平等教師研習為「二〇〇四年第二屆亞洲性教育研討會」(2004年8月4日到20日)以及「臺北市政府教育局九十三年度性別平等教育家長研習實習實施計畫」(2004年8月13日到9月20日)。其他相關研習請隨時參考萬芳高中網站(http://www.wfsh.tp.edu.tw)。

[28] 此部份的資料可在目前教育部兩性平等全球資訊網網站中的「教材導覽」處尋獲(http://www.gender.edu.tw)。

校的推動歷史比較長遠，不過也因為講師非常好找，或者資源太容易取得，所以在教案的撰寫或創意上稍有落後。而如桃園的中興國中、宜蘭的某些學校或是台東的馬蘭國小，都舉辦頗具規模的種子教師研習，所以在教案的品質上或教學研習上，已經不像以前的概念討論，而能夠深入各個議題討論，或針對各個議題製作教案，其實他們的表現已經不輸給臺北地區的學校了。我認為只要有心，各個地區的種子老師都可以做這樣的工作。

• 潘教授

我知道花蓮某些學校有「兩性平等教育週」，成效很不錯，是否可以介紹他們的實際情形？

• 賴老師

鍾佩怡老師現在任教於花蓮實驗小學，她曾提到與花蓮兩性平等宣導週有關的一些活動設計，她認為學校每學期可以針對中高年級、低年級訂定不同的性別教育討論議題。譬如中低年級可以談性騷擾或身體自主權，高年級可以提青春期等，在方式上可以採取戲劇、說故事、有獎徵答的方式，並配合閱讀來推展一個長期性的兩性平等宣導週。

◆ 性別平等教育的參考資源

• 潘教授

除了上面提到的這些之外，還有沒有重要的教育資源可以提供老師參考？

• 賴老師

其實教育部的「兩性平等教育季刊」[30]是一個滿專業的兩性平等

---

[30] 「兩性平等教育季刊」已於民國九十三年五月一日第二十七期正式更名為「性別平等教育季刊」，此期刊各期文章之全文亦可於教育部兩性平等全球資訊網網站中的「教材導覽」處尋獲（http://www.gender.edu.tw）。

交流互動文獻，可是我們發現老師在運用這份季刊的時候，比較不會把它轉化成自己的教學活動，這是很可惜的地方，因為裡面每一期都有不同的專題討論或教學分享，可以作為老師參加讀書會或工作坊的素材，可是每個學校通常只有一兩本放在圖書館架上，比較不容易被發覺。我覺得季刊是一個很好的管道，另外還有一些民間的非營利團體，比如性別平等教育協會或女書店出版的性別教育系列書籍都可以善用之。性別教育系列書籍目前已經出版了十一本書，很多都是實作的，其他婦女團體或非營利組織也有很多這方面的教案研發。我認為性別平等教育應該是學校、大專院校老師、民間團體三方一起合作，而我們也需要建立這樣的資源網絡，讓更多老師知道有這樣的管道。

- 潘教授

的確，許多相關教學資源好像散落在各地，沒有統一的窗口。最近我們在寫婦女權益報告書，[31]有關教育篇方面找了很多人來座談，結論似乎就像賴老師所言，我們目前需要做的事，是如何整合這些教育資源，做成一個網頁，讓大家很容易可以利用，並找到自己需要的部分。

◆ 師生性別意識的開展

- 潘教授

提到教師研習的部分，你認為透過什麼方式最有助於老師性別意識的開展？

- 賴老師

其實我們接到很多專題演講或講座時，如果是全校性的演講，我們會希望利用影片觀賞和討論的方式，讓學生可以有一些收穫。協會會推薦一些兩性平等相關影片，包括很多議題，例如與身體自主權有

---

31 詳潘慧玲、黃馨慧（2003）。婦女與教育。載於財團法人婦女權益促進發展基金會（主編），**婦女權益報告書**（頁78-115）。台北市：財團法人婦女權益促進發展基金會。可上主編者網頁查詢（http://web.ed.ntnu.edu.tw/%7Epanhu/）。

關或與性侵害防治有關的影片，我們會在這個短暫的時間裡播放給學生看，讓學生進行觀後反思，我認為這是一個很好的方式。在教師部分，可能還是以讀書會或工作坊模式進行，至少會有三、四堂的議題討論，也有教材實作與討論交流，我們認為這是比較可行、有效的方法。最近，我們就發現這樣的模式確實讓許多老師在參加研習後，不致於是一無所獲或腦袋空空，他會累積一點什麼東西。

• 潘教授

我認為光是聽專題講演，可能沒辦法在老師心中發酵，要有反思或實作才能達到目的。

四、結語

• 潘教授

今天感謝性別平等教育協會賴友梅副秘書長來到節目中談到非常多如何落實性別平等教育的實際做法，包括如何從生活中擷取素材，轉化為教學素材，讓師生都能從習焉未察的生活環境中，逐漸進行其性別平等意識之開展，進而以批判的態度檢視週遭所存在的性別刻板印象與桎梏。期使所有性別者都能有機會追求自己的成就與幸福，而這也無非就是性別平等教育的最終鵠的。

編輯小語

◆ 女性的身體意象：無論中外的藝術歷史，我們都可以輕易發現這些藝術畫作（或其他藝術作品，如照片）裡頭的女性多半採取「被凝視」的姿態出現，她們的神情或動作主要在吸引觀看者（多半是男性）或畫家的注意，藉著狡好的面容與曼妙身材透漏著性的暗示。然而，畫作裡的男性所表達的並不在於此，他們的眼神充滿自信，姿態散發著他是位擁有權力者的光芒，「權威」才是他們欲表達的重點，而不在於面容或身材。當然，權威的表達也包含著少許性暗示，但最主要的目的卻是表現其具征服、權力與雄壯的男子氣概。由此得知，傳統以來社會價值觀普遍觀注的，一直是男性的權力與女性的外表。對女性身體的迷思到了二十一世紀的現代社會更為嚴重，甚至於女性美容、整型、瘦身的商機已蔚為《財富第五波》裡的未來商業發展三大重點之一。這股社會潮流也吹到了學校裡頭。劉育雯的《觀看與被觀看之間：女性高中生身體意象之研究》（2004）中，就發現這些女學生深陷於「苗條就是美」的歸約以及無止盡的瘦身焦慮中，而她們的標準就是男性凝視的嚴苛眼光。這種身體意象更由社會上成年女性的「善意監控」，而成為代代相傳的女體規訓。於是，在社會價值觀、媒體資訊等強力推波助瀾下，繼續再製著女性身體的迷思。

◆ 羅曼史與性別平等教育的研究：

書名	我把羅曼史變教材了	
作者	鍾佩怡	
出版資料	初版：2002 年	出版：女書店出版
內容介紹	妳/你讀過羅曼史嗎?羅曼史，簡單的說，就是言情小說，套著固定公式的浪漫愛情故事，有翻譯的、也有本土的。在一般的書店中，放羅曼史的區塊，常常是最人聲鼎沸的，中學女生、家庭主婦、粉領上班族，各式各樣的女生在這裡尋找情感/慾的想像與慰藉。羅曼史這麼有魅力，但也令人憂心。文本中充滿性別偏見與刻版印象的兩性關係與情慾情節，影響著青少年/女形塑性別觀念與行為，也消蝕著近年來教師與民間團體努力推動的性別平等教育的力量。然而，與其批評羅曼史，作者鍾佩怡更積極將坊間普受歡迎的羅曼史轉化為性別教育課程的素材，和學生一起來，帶上「性別眼鏡」找找看羅曼史裡面有什麼，從羅曼史的典型情節中延伸出性別平等教育議題的討論，包涵:貞操的迷思、美貌神話、身體自主權、性暴力……。而本書第三章是以羅曼史發展而成的教案，包括給學生的學習單以及給教師的叫學指引，非常方便於教師直接使用，這套教案；第四章則是教學經驗分享，是作者實踐本教案的教學簡記與學生的回饋，提供教學者第一手的田野資訊。(內容與圖片來自女書店書局網站：http://www.fembooks.com.tw/publish6.htm)	

書名	青少女學生閱讀愛情小說之研究：以兩班高職女學生讀者為例
作者	溫子欣
出版資料	2003 年，國立台灣師範大學教育學系碩士論文，未出版。
內容介紹	愛情小說的閱讀普遍存在於清少女學生的生活當中，但卻是一個甚少被處及的研究領域。我們在報章雜誌、新聞報導當中偶有聽聞關於愛情小說色情化的報導，國內亦有少數愛情小說相關研究，但卻甚少是以讀者作為研究的主體，由讀者的角度與觀點看待愛情小說的閱讀與詮釋。且愛情小說已清少女學生讀者為主要的主者與消費族群，但是當教師們面對學生的愛情小說閱讀行為時，卻少有參考文獻與研究協助其進行瞭解與輔導。因此，溫子欣便已清少女學生閱讀愛情小說為研究主題。獲得的結論如下： 壹、　愛情小說對於青少女學生讀者的重要意義在於多重需求的滿足。 貳、　青少女學生閱讀愛情小說是一種性別化的閱讀文化。 參、　「成熟－幼稚」的二分與性別差異的管教造成成人與讀者的對立。 肆、　棋差一著的讀者反思。 伍、　讀者對小說中性別資訊的接收與認同受其個人生活經驗與先備知識的影響。 陸、　順應中有抗拒：讀者傾向做出對女性有利的文本解讀與詮釋。

- 均等（equality）vs. 公平（平等）（equity）：根據韋氏新世紀大辭典（1975：616-618，引自林昱貞，2001：30，36）的定義指出，「均等」（equality）代表一種相等（equal）的狀態，而相等又意味著數量、大小、數目、價值、程度、強度上的相同；公平（equity）則代表正義，其意涵包括了公正、無私，給予每個人應得的東西。簡單地說，「均等」代表數量上的相等，「公平」代表品質上的公正。所以，提供均等的教育，代表對所有學習者提供相同的教育機會；提供公平的教育模式，意味著提供不同的教育機會以達成特定的目標。而台灣的性別平等教育逐漸從「均等」走向涵納「公正」的公平概念。
- 女書店的「性別教育系列」書籍：在女書店的網頁上可找到各式有關性別的書籍，其中「性別教育」系列目前共有十三本書，簡介如下（其中亦包含前面介紹的《我把羅曼史變教材了》，故省略此書介紹）（圖片與資料來源為女書店網站，網址：http://www.fembooks.com.tw/publish6.htm）。

書名	校園現場・性別觀察	
作者	蘇芊玲、蕭招均主編 紅樹林繪圖	
出版資料	初版：2003 年	出版：女書店出版
內容介紹	來自教育現場的聲音，邀請所有教育工作者，一起張開雙眼，去看到存在於校園中的種種性別現象。包括校園中的男女老師（和校長等行政人員），男女學生的生活、身體與情愛，不同性傾向學生的處境，校園中的性騷擾，校園空間、環境與運動等等，從不同的角度分享，並搭配照片與漫畫呈現。協助教育工作者培養細膩捕捉校園性別百態的能力，從而激發實踐性別平等教育的動力。	

書名	性要怎麼教	
作者	蘇芊玲主編 徐玫怡繪圖	
出版資料	初版：2003 年	出版：女書店出版
內容介紹	本書以個人生命經驗為主軸，多元文化教育理念為核心，以活動為主要設計，呈現具性別平等特色的性教育。全書分成「概念篇」、「經驗篇」、「價值篇」與「教學篇」四篇，共有二十多個學習活動。簡潔易懂的文字配合趣味的插圖輔助學習，讓讀者透過自學找到性教育的教學動力和素材。本書除了獨自學習，也可以小團體的方式與人分享討論，更適合應用在教室課堂。 　　不同於坊間的性教育書籍只專注在性的知識或技術層面，此書訴求以性別平等為基礎的性教育，除了教導性知識與技術外，更點出性的權力關係。幫助讀者自我認識，並在安全之餘享受愉悅，以及學習尊重。	

書名	一針受孕？！－細說生殖科技	
作者與譯者	卡爾‧翟若適 （Carl Djerassi）著 黃葵 譯	
出版資料	初版：2003 年	出版：女書店出版
內容介紹	經由正常性交，一個有生育能力的男人必須一次射出數千萬甚至上億隻精蟲，才能使女人的卵子受精，因此要以一隻精蟲達成受精根本是不可能的事。而 ICSI——intracytoplasmic sperm injection（卵細胞質內單一精蟲顯微注射）卻辦到了。ICSI 技術是生殖科技上的一大突破，透過此項技術，精蟲不足、甚至沒有輸精管的男人都能成為生物上的父親。然而要選擇帶 X 染色體，還是 Y 染色體的精蟲？人工受精下多餘的胚胎要如何處置？冰起來、販賣，還是丟棄？古代長毛象的精蟲細胞可能植入現代象的卵子內嗎？已經死亡的男性精子可以被取出利用嗎？在機械複製時代下，科技與倫理將展開精采犀利的對話。 當女主持人遇上男科學家，她問：預先決定性別會不會導致娼妓合法化或一妻多夫制或更多戰爭？他說：夠了！怎麼可以什麼都扯上科學家？在女主持人與男科學家的攻防戰中，我們看見科學講求「超然中立」的盲點，看見訴諸「自然律」者所欠缺的同理心。 翟若適教授以機智對話劇的方式來推廣科學教育，巧妙的將科學知識融入文學、帶入課堂教室，期待讀者在科學學習的同時，認真思考科技中隱含的倫理和性別問題。 此劇適合以教室劇場的生動方式，配合 CD 光碟所附視聽材料於課堂中演出。書末的〈劇後反思〉更設計了學習單提供課堂討論。

書名	可以眞實感受的愛：瑞典性教育教師手冊	
作者	愛瑞克‧先德沃爾 暨瑞典國家性教育委員會 編著 劉慧君　譯	
出版資料	初版：1998 年	出版：女書店出版
內容介紹	《可以眞實感受的愛》一書，是瑞典國家教育部編製給瑞典學校教育使用的全套參考教材。本書以新的角度探討性與親密關係的議題，引用許多兒童及青少年的生活案例，並以青少年的經驗及其提出的問題爲基礎所形成的教育方式來做分析。本書的內容是專爲增進成年人與青少年的溝通、對話而設計的，目的是希望每一個學生，在成長的過程、學習性與愛的路途上，都能覺得自己被瞭解與受到尊重，進而培養出正面看待、經營親密關係的自信與能力。	

書名	跳脫性別框框：兩性平等教育教師／家長解惑手冊	
作者	黃囉莉　編	
出版資料	初版：1999 年	出版：女書店出版
內容介紹	一本為家長及老師提供有關兩性平等教育解惑的錦囊妙方，內容編排以問與答方式呈現，用淺顯易懂的文字不斷的討論與辯證，列出四十八個生活中常見的問題，如「男生愛波霸？」、「短裙／行為不檢／性侵犯？」、「男女天生大不同？」等等，方便老師及家長們參考，希望對兩性教育進一步有更深層的衝擊與思考，改善教育品質及親子關係，使這一代為人師長能跳脫性別刻板化之框限。	

書名	校園中的女學生： 探究年輕女孩自尊與自信的缺口	
作者與譯者	佩姬・歐倫史坦（Peggy Orenstein）著 張馨濤　譯	
出版資料	初版：2002 年	出版：女書店出版
內容介紹	根據美國大學女性協會的調查，男孩女孩在小學階段的能力與活力相當，到了中學，許多女孩的自信心卻直線滑落，無論課業或志向都與男孩出現明顯差距。本書作者佩姬・歐倫史坦特地花了一整年時間，深入兩所學生背景迥異的中學，和學生一起上課、閒聊，與家長及老師作懇切的訪談，從教材教法、師生互動、校園氣氛、家庭與社會背景中找出打擊女生自尊自信的因素，也介紹矯正缺失的成功實例，提供為人父母師長者許多反省與啟發。書中所記錄的校園場景，有許多也是台灣的校園正在面對的問題。 　　兩性平等教育自一九九七年開始正式被引進台灣中小學校園，目前更已納入九年一貫課程六大議題之中，但還是有許多老師納悶：兩性平等教育是什麼？它為何重要？要教什麼？怎麼教？教師如何培養性別平等意識？如何敏感於潛在課程的深遠影響？校園中的性別問題通常以何種樣貌呈現？校園性騷擾又該如何處理？什麼樣的老師會在性別課程中獲得成就感？這些問題，《校園中的女學生》——為您說分明……

追求美善的教育

書名	複數的性——從多元文化角度探索性	
作者與譯者	愛瑞克‧先德沃爾（Erik Centerwall）著 何亞晴　譯	
出版資料	初版：2002 年	出版：女書店出版
內容介紹	《可以眞實感受的愛》之後，作者 Erik Centerwall2001 年最新力作。 　　性是什麼？在人類的性所身處的世界中，有挑逗、渴望、充滿感覺的動作、愛和欲。但人類的性也涉及嫌惡、羞恥或逃避。關於性，我們說的太多，但也同時說的太少。而性教育嘗試用語言文字呈現人類性的不同面向。 　　《複數的性》一書試圖爲性教育提供一個參考架構。架構中的內容、價值觀、事實以及方法，留待給每一個人爲自己去打造。這本書可以針對基本概念做討論，也可以做爲教學指標。 繼《可以眞實感受的愛》之後，女書店特別再度推介這一本瑞典性教育協會的最新性教育教材，提供給台灣關心或有志於從事性教育的教師實用的參考與不同的視野。	

書名	兩性平等教育的本土發展與實踐	
作者	蘇芊玲	
出版資料	初版：1999 年 2002 年再版	出版：女書店出版
內容介紹	「兩性平等教育的本土發展與實踐」一書，是作者蘇芊玲紀錄過去五、六年來，參與推動兩性平等教育與教學工作集結的文字。全書分成三大部分：總論，學校教育，以及社會與家庭教育。總論闡述兩性平等教育之理論與內涵，回顧台灣推動此議題之過程與現狀，並介紹「性別平等教育法」草案之條文與立法理由。學校教育包括教學篇，教材篇，以及教師篇。教學篇主要是作者教授大學通識課程「性別文化研究」、「女性文學」的經驗；教材篇展示為何/如何檢視教材中的兩性觀；教師篇討論中小學教師女性化的問題，以及實例介紹教師如何進行性別意識成長活動/課程。第三部分將兩性平等教育實施場域延伸至家庭與社會，論述與實務並陳。 　　兩性平等教育重在性別平等意識的養成與日常生活的實踐，本書作者亦試圖在此兩方面作最大的分享，相信本書定能提供給有志於落實兩性平等的教育界人士，特別是教師，家長以及社會人士最實用細膩的參考。	

書名	感謝那個性騷擾學生的男教授：我的性別意識成長歷程與實踐	
作者	蕭昭君等著 台灣性別平等教育協會編著	
出版資料	初版：2002 年	出版：女書店出版
內容介紹	本書的十五位作者，都是「台灣性別平等教育協會」的成員，也都是/曾是老師，雖然作者在年齡、性別、族群、性取向上有所差異，個人性別意識成長的歷程也有所不同，透過書寫，訴說個人性別意識啟蒙的歷程和不凡的生命故事，其中有幾篇延伸分享教育現場的實踐。十五篇故事著重在個人性別意識啟蒙與成長的歷程，因此有多篇故事從出生談起，童年、青春期也是轉折的關鍵時刻，但也有人是遲至結婚或當了老師之後，才被性別議題觸動。無論何時或如何啟動，性別眼睛一旦張開，世界就開始變得不一樣。	

書名	電腦美眉誕生術： 新科技時代♀教學法	
作者與譯者	AAUW 性別暨教師培育委員會 著 林君美 譯	
出版資料	初版：2002 年	出版：女書店出版
內容介紹	為什麼電腦高手都被想成男性，而女性總被認為患有電腦恐懼症？然而，證據顯示婦女對電腦的興趣及參與都不及男性，參加進階電腦課程的女孩人數也遠低於男孩。在資訊科技深入我們生活每個領域的今天，這個性別差距的影響不可不謂大——我們可以預見這將使得兩性的不平等益形強化、擴大。「美國大學女性協會」正視這個問題，特別成立「科技、性別暨教師培育委員會」，針對此一現象進行調查，本書為其調查結果。在書中，中學女生坦然披露其對電腦、電腦科技乃至電腦文化的觀感，明確表達她們對電腦「不是不能，只是不想」的訊息，有力顛覆人們對女性—電腦的刻板印象，令人深思。本書更就電腦文化之改造提出多方建言，既是學生、教師必讀，也是父母、學校、軟體設計者、媒體等所不可錯過的。 　　關於 AAUW，美國大學女性協會（American Association of University Women, AAUW）成立於一八八一年，至今於美國各地擁有一千五百個分會，十五萬人會員，並且結合全美七百五十所大學致力於消除阻礙婦女平等的障礙、創造機會以協助婦女發揮潛能。因為，她們認為教育是促進女性平等的關鍵。其中，AAUW 教育基金會辦公室設於華盛頓特區，除董事會外，有一百個工作人員。AAUW 所主導的許多研究結果，都造成美國教育界極大的震撼並做出改變。AAUW 研究計劃陸續出版成書，中文譯本方面，除了本書，《校園中的女學生》亦於二〇〇二年一月由女書店出版。

書名	女人治校先鋒—— Smith College 首位女校長回憶錄	
作者與譯者	吉兒・凱爾・康威（Jill Ker Conway）　著　　　何穎怡　譯	
出版資料	初版：2002 年	出版：女書店出版
內容介紹	吉兒・康威繼頗受好評的暢銷書《庫倫來時路》（The Road from Coorain）、《真實北方》（True North）後，推出第三本非凡的回憶錄，描寫她身為史密斯學院第一位女校長，任內的喜悅、挑戰與驚喜。 　　故事始於一九七三年，在康威毫不知情的狀況下，史密斯學院將她鎖定為可能的新校長人選，派出一群成員前來「審視」她。而後康威評估自己接任史密斯學院的熱情與可能性，終於決定接受新挑戰，在一九七五年出任校長。康威被數千名年輕女性包圍，她們傳達出的能量讓她得以面對應付不同成員的困難——從自詡捍衛人文學習的偉大傳統者，到同樣意志堅定、堅持改變的年輕女性主義者。我們看到康威奔波於教職員、學生、家長、校董與校友的需求與關切間，重新定義與設計史密斯學院的面向，以符合女性生活的真實新貌。我們感受到她急於形塑這所教育機構，俾以吸引新世代學生的迫切感。 　　在這個過程裡，我們也看到康威學習應付丈夫的疾病、保護與維持內在自我的掙扎與努力。十年任期屆滿，我們看到她「修畢」了史密斯學院學分，也做出了貢獻，是該踏上繼續深造的路了。	

書名	青春嘿咻‧安全寶典	
作者	愛芙琳‧樂曼（Evelyn Lerman） 著 朱恩伶 譯	
出版資料	初版：2003 年	出版：女書店出版
內容介紹	性教育的重要性大家都知道，問題是，性教育到底要怎麼教？台灣向來依循美國性學與性教育的發展，卻未看見美國性教育其實存在著許多問題，「只教禁慾」的結果不僅達不到效果，反而製造出不必要的代溝、衝突，而青少女的高懷孕率、高生育率、青少年防病成效不彰更成了性教育不當的後果。 　　《青春嘿咻‧安全寶典》一書作者愛芙琳‧樂曼（Evelyn Lerman）長期從事青少年教育工作，重新審視了美國關於性教育的爭議，並親至性教育成果卓著的西歐國家進行考察，將成功的性教育策略帶入討論，她呼籲性教育應以青少年／女為主體，由下而上形一個務實的全新道德觀。全書精采地揉合了採訪、人性趣味、箚實的科學研究，以及作者的親身經驗和建議，用清楚、直接的方式，輔以豐富的資訊，來寫嚴肅而敏感的話題。 　　《青春嘿咻‧安全寶典》幫助想要和青少年子女談性的您，用知識和愛心教導我們的孩子一項自然的身體功能——性。本書對父母、教師、政策制定者——事實上，對所有關心我們未來的人——會有莫大的助益。	

書名	性別教育大補帖（上）——教師基礎觀念大挑戰 性別教育大補帖（下）——學生作業活動百寶箱	
作者	楊佳羚	
出版資料	初版：2002 年	出版：女書店出版
內容介紹	性別教育和過去的「教育」不一樣的是，在推動的過程中，教師不只是教學者，同時也是學習者。在「無處不教學」的性別教育實踐過程中，不一定要有固定的教材、時地才能教「性別教育」。性別教育是什麼?性別教育要怎麼想，怎麼說，怎麼做，怎麼玩，怎麼教，怎麼在日常生活與教學當中實踐出來? 作者楊佳羚從國中教學的實務經驗與性別論述的思考中淬練出不只一套的性別教育教學法，提供九年一貫教育後中小學教師強而有力的《性別教育大補帖》。上冊《教師基礎觀念大挑戰》，著重性別基礎觀念的探討與意識的培養，對常見的性別迷思有精彩的解析與澄清，例如：性別刻板印象、性別不平等、性騷擾、兩性關係，以及同志教育等主題。不只適合教師閱讀，更適合於家長以及對性別議題有興趣的各種人。剛入門者，有了循序進進的教材；已經有性別意識的人，可以演練如何溝通與論辯；學校老師則可以根據書中教案的範例，進而研發屬於自己的教材。作者由生命經驗出發，讓性別議題生活化了起來。下冊＜學生活動作業百寶箱＞則是性別教育教學活動教案，搭配著上冊的性別議題章節由流行文化、網路遊戲、漫畫等學生親近的領域，利用活動、閱讀、演練等方式練習性別教育的實踐方法，活潑、有趣味，方便於教師與學生一起演練！ （內容與圖片取自女書店書局網站：http://www.fembooks.com.tw/publish6.htm）

參考文獻：

林昱貞（2001）。**性別平等教育的實踐：兩位國中女教師的性別意識與實踐經驗**。國立台灣師範大學教育學系碩士論文，未出版，臺北市。

劉育雯（2004）。**觀看與被觀看之間：女性高中生身體意象之研究**。國立台灣師範大學教育學系碩士論文，未出版，臺北市。

性別平等教育與課程改革

主持人：潘慧玲（國立台灣師範大學教育學系教授兼教研中心主任）

討論人：莊明貞（國立臺北師範學院課程與教學研究所教授）

論壇日期：2003 年 05 月 18 日

 討論題綱

【性別平等教育與課程改革】

一、前言
- ◆ 從課程研究進入性別領域
- ◆ 從理論到實踐

二、性別平等教育的推動——從「補充」到「融入」

三、性別平等教育課程改革之發展歷程
- ◆ 一學年四小時的補充式性別平等教育
- ◆ 九年一貫融入式性別議題
- ◆ 小結

四、融入式性別議題課程改革的困境
- ◆ 性別議題邊緣化、泡沫化的危機

五、透過「轉化課程」實施性別議題
- ◆「轉化課程」之意涵
- ◆ 檢視知識背後的意識型態，實施轉化的性別平等教育

六、結語

一、前言

• 潘教授

接續好幾次論壇談的都是有關性別平等教育的相關議題，在婦女與性別教育這個主題的最後，我們還要再來探討性別平等教育的課程政策，特別邀請到國立臺北師範學院課程與教學研究所莊明貞教授來與我們討論這個議題。莊教授對國內性別平等教育的推動貢獻良多，多年來參與了許多推動工作。莊教授本來是從事課程方面的研究，後來又涉獵性別的議題，是不是可以先談談自己這個轉變的歷程？

◆ 從課程研究進入性別領域

• 莊教授

這個有點像白頭宮女話當年。我接觸性別領域純然是一個巧合、一個機緣。大概在一九八九年底我到了美國，當時美國的性別研究正蓬勃發展，我在就讀的美國伊利諾大學香檳校區，碰到一群來自各領域的性別／婦女研究者，而且是橫跨海峽兩岸的學者，經過深談，我們共同體會到，雖然大陸正進行社會主義改革，但是她們的女權情況比我們稍微好一點。台灣女性長久生活在傳統歷史與社會文化脈絡底下，承受長時間的貶抑，所以不管在婦女人權或者是教育、社會層面，我們都有待改善的空間。另外，我也發現大陸和國內女學會的發展很類似，也就是學文學的人比較多。不過，不管是學比較文學的、心理學的或是做文化研究的，甚至學醫學的人，都感受到有必要共同來研討、新興性別研究的領域，所以當時我就認為必須為性別成立一個機構，於是就向學校申請設立一個社團，[32]由我們跨領域的這些人（有的已經在當地任教，有的正在念博士班或正在撰寫相關論文），訂定固定時間來研討性別議題。這個非正式的研討團體是我第一次進入性別領域的組織。

---

[32] 即「中國婦女研究社」，每週六下午固定在伊利諾大學香檳校區英語教學大樓聚會。引自莊明貞（2003）。**性別與課程——理念、實踐**。臺北市：高等教育。

- **潘教授**

  您並非在修習課程的時候就啟動了對這方面的興趣？

- **莊教授**

  對。我主修的課程與教學系領域裡關於性別方面的課程不多，所以我必須跨科系修課。我曾經到教育政策系修過一些與女性主義相關的教育政策方面的課程，也曾到文化研究系旁聽有關後殖民與批判理論，然後也學婦女研究。當時婦女研究採方案制，各系都可以開設相關課程，有點類似現在高等教育開設的社會取向課程，也就是各系都可以開性別課程或設立婦女教育學程。

- **潘教授**

  這在國外是非常普遍的現象。

- **莊教授**

  對，我常注意這些科系裡有哪些是我有興趣的課，就會去旁聽。我從十幾歲開始念課程與教學，但有滿長一段時間不務正業，自己組織這類社團，每個禮拜請人來演講，或讓大家發表文章，這是我第一次接觸性別研究領域。回國後，雖然還是待在教育領域，但花了很長時間從跨科際領域來瞭解性別。當時，我碰到現已過世的彭婉如女士，她是師範大學輔導教育系畢業的，也碰到現擔任性別平等教育協會理事長的蘇芊玲教授，那個年代念教育關切性別議題的人較少，而她們兩個知道我是念教育的，所以就找我來投入。不過，我告訴她們，我比較有興趣的是性別平等教育工作在體制內的改革，亦即從課程改革切入，喚醒大多數教育實務工作者、師範體系學生性別意識的覺醒。

◆ **從理論到實踐**

- **莊教授**

  後來，我們便開始思考國內性別與教育的問題。我們花了很多時

間進行訪談，快要結束的時候（大概是訪談的最後一次），就發生了彭婉如事件。這個事情對我們的震撼很大，我們很遺憾對台灣婦權運動投入這麼深的人，竟然會發生這種事情？我突然有了很強的實踐動力，覺得必須要做些什麼，所以就開始以我自己的學理背景來規劃。例如，如果我可以在課程改革上著力的話，那該怎麼做？我認為有兩個方向可以努力，一個是在師資培育機構裡開設或設立相關課程，另一個就是修改中小學相關課程。中小學畢竟是義務教育階段，而且當時還是課程標準化，所以如果沒有一個很大的變革，就沒有辦法推動，而我能夠做的只是持續檢視舊課程。所以，民國八十二年與八十三年課程標準公佈之後，我們便持續進行檢視，可是檢視的效果不彰，或許有一些改變，出版商也有些回應，不過課程標準所發展出來的教科書，原本就沒有性別平等教育的內涵，頂多是消弭性別刻板化的圖片、減少偏差失衡的情況，或者是男性專屬的語言已經能夠經由檢視而獲得改善。不過，事實上它還是沒有「性別平等」的內涵。我們認為當時的機緣已經成熟了，剛好課程綱要在行政院教改委員會的推動下，沒有讓八十二年國小課程標準與八十三年國中課程標準走完就推動了九年一貫課程綱要，後者蘊含了應用學習能力指標這個部分。正好我被教育部聘為兩性平等教育委員，著力於課程綱要的研修，所以性別教育議題於是乎就進入九年一貫課程之中了。

● 潘教授

您剛剛談了如何開始研究性別的歷程，凸顯了幾點：第一，我們可以發現，研究性別議題時，通常希望是跨科際的研究，目前國內有好多不同的學者投入性別議題的研究，不只是學教育的，還有來自文學的、文化研究的、社會學的、歷史等領域的學者，所以是一個科際整合的跨領域性質研究。第二，我們如果從發展歷史來看，可以發現教育領域中投入性別議題的人是比較少的，近十年才慢慢有增多的現象，所以莊教授算是拓荒者之一。第三，我特別感受到的是，當談論性別議題或女性主義議題時，實踐力與行動力一直是我們所深深關切

的，從莊教授親身的體驗裡，就可以發現光探究是不夠的，還要真正投入實踐。例如，在課程上從事改革，這個改革可以在師資培育中進行，也可以在中小學教育中推動。

接下來我們要談性別教育課程推動的歷程。莊教授從檢視教科書內容開始，然後發展補充性的兩性平等教育教材，再來是將兩性教育融入九年一貫課程。請您針對自己參與的推動歷程加以說明。

二、性別平等教育的推動——從「補充」到「融入」

● 莊教授

性別平等教育的推動沿革可以追溯到一九九七年兩性平等教育委員會的設立，委員會裡設了五大組，我著力比較深的是在課程與教學組（原先的名稱是「課程與教材組」，後來我們希望它能對師資培育組有所回應，因而更改名稱），再加上民國八十八年教育部開始推動九年一貫課程綱要的研修，而我正好同時擔任這兩個委員會的委員，於是便思考如何讓性別議題融進新的課程綱要裡。這麼做是有鑒於過去採補充式教材的成效不好，老師們認為這類社會新興議題太多，有法治教育、交通安全教育、性教育等等琳瑯滿目，如果都發展成補充教材，老師實施的意願不高；而且，當時課程分科非常的細，老師覺得教學的時間實在有限，難以再加進補充教材。其實我們在民國八十六年的時候也試著發展一些全國性國小、國中、高中的教育部補充教材與兩性平等教育實施教材，但是實施的效果並不好。

到了民國八十八年的時候，我們便思考是否要將性別議題「融入」課程綱要？亦即它是一個「轉化式的課程」，改變了傳統的學科目標及結構。很幸運地，這個意見獲得九年一貫課程研修小組的接納，他們把它列入六大重要議題之一，所以我們就展開了國內轉化式課程改革。這個改革花了相當多的時間，因為必須與七大領域溝通協調，才

能達到課程綱要的要求，讓這個課程融入，卻不至於佔據原來領域的空間。

事實上，一路走來我們也可以體會到，課程改革本來就蘊含許多政治與權力在其中，所以這種轉化式課程一開始要融入七大領域的時候，很多人都會認爲他的領域是一個「高學科」，一旦讓這個新興議題進來，可能會「污染」了這個學科，全世界的課程改革都有文獻指出這樣的問題。所以，每一個議題在融入各領域的成效上，斬獲各有不同，而性別領域在綜合活動領域，或者社會領域、健康領域比較有斬獲。之後，礙於成效不彰，只好由六大議題各召集人召開相關的會議，決議讓六大議題課程綱要對照七大領域，並在民國八十八年公佈了課程綱要的草案。當暫行課程綱要正式公佈的時候，六大議題是採取對照方式，也就是提供給教科書的編輯者，在發展教科書的時候，可以從中選擇適當的學習能力指標來融入相關的議題。

三、性別平等教育課程改革之發展歷程

● 潘教授

國內推動性別平等教育課程的過程，歷經幾個階段，剛開始大家都在檢視教科書的內容，進一步各縣市也發展一些補充教材，然後莊教授擔任了九年一貫課程中兩性教育課程的召集人，把兩性教育議題融入了目前的課程裡。這過程當中包含了幾個階段的發展，請莊教授跟我們再逐一詳細談談。

◆ 一學年四小時的補充式性別平等教育

● 莊教授

《性侵害犯罪防治法》[33]的順利公佈，是因爲彭婉如事件所導致

---

[33] 《性侵害犯罪防治法》於民國八十六年立法、公佈，並歷經九十一年五月與六月的兩次修正，修正後的法令共計二十條。

的龐大社會壓力，其實這個法案很早就草擬完成送到立法院，之後因
為彭婉如事件的發生，希望能夠儘快規範中小學實施相關課程，所以
他們找了一批學者，討論是不是必須再納入相關的法令。記得我當時
參與的是第八條，[34]談兩性平等教育的必要性以及應該要教多少個小
時，最後大家定案是四個小時。那麼這四個小時要教些什麼呢？這個
法案公佈之後，各縣市並沒有一個很清楚的實施要點讓中小學參考，
最後，很多縣市就以辦理類似兩性平等教育週這樣的方式，或是開設
性教育或性侵害防治教育的課程來處理。但是性侵害防治教育其實是
性別平等教育的其中一環，可以說是性別教育沒有做好才會導致性侵
害的產生，所以這樣的課程安排有一點倒果為因。之後，高雄市與臺
北市設立了兩性平等教育委員會，希望能夠發展一套包含實質兩性平
等教育內涵的教材，而我也參與了這兩個縣市課程綱要的研訂。

- 潘教授

　　大部分縣市根據《性侵害犯罪防治法》來實施一學年四小時的兩
性教育課程，他們覺得這樣做不盡理想，所以才要發展教材嗎？

- 莊教授

　　他們希望由局裡來發展這套教材，提供給臺北市與高雄市的老師
參考，我當時也參與了發展教材師資的培訓計畫。發展教材時首先要
知道課程綱要的內涵是什麼，然後規劃實質的做法。最後他們確實也

---

[34]《性侵害犯罪防治法》第八條規範各級中小學每學年應至少有四小時以上之性侵
　　害防治教育課程。
　　前項所稱性侵害防治教育課程應包括：
　　一　兩性平等之教育。
　　二　正確性心理之建立。
　　三　對他人性自由之尊重。
　　四　性侵害犯罪之認識。
　　五　性侵害危機之處理。
　　六　性侵害防範之技巧。
　　七　其他與性侵害有關之教育。
　　詳細法規內容請參考「全國法規資料庫」網站
　　（http://law.moj.gov.tw/Scripts/Query4A.asp?FullDoc=all&Fcode=D0080201）。

發展出一些教材來，但是依我的觀察，那些教材的實施效果並不好。不好的原因是，在舊課程架構下分科繁複、教學時數過高，老師沒有時間融入性別教育，而且很多老師還是非常依賴教科書，也不太知道如何融入，我發現實施的效果非常不好。

當時教育部也發展了一套教材，但是我到各校訪問時發現，很多教材都放在圖書館或輔導室裡，並不是老師人手一冊，其實很多老師還不曉得有這套教材。而且，就算是老師拿到了這個教材，也不知道如何融入相關的學科裡頭。最後，我們發現要解決這些問題，應該要回到課程綱要裡，讓性別議題有個定位。全世界有很多國家實施多元文化課程時都有一個類似的歷程，以美國為例，紐約州推動多元文化課程的時候引起了很大的反彈，其實「改革」常常隱含著政治權力的角逐，以致於後來我想到如果我進入九年一貫課程綱要的研修團隊中，是不是也會受到這樣的反挫？

◆ 九年一貫融入式性別議題

• 莊教授

當時我找了學者詢問意見，有些學者確實不怎麼看好我的想法，認為我一定會被某些學科抗拒；而有些學者雖然精神上支援我，但是並不願意加入。譬如我邀請了在自然領域中關注性別議題的學者加入這個 team，希望他能夠跟自然領域對話，讓自然與生活科技領域的人接受這個學者的觀點，以放進相關的課程指標。但是，我後來發現學者能著力的其實有限，最後還是找了中小學的實務工作者與各領域課程綱要的人對話，像社會領域與生活科技領域都有若干的斬獲。

性別議題融入九年一貫課程有幾個重要的意涵，第一，樹立了性別平等教育在教育體制中的一個重要里程碑。第二，它建立了政府遷台以後國民教育階段課程發展合法化的地位。第三，因為制訂各領域課程的能力指標，故可確保未來性別平等教育課程的水準，未來國民教育如延續至十二年，它至少可確保高中課程綱要之擬定，性別平等

教育持續發展的水準。另外，在邁入現代化過程中，能否相對呼應婦女人權的進展？這大概是我將近十年來投入這個領域的觀察與心得。

◆ **小結**

• **潘教授**

剛才我們提到《性侵害犯罪防治法》第八條，規範一學年要實施四小時的性別平等教育課程，但是實際上好像都淪為「大拜拜」，學校多半請學者來演講，演講的內容有談性教育、性侵害教育，或者防身術者，各種五花八門的主題都有，但卻不一定是奠基在性別平等的基本理念底下來談的。所以，臺北市、高雄市就開始出現一些補充教材，試著將性別平等教育放入課程裡面。可是，剛剛莊教授提到，學校原本已經有許多學科的學習，現在又要添加式地加入性別平等教育，使得很多老師反應有實施上的困難。於是乎性別平等教育步入另一個階段，亦即把性別議題融入九年一貫課程。

四、融入式性別議題課程改革的困境

◆ **性別議題邊緣化、泡沫化的危機**

• **潘教授**

從另一個角度來看，九年一貫課程雖有能力指標可以確認性別教育的實施成效，但真正要作九年一貫課程的議題融入時，就會發現困難，例如，實務工作者是否有概念知道怎麼融入？或是否瞭解如何規劃課程與進行課程統整的工作？因此，我們擔心九年一貫課程談議題融入時，議題是否會泡沫化、邊緣化？因為似乎沒有一個有效方法來檢視議題融入之成效。此外，老師是否具有性別平等意識進行教學？也是一個重要問題。

• **莊教授**

這個問題蠻重要的。性別議題已經進入九年一貫課程，並且取得

了一個比較合法化的實施基礎。今年國小實施九年一貫課程已經是第二年，國中是第一年，[35]就整個課程實施現況來看，以性別議題作為六大議題之一來融入七大領域的做法，不管是在教科書的發展或者學校本位課程的發展上，成效都不是那麼好。主要有幾個原因：第一，性別議題當初規劃於綜合活動時雖然有所斬獲，但它是放在一個指定單元裡頭，當時放進去的是五個核心內涵之中的「兩性關係與互動」，於是許多學校在綜合活動領域裡頭只做了「兩性關係與互動」，但是「兩性關係與互動」事實上只是性別議題課程綱要裡的一環而已，所以我們發現，實際實施情況似乎就只是點到而已。

另外，有些學校會運用彈性時間將六大議題融入各學習領域，但是這樣的安排是非常緊湊的。換句話說，彈性時間大概只有四節課，扣掉各地方或者中央機構的一些重大活動，像資訊、安全教育、生命教育、防毒、民主教育或 SARS 防治宣導等等，時間就顯得不夠用，甚至是英語教育也會佔用到彈性時間。以致於有些學校要以九年一貫的性別議題做為學校特色課程，但是因為時間不夠，所以融入的情況不是那麼理想，效果也不是很好。還有很多老師反應語文學習領域原本是十節課，現在減少成六節課，時間不夠用，所以很多學校的彈性時間都割給語文領域，或者是提供給其他重要領域。

我們原先希望將性別議題融入各學習領域來實施轉化課程的目的，但是真正能夠這樣做的不多，零零星星的，大部分都是一些學校在職進修的老師，他們在師範校院相關研究所或教學碩士班進修，這些老師才願意做行動研究。但是他做完以後並沒有變成全校普遍的共識。我審視了很多學校，看了很多學校的課程總體計畫，發現真正融入性別議題的，大多數還是侷限在綜合活動、健康及社會領域，至於數學、自然與生活科技、藝術與人文領域就比較少。或者有的是融入

---

[35] 教育部於民國八十七年九月三十日公佈《國民教育階段九年一貫總綱綱要》，決議將資訊、環境、性別、人權等重大議題融入七大學習領域中。並於八十九年九月三十日正式公佈「性別教育」為重大議題之一。

低年級的生活課程中，因為它本來就是三個領域合起來的課程。從這些情形我們可以看到，如果老師本身已經具備很清楚的性別意識，願意從事性別課程的實踐，也有這樣的認知，那麼它就可以變成一種行動力，進入實務場域裡頭來著力，我認為這個效果會比透過制度化來得大。當然，這個部分需要比較長的教師專業發展過程，所以我認為革命尚未成功，同志尚待努力。

• 潘教授

您的觀察或體驗，事實上也印證了我所看到的某部分。譬如，前幾個禮拜我到某些學校進行評鑑，可以看到九年一貫課程與性別議題掛勾的課程規劃，大部分都是在綜合活動裡進行。我們原本的理想是融入各領域，但是卻很少看到真正有這樣理想性的發揮。

五、透過「轉化課程」實施性別議題

• 潘教授

另外，您剛剛提到「轉化課程」這樣一個名詞，在您的概念裡，「轉化課程」代表的意涵是什麼？您也提到，把現有的課程知識、思維系統及課程架構加以改變就是一個轉化的概念，跟添加式是不一樣的。在原本存在的學科內容中，未改變原來的主流價值思想，只作了一些兩性平等教育教材的添加，這就是添加式的作法。過去進行添加式的教學，效果並不是那麼彰顯，主要原因一方面是時間的受限，一方面則是原本學習內容中的知識、價值系統並沒有改變。請莊教授進一步來跟我們談談，所謂「希望透過轉化的方式，將性別議題融入九年一貫課程」，您的主要意涵是什麼？

◆「轉化課程」之意涵

• 莊教授

原先的課程形式就像在原住民面向上做「豐年祭」，或者在性別

面向上做「兩性平等教育週」，或者是後來所謂的補充性教材，這種沒有改變課程綱要內涵的課程，我們就稱為添加式的取向。那麼我們現在談的轉化課程取向，是改變既有的課程結構，例如我們可以從族群面向、或者性別面向來著手，使得族群或者性別得以建構自己的概念與觀念。簡單來講，九年一貫課程七大領域當中，如果在分段能力指標中融入性別議題的學習能力指標，那麼各個學習領域就會去反映性別平等或者族群平等的多元文化觀點。所以，如果可以進階地轉化課程的話，就會有社會行動的實踐，因為有認知、情意的培養、意識的反省覺察，就會有社會的行動取向。譬如，我知道潘教授在師大開設了性別教育相關課程，其實這樣的課程就是希望能夠鼓勵學生將來在職場上能夠從事社會實踐工作，能夠抗拒性別文化的再製。所以轉化課程的目的，就是希望使性別平等的知識內涵能夠進入傳統學科，然後進而改變過去反映主流文化、父權觀點的課程知識內涵。總而言之，轉化課程其實是多元文化課程之中較為高階的取向，主要目的是希望促進性別平等課程的發展。

◆ 檢視知識背後的意識型態，實施轉化的性別平等教育

• 潘教授

易言之，如果我們在領域教學時如果沒有轉化教材，成效是不易見到的，譬如在自然領域中假若只是添加式地談女性科學家的貢獻，是無法撼動整個自然科學裡所傳達的知識，也就無法改變我們如何去看待外在被研究的實體。

有一本書叫《玉米田裡的先知》，談的是在觀察自然現象時，女性科學家與男性科學家的認知方式有所不同，男性科學家常抱持著「人可勝天」的想法，女性科學家則持與自然共處的思維。究竟人可駕馭自然或人應與自然和平共處？這就反映了不同的價值觀念或者人生哲學。所以，如果自然領域的知識內容不改變，只是添加某些性別平等的教材，還是沒有辦法發揮它的功效。

• 莊教授

　　過去在檢視自然科教科書時，發現書中如果出現實驗，都是男生在做，女生在旁觀察。比如，豆子泡了水之後，篩漏不下來，女生這時候的角色就是拍手叫好。換句話說，自然活動裡的主體還是以男性為主。因為知識就是一種社會的建構過程，如果我們不去檢視知識中的性別不均衡或偏見，自然科技領域裡就將一直是一個男性主宰的情況，存在著嚴重失衡，男性為主體，女性只是一個 subordinate（從屬）角色。自然科的學習，蘊含潛在的學習，其導致女生很自然地對自然科課程不感興趣或疏離。很多研究都已證實，女性學不好數理並不是先天因素所致，可能是後天社會文化（包括教育）所建構出來的。

• 潘教授

　　今天性別議題要融入各個領域，必須達到轉化的功能。我們希望大家能夠重新思考各個領域知識內容背後的意識型態，而從不同性別者的觀點來設計課程，讓學生學習。

六、結語

• 潘教授

　　這次論壇中，我們很深入地探究了國內性別平等教育在體制內的課程改革歷程，從性別平等教育補充式的實施，一直到以議題方式融入九年一貫課程綱要，也談到在「補充」至「融入」的歷程之中，「轉化課程」的必要性與重要性。然，談及要「轉化」還有一個很關鍵的要素，就是老師。即使教材內容編得再好，如果老師還是有刻板的性別印象，那麼傳達出來的還是一個比較偏差的性別教育。所以，在下次論壇中，我們還要繼續邀請國立台北師範學院課程與教學研究所莊明貞教授與我們探討，因應性別平等教育的推動，我們該如何培育性別平等教育師資，以及性別平等教育的未來展望。

編輯小語

性別平等教育的「補充」與「融入」：補充式的性別平等教育
教材可於教育部兩性平等教育全球資訊網裡頭「教材導覽」處
獲得，其涵蓋了國小、國中以及高中有關性別平等教育的教
材、學習單等。而融入式的性別平等教育則指九年一貫課程改
革中將性別平等教育當成六大議題之一（兩性議題），以融入
七大學習領域的方式來進行性別平等教育。關於兩性議題的課
程指標可參酌【性別與婦女教育補充資料】，或參酌教育部兩
性平等教育全球資訊網裡頭「課程教學」
（http://www.gender.edu.tw/）或國立台灣師範大學教育政策
與行政研究所及教育系潘慧玲教授網頁中有關後期中等學校
性別平等教育能力指標（http://web.ed.ntnu.edu.tw/%7Epanhu/
）。

◆ 「添加課程」與「轉化課程」：Banks（1993，引自劉美慧
2001：211）提出四種多元文化課程改革模式，首先為「貢
獻模式」（contribution approach），強調弱勢群體英雄的貢
獻，此模式主張在特殊的節日或適當的機會，將教科書所
忽略的弱勢群體英雄、節慶與片段的文化加入主流課程
中，但其仍不脫以主流文化標準選擇弱勢群體英雄與文化
的路徑。第二為「附加模式」（additive approach），亦即
本文的「添加課程」。此模式不改變既有的課程架構，以一
本書、一個單元或一門課的方式，將弱勢群體的文化、觀
念、主題和觀點納入主流課程中。不過，此模式下的學生
依然將從優勢群體的觀點看待弱勢群體的文化，無法瞭解
優勢群體與弱勢群體的實質關係。第三為「轉型模式」
（transformation approach），也就是本文的「轉化課程」。
轉型模式完全超越課程附加的方式，強調課程結構、本質

與基本假設的整體改變,從不同群體和文化團體的觀點,來探討概念、問題和事件。不過,它的缺點在於實施不易,需要大幅度改變課程架構,重新規劃教師在職進修,並設立常設性的機構負責課程發展。最後是「社會行動模式」(social action approach),社會行動模式包含轉型模式的要素,除了讓學生從不同群體的觀點探討社會重要議題,並進一步針對社會問題作成決定,採取反省性的行動。而其困難則是課程改革工程浩大,教師需要較長時間準備課程,議題的選擇會引起爭議,學生的行動對問題的解決幫助不大等。

◆ 玉米田裡的先知：

書名	玉米田裡的先知 （A feeling for the organism：the life and work of Barbara McClintock）	
作者 與 譯者	凱勒（Evelyn Fox Keller）著 ／唐嘉慧　譯	
出版 資料	初版：1995	出版：天下文化出版
故事 介紹	作者以豐富的科學涵養，親切而細膩的筆觸，詳述麥克林托克成長的歷程，爲科學奮鬥、執著的一生，以及她對生物學獨特的「直觀」能力；並且記述了遺傳科學蓬勃發展的軌跡、分子生物學的誕生及科學家群我互動的關係。她被漠視、冷落了三十多年，終於在一九八三年獲得諾貝爾生理醫學獎。本書引領我們進入細胞遺傳學的奧妙世界，讓我們認識教科書裡那位豎立玉米遺傳學里程碑的鮮活人物。(故事介紹與圖片來源：天下文化書坊： http://www.bookzone.com.tw/ Publish/book.asp?bookno=cs019)	

參考文獻：

劉美慧（2001）。多元文化課程設計。載於譚光鼎、劉美慧、
　　遊美惠（編著），**多元文化教育**（頁 199-231）。臺北縣：
　　空中大學。

莊明貞（2003）。**性別與課程──理念、實踐**。台北市：高等教育。

性別平等教育的師資與展望

主持人：潘慧玲（國立台灣師範大學教育學系教授兼教研中心主任）

討論人：莊明貞（國立臺北師範學院課程與教學研究所教授）

論壇日期：2003 年 05 月 25 日

 討論題綱

【性別平等教育的師資與展望】

一、前言

二、性別平等教育的師資培育

◆ 「傳遞、再製」與「批判、解放」的爭戰

◆ 期許廣設性別教育課程

三、性別平等教育的展望

四、結語

一、前言

● 潘教授

在上次的論壇中，我們和台北師範學院課程與教學研究所莊明貞教授，深入探究了國內性別平等教育在體制內的推動歷程。莊教授從課程發展的角度，剖析國中、小性別平等教育課程的改革情況——從「補充」到「融入」，並強調「轉化課程」的重要性。最後，莊教授提到相關師資培育的配合，是一切推動歷程中最為重要的關鍵。所以，接續這個議題，今天我們要來談談性別平等教育的師資培育以及未來展望。

二、性別平等教育的師資培育

● 潘教授

首先，請莊教授談一談，這幾年來師範院校或者師資培育機構，是不是有足夠的課程來培養能夠勝任性別平等教育的師資呢？

◆ 「傳遞、再製」與「批判、解放」的爭戰

● 莊教授

這一個非常重要的議題。不過，我們必須先探討到底師範院校原來的定位是什麼？如果師範院校原來的定位及教育功能是為了要啟蒙、為了要解放，那麼我們所培養的師資，應該是不受權威宰製的主體。但是，從本土台灣師範教育的發展史來看，就顯得非常弔詭。因為過去師資培育機構一直都是扮演「精神國防」的角色，它必須要維護社會文化的現況，它也是一個具備一元化的典章制度，有所謂的公費服務、良師興國等使命，深刻表現出政府將教育視為一種社會控制的機制，教師所扮演的是政治與倫理道德的典範。易言之，師範院校過去所培養的國教師資是用來為國家服務的，所以它具有傳遞與再製的功能，這與批判、解放、創新這樣的理念是有所衝突的。而性別教

育課程當然是希望能夠培養主體抗拒宰製、反思批判，所以很顯然地，性別若要成為師範院校裡頭的課程，剛開始必然與師範院校的文化格格不入，而大多數人也並不瞭解這樣的課程到底有什麼功能？故，如果我們顛覆傳統的教育觀，定義教育是期許老師做為一個轉化型的、公共的知識份子，揚棄國家政策傳聲筒的角色，那麼這時師範院校原先朝向工具理性、知識、技術、實用考量的師資典範，與性別議題所強調的反省批判，或者是透過社會運動來體會個人所處歷史文化脈絡以抗拒文化宰製的這種精神，顯然就有很大的衝突。

不過，目前師範院校教育學程中已經有兩性教育和性別教育的選修課程，事實上這是教育部兩性平等教育委員會與中教司的建議。但是一路走來，我們也不斷質疑，為什麼它不能帶動學術社群的廣泛討論，或者成為很熱門的課？而且許多這類的課都侷限在討論兩性關係，其與性別議題背後的理論基礎可能是有所不同的。

• **潘教授**

莊教授提到這樣一段歷史背景，揭露了我們的沈重包袱，也由於這些傳統文化包袱，使得我們面對批判性較強、或挑戰現狀的新興領域，發展就顯得較慢了一些。我在一些研討會的討論中，常聽到外校老師對師範院校的質疑，不解師範院校為什麼這麼晚才關注性別議題？雖然近十年性別議題才在國內蓬勃發展，但是教育領域裡投入這方面研究的老師，相對比其他領域確實少了一點，而這也反映出剛剛莊教授所釐清的，是歷史包袱的遺毒。不過，這幾年我們可以看到性別議題開始在校園引起討論，以我們台灣師範大學來講，我們已經將性別教育課程放入教育學程裡讓學生修習，我想大部分的師範學院也都跟進了。

◆ **期許廣設性別教育課程**

• **莊教授**

其實，性別教育課程背後對知識的假定是不同的，但是師範院校

絕大多數的老師，常常把知識的建構假設成知識是一個封閉的體系，所以他們只把預設的價值傳達給學生，而沒有教學生怎麼批判這樣的知識。我們都知道性別教育課程主張學生經驗本身就是知識的泉源，所以性別教育課程往往成爲修課學生集體反省的過程，並且在反思的過程當中，來改變學生的內在品質。過去教育部對學位的授與、必修科目、跨修、選修等規定過嚴，例如我們所有的課程都要通過學校的課程委員會審查通過並報部核備，才能夠開設，所以性別教育課程開設的比較晚，慢慢地才有比較多的師範院校與師資培育機構開設性別教育課程，其實我們在回應知識典範的轉移上，是慢了一點。我們開設性別教育課程的目的，是希望透過這樣的課程，讓學生學到如何思考，這勝過要他們去符應師資培育典範裡的那些專業知識。總之，我認爲我們應該多開設這類相關課程，讓學生在一個多元文化或後現代的社會情境裡頭，來思考爲什麼有這些弱勢族群的問題產生？並且從這個過程中，讓他有機會進行對話與反思，然後轉化成實際的教育實踐。

• 潘教授

這些年裡面，台灣師範大學事實上也紮紮實實地做了一些努力。其實師大各系所本來就有老師在其系所裡開設這類課程。另外，除了把性別教育放到中等教育師資培育學程裡讓學生修習之外，我們也開設了一些通識課程，並且把校內十幾個對性別議題有興趣的老師號召、集合起來，以協同教學的方式，開了好幾年「性別議題講座（I）」、「性別議題講座（II）」的課。[36] 我們希望這是一個種子，能夠慢慢地萌芽、茁壯，然後蔓生。我們下個步驟就是推動性別教育或性別相關學程，就像台大的婦女性別學程，我知道其他大學的性別學程也都在努力開設當中，而國立台灣師範大學也是朝著這個方向邁進。

---

[36] 台灣師大集結性別議題講座之課程，編輯了《性別議題導論》一書：潘慧玲（主編）（2003）。性別議題導論。台北市：高等教育。

三、性別平等教育的展望

● 潘教授

　　最後，請莊教授談談性別平等教育的未來展望。

● 莊教授

　　未來推動性別平等教育的路上，具備法源基礎是非常的重要的條件，就像美國一九七二年公佈了性別平等相關法令，有了法源基礎之後，課程教材或評量方面的性別歧視情形就大獲改善。我認為我們應該要期望性別平等教育法能夠儘速地通過，[37] 這樣上至教育決策，下至各級學校，都有法源依據，將來的師資培育也可以依據這個法令設置相關課程，我們也希望老師們接受這樣的課程之後，就可以促進性別平等意識的覺醒，並付諸實際的教學實踐。所以，未來法令公佈以後，應該有比較好的進展。

四、結語

● 潘教授

　　今天的論壇中，我們反省了師範體系性別平等教育的發展狀況，雖然目前各師範院校均有相關課程的開設，也逐漸重視這個議題，但是身為師資培育機構，我們仍應再戮力於課程的開設以及性別相關概念的釐清。而唯有從師資培育階段開始紮根，我們才能樂觀期許性別平等教育能夠在中小學教育階段開花結果。另外，《性別平等教育法》將是未來推動性別平等教育很重要的一個法治基礎，希望能夠儘速立法完成。

37　《性別平等教育法》已於民國九十三年六月五四通過並公佈實施。詳細討論內容請見本書中陳惠馨教授之【性別平等教育法概論】、【性別平等教育法的精神與重要內容】兩則論壇。

編輯小語

◆ 台灣師範大學性別平等教育課程：國立台灣師範大學曾開設的性別相關課程如下（資料來源：國立台灣師範大學性別平等及性侵害防治委員會網站：http://www.ntnu.edu.tw/equal/）：

A 理論	B 學科取向	C 實務／議題
女性主義思想專題研究 女性主義導論 文學理論：女性主義 文學理論：女性主義與現代主義	女性心理學 女性與法律 性別與法律 多元文化社會的成人教育 成人婦女教育 成人教育 兩性研究與教育 兩性教育 性別與教育 性教育 性教育專題研究 性教育與性輔導 特殊兒童性教育 特殊兒童性教育研究 婦女教育研究 婦女教育專題研究 教育老人學 學校性教育	人我之間 人際關係 人際關係與健康 人際關係與溝通技巧 兩性之間 兩性關係 兩性關係與兩性教育 性別議題（一）（二） 青少年健康行為與問題 父母與子女 婚姻與家庭 婚姻與家庭生活 婚姻與家庭專題研究 婚姻與家庭專題研討

	社會工作	健康、婚姻與家庭
	社會問題	婦女保健
	社會學	婦女衛生
	家政名著批判	婦幼保健
	家政教育論題與**趨勢研究**	親職教育
	家庭人類學專題研究	成人婦女學習與發展
	家庭生活與性教育研究	色情文化與政治
	家庭社會工作	
	家庭社會學	
	家庭資源與生活	
	家庭管理	
	情色文學	
	通俗文化	
	文化研究導論	
	當代社會與文化理論	
	台灣婦女史	

參考文獻：

潘慧玲（主編）（2003）。**性別議題導論**。台北市：高等教育。

追求美善的教育

性別與婦女教育補充資料

參考網址

台灣師範大學性別平等及性侵害防治委員會 http://www.ntnu.edu.tw/equal/

台灣婦女資訊網：http://taiwan.yam.org.tw/womenweb/

行政院勞工委員會兩性工作平等法資訊網

http://www.cla.gov.tw/equalnew/index.html

行政院婦女權益促進委員會：http://cwrp.moi.gov.tw/

教育部兩性平等全球資訊網：http://www.gender.edu.tw/

財團法人婦女權益促進發展基金會：http://www.wrp.org.tw

性別平等教育法條文內容

中華民國九十三年六月二十三日

華總一義字第09300117611號令公布

第一章 總 則

第 一 條　　為促進性別地位之實質平等，消除性別歧視，維護人格尊

　　　　　　嚴，厚植並建立性別平等之教育資源與環境，特制定本法。

　　　　　　本法未規定者，適用其他法律之規定。

第 二 條　　本法用詞定義如下：

　　　　　　一、性別平等教育：指以教育方式消除性別歧視，促進性別
　　　　　　　　地位之實質平等。

　　　　　　二、學校：指公私立各級學校。

三、性侵害：指性侵害犯罪防治法所稱性侵害犯罪之行為。

四、性騷擾：指符合下列情形之一，且未達性侵害之程度者
：

　　以明示或暗示之方式，從事不受歡迎且具有性意味或
　　性別歧視之言詞或行為，致影響他人之人格尊嚴、學
　　習、或工作之機會或表現者。

　　以性或性別有關之行為，作為自己或他人獲得、喪失
　　或減損其學習或工作有關權益之條件者。

五、校園性侵害或性騷擾事件：指性侵害或性騷擾事件之一
　　方為學校校長、教師、職員、工友或學生，他方為學生者
　　。

第　三　條　　本法所稱主管機關：在中央為教育部；在直轄市為直轄市
　　　　　　政府；在縣（市）為縣（市）政府。

第　四　條　　中央主管機關應設性別平等教育委員會，其任務如下：

一、研擬全國性之性別平等教育相關法規、政策及年度實施
　　計畫。

二、協調及整合相關資源，協助並補助地方主管機關及所主
　　管學校、社教機構落實性別平等教育之實施與發展。

三、督導考核地方主管機關及所主管學校、社教機構性別平
　　等教育相關工作之實施。

四、推動性別平等教育之課程、教學、評量與相關問題之研
　　究與發展。

五、規劃及辦理性別平等教育人員之培訓。

六、提供性別平等教育相關事項之諮詢服務及調查、處理與本法有關之案件。

七、推動全國性有關性別平等之家庭教育及社會教育。

八、其他關於全國性之性別平等教育事務。

第 五 條 直轄市、縣（市）主管機關應設性別平等教育委員會，其任務如下：

一、研擬地方之性別平等教育相關法規、政策及年度實施計畫。

二、協調及整合相關資源，並協助所主管學校、社教機構落實性別平等教育之實施與發展。

三、督導考核所主管學校、社教機構性別平等教育相關工作之實施。

四、推動性別平等教育之課程、教學、評量及相關問題之研究發展。

五、提供所主管學校、社教機構性別平等教育相關事項之諮詢服務及調查、處理與本法有關之案件。

六、辦理所主管學校教育人員及相關人員之在職進修。

七、推動地方有關性別平等之家庭教育及社會教育。

八、其他關於地方之性別平等教育事務。

第 六 條 學校應設性別平等教育委員會，其任務如下：

一、統整學校各單位相關資源，擬訂性別平等教育實施計畫，落實並檢視其實施成果。

二、規劃或辦理學生、教職員工及家長性別平等教育相關活

動。

三、研發並推廣性別平等教育之課程、教學及評量。

四、研擬性別平等教育實施與校園性侵害及性騷擾之防治規
定，建立機制，並協調及整合相關資源。

五、調查及處理與本法有關之案件。

六、規劃及建立性別平等之安全校園空間。

七、推動社區有關性別平等之家庭教育與社會教育。

八、其他關於學校或社區之性別平等教育事務。

第　七　條　　中央主管機關之性別平等教育委員會，置委員十七人至二
十三人，採任期制，以教育部部長為主任委員，其中女性委員
應占委員總數二分之一以上；性別平等教育相關領域之專家
學者、民間團體代表及實務工作者之委員合計，應占委員總數
三分之二以上。

前項性別平等教育委員會每三個月應至少開會一次，並應
由專人處理有關業務；其組織、會議及其他相關事項，由中央主
管機關定之。

第　八　條　　直轄市、縣（市）主管機關之性別平等教育委員會，置委
員九人至二十三人，採任期制，以直轄市、縣（市）首長為主
任委員，其中女性委員應占委員總數二分之一以上；性別平等
教育相關領域之專家學者、民間團體代表及實務工作者之委員
合計，應占委員總數三分之一以上。

前項性別平等教育委員會每三個月應至少開會一次，並應由專人處理有關業務；其組織、會議及其他相關事項，由直轄市、縣（市）主管機關定之。

第　九　條　　學校之性別平等教育委員會，置委員五人至二十一人，採任期制，以校長為主任委員，其中女性委員應占委員總數二分之一以上，並得聘具性別平等意識之教師代表、職工代表、家長代表、學生代表及性別平等教育相關領域之專家學者為委員。

前項性別平等教育委員會每學期應至少開會一次，並應由專人處理有關業務；其組織、會議及其他相關事項，由學校定之。

第　十　條　　中央、直轄市、縣（市）主管機關及學校每年應參考所設之性別平等教育委員會所擬各項實施方案編列經費預算。

第 十 一 條　　主管機關應督導考核所主管學校、社教機構或下級機關辦理性別平等教育相關工作，並提供必要之協助；其績效優良者，應給予獎勵，績效不良者，應予糾正並輔導改進。

第二章　學習環境與資源

第 十 二 條　　學校應提供性別平等之學習環境，建立安全之校園空間。

學校應尊重學生與教職員工之性別特質及性傾向。

學校應訂定性別平等教育實施規定，並公告周知。

第 十 三 條　　學校之招生及就學許可不得有性別或性傾向之差別待遇。但基於歷史傳統、特定教育目標或其他非因性別因素之正當理由，經該管主管機關核准而設置之學校、班級、課程者，不在此限。

第 十 四 條　　學校不得因學生之性別或性傾向而給予教學、活動、評量、獎懲、福利及服務上之差別待遇。但性質僅適合特定性別者，不在此限。

學校對因性別或性傾向而處於不利處境之學生應積極提供協
助，以改善其處境。

學校應積極維護懷孕學生之受教權，並提供必要之協助。

第 十 五 條　　教職員工之職前教育、新進人員培訓、在職進修及教育行政主
管人員之儲訓課程，應納入性別平等教育之內容；其中師資培育之
大學之教育專業課程，應有性別平等教育相關課程。

第 十 六 條　　學校之考績委員會、申訴評議委員會、教師評審委員會及中央
與直轄市、縣（市）主管機關之教師申訴評議委員會之組成，任一
性別委員應占委員總數三分之一以上。但學校之考績委員會及教師
評審委員會因該校任一性別教師人數少於委員總數三分之一者，不
在此限。

學校或主管機關相關組織未符合前項規定者，應自本法施行之
日起一年內完成改組。

第三章　課程、教材與教學

第 十 七 條　　學校之課程設置及活動設計，應鼓勵學生發揮潛能，不得因性
別而有差別待遇。

國民中小學除應將性別平等教育融入課程外，每學期應實施性
別平等教育相關課程或活動至少四小時。

高級中等學校及專科學校五年制前三年應將性別平等教育融
入課程。

大專校院應廣開性別研究相關課程。

學校應發展符合性別平等之課程規劃與評量方式。

第 十 八 條　　學校教材之編寫、審查及選用，應符合性別平等教育原則；教
材內容應平衡反映不同性別之歷史貢獻及生活經驗，並呈現多元之

性別觀點。

第 十 九 條　　教師使用教材及從事教育活動時，應具備性別平等意識，破除性別刻板印象，避免性別偏見及性別歧視。

　　　　　　教師應鼓勵學生修習非傳統性別之學科領域。

第四章　校園性侵害或性騷擾之防治

第 二 十 條　　為預防與處理校園性侵害或性騷擾事件，中央主管機關應訂定校園性侵害或性騷擾之防治準則；其內容應包括學校安全規劃、校內外教學與人際互動注意事項、校園性侵害或性騷擾之處理機制、程序及救濟方法。

　　　　　　學校應依前項準則訂定防治規定，並公告周知。

第二十一條　　學校或主管機關處理校園性侵害或性騷擾事件，除依相關法律或法規規定通報外，並應將該事件交由所設之性別平等教育委員會調查處理。

第二十二條　　學校或主管機關調查處理校園性侵害或性騷擾事件時，應秉持客觀、公正、專業之原則，給予雙方當事人充分陳述意見及答辯之機會。但應避免重複詢問。

　　　　　　當事人及檢舉人之姓名或其他足以辨識身分之資料，除有調查之必要或基於公共安全之考量者外，應予保密。

第二十三條　　學校或主管機關於調查處理校園性侵害或性騷擾事件期間，得採取必要之處置，以保障當事人之受教權或工作權。

第二十四條　　學校或主管機關處理校園性侵害或性騷擾事件，應告知被害人或其法定代理人其得主張之權益及各種救濟途徑，或轉介至相關機構處理，必要時，應提供心理輔導、保護措施或其他協助。

第二十五條　　校園性侵害或性騷擾事件經學校或主管機關調查屬實後，應依

相關法律或法規規定自行或將加害人移送其他權責機關懲處。

學校、主管機關或其他權責機關為性騷擾事件之懲處時，並得命加害人為下列一款或數款之處置：

一、經被害人或其法定代理人之同意，向被害人道歉。

二、接受八小時之性別平等教育相關課程。

三、接受心理輔導。

四、其他符合教育目的之措施。

第一項懲處涉及加害人身分之改變時，應給予其書面陳述意見之機會。

第二十六條　學校或主管機關調查校園性侵害或性騷擾事件過程中，得視情況就相關事項、處理方式及原則予以說明，並得於事件處理完成後，經被害人或其法定代理人之同意，將事件之有無、樣態及處理方式予以公布。但不得揭露當事人之姓名或其他足以識別其身分之資料。

第二十七條　學校或主管機關應建立校園性侵害或性騷擾事件及加害人之檔案資料。

前項加害人轉至其他學校就讀或服務時，主管機關及原就讀或服務之學校應於知悉後一個月內，通報加害人現就讀或服務之學校。

接獲前項通報之學校，應對加害人實施必要之追蹤輔導，非有正當理由，並不得公布加害人之姓名或其他足以識別其身分之資料。

第五章　申請調查及救濟

第二十八條　學校違反本法規定時，被害人或其法定代理人得向學校所屬主

管機關申請調查。

　　校園性侵害或性騷擾事件之被害人或其法定代理人得以書面向行為人所屬學校申請調查。但學校之首長為加害人時，應向學校所屬主管機關申請調查。

　　任何人知悉前二項之事件時，得依其規定程序向學校或主管機關檢舉之。

第二十九條　　學校或主管機關於接獲調查申請或檢舉時，應於二十日內以書面通知申請人或檢舉人是否受理。

　　學校或主管機關於接獲調查申請或檢舉時，有下列情形之一者，應不予受理：

　　一、非屬本法所規定之事項者。

　　二、申請人或檢舉人未具真實姓名。

　　三、同一事件已處理完畢者。

　　前項不受理之書面通知，應敘明理由。

　　申請人或檢舉人於第一項之期限內未收到通知或接獲不受理通知之次日起二十日內，得以書面具明理由，向學校或主管機關申復。

第 三 十 條　　學校或主管機關接獲前條第一項之申請或檢舉後，除有前條第二項所定事由外，應於三日內交由所設之性別平等教育委員會調查處理。

　　學校或主管機關之性別平等教育委員會處理前項事件時，得成立調查小組調查之。

　　前項小組成員應具性別平等意識，女性人數比例，應占成員總數二分之一以上，必要時，部分小組成員得外聘。處理校園性

侵害或性騷擾事件所成立之調查小組，其成員中具性侵害或性騷擾事件調查專業素養之專家學者之人數比例於學校應占成員總數三分之一以上，於主管機關應占成員總數二分之一以上；雙方當事人分屬不同學校時，並應有申請人學校代表。

性別平等教育委員會或調查小組依本法規定進行調查時，行為人、申請人及受邀協助調查之人或單位，應予配合，並提供相關資料。

行政程序法有關管轄、移送、迴避、送達、補正等相關規定，於本法適用或準用之。

性別平等教育委員會之調查處理，不受該事件司法程序進行之影響。

性別平等教育委員會為調查處理時，應衡酌雙方當事人之權力差距。

第三十一條　學校或主管機關性別平等教育委員會應於受理申請或檢舉後二個月內完成調查。必要時，得延長之，延長以二次為限，每次不得逾一個月，並應通知申請人、檢舉人及行為人。

性別平等教育委員會調查完成後，應將調查報告及處理建議，以書面向其所屬學校或主管機關提出報告。

學校或主管機關應於接獲前項調查報告後二個月內，自行或移送相關權責機關依本法或相關法律或法規規定議處，並將處理之結果，以書面載明事實及理由通知申請人、檢舉人及行為人。

學校或主管機關為前項議處前，得要求性別平等教育委員會之代表列席說明。

第三十二條　申請人及行為人對於前條第三項處理之結果有不服者，得於收到書面通知次日起二十日內，以書面具明理由向學校或主管機關申

復。

　　　前項申復以一次為限。

　　　學校或主管機關發現調查程序有重大瑕疵或有足以影響原調查認定之新事實、新證據時，得要求性別平等教育委員會重新調查。

第三十三條　　性別平等教育委員會於接獲前條學校或主管機關重新調查之要求時，應另組調查小組；其調查處理程序，依本法之相關規定。

第三十四條　　申請人或行為人對學校或主管機關之申復結果不服，得於接獲書面通知書之次日起三十日內，依下列規定提起救濟：

　　　　一、公私立學校校長、教師：依教師法之規定。

　　　　二、公立學校依公務人員任用法任用之職員及中華民國七十四年五月三日教育人員任用條例施行前未納入銓　之職員：依公務人員保障法之規定。

　　　　三、私立學校職員：依兩性工作平等法之規定。

　　　　四、公私立學校工友：依兩性工作平等法之規定。

　　　　五、公私立學校學生：依規定向所屬學校提起申訴。

第三十五條　　學校及主管機關對於與本法事件有關之事實認定，應依據其所設性別平等教育委員會之調查報告。

　　　法院對於前項事實之認定，應審酌各級性別平等教育委員會之調查報告。

　　　　第六章　罰　　則

第三十六條　　學校違反第十三條、第十四條、第二十條第二項、第二十二條第二項或第二十七條第三項規定者，應處新臺幣一萬元以上十萬元

以下罰鍰。

　　行為人違反第三十條第四項規定而無正當理由者，由學校報請主管機關處新臺幣一萬元以上五萬元以下罰鍰，並得連續處罰至其配合或提供相關資料為止。

　　　　第七章　附　　則

第三十七條　　本法施行細則，由中央主管機關定之。

第三十八條　　本法自公布日施行。

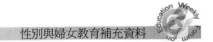

第二篇：

原住民教育

概覽台灣原住民教育

主持人：潘慧玲（國立台灣師範大學教育學系教授兼教研中心主任）

討論人：汪秋一（行政院原住民委員會教育文化處處長）

論壇日期：2003 年 05 月 04 日

 討論題綱

【概覽台灣原住民教育】

一、前言——原住民教育的概況

◆ 原住民教育的定位

◆ 原住民族教育法的功效

二、原住民族教育的推動

◆ 「原住民」教育與「原住民族」教育的區別

◆ 部落裡的「青少年文化成長班」與「部落大學」

◆ 「新部落運動」計畫挑戰二〇〇八

三、原住民教育的推動

◆ 從教育推動經驗體悟原住民教育的重要性

◆ 加強原住民的學前教育

◆ 重視原住民學生的全面輔導

◆ 解決原住民學生的學習適應問題

◆ 設計原住民課程銜接的方案

四、結語

一、前言——原住民教育的概況

• 潘教授

今天要跟大家談一談原住民教育。一個社會愈多元，就愈能尊重他人和尊重差異，台灣的原住民教育由原有的山地教育、山胞教育發展到今天的原住民教育；由原來強調強化原住民融入漢民族社會，到今天已經留意到多元文化的教育。這麼多年來，原住民教育到底推動了什麼？成效如何？是我們今天關心的重點，邀請到的來賓是原住民委員會教育文化處汪秋一處長。汪處長在原住民委員會服務多年，對原住民教育非常瞭解。首先請教汪處長，在台灣社會脈絡裡，您如何定位原住民教育？

◆ 原住民教育的定位

• 汪處長

我們知道台灣是一個多族群的社會，就族群別來說，有漢族，也有所謂的台灣原住民族。原住民族當中又有十一個族，這還不包括已經漢化很深的平埔族，所以我們台灣是一個多元族群的社會。過去，教育都是採一致化的教育，現在由於多元文化教育理念的推展與人權平等觀念廣佈，我們逐漸走向多元的教育方式。因此，在民國八十七年，政府就頒訂了《原住民族教育法》，其宗旨除了加強原住民一般基礎教育能力之外，同時也要傳承原住民的歷史、文化、語言，以及強化原住民對自我族群的認同。這個辦法有兩個推動方向，一個是原住民一般教育的提升，第二個就是加強原住民的文化教育。

◆ 原住民族教育法的功效

• 潘教授

剛剛提到原住民教育在八十七年就已經有法治基礎，也就是《原住民族教育法》的訂定。這樣一個法源基礎從民國八十七年到現在九十二年，已經有五年之久，汪處長覺得這五年當中《原住民族教育法》

發揮的功效如何？

● **汪處長**

　　因為《原住民族教育法》公佈之後是由兩個單位來執行，在中央教育部負責原住民一般教育的部分，而原委會則是推動原住民族教育這個部分，但是兩個部分是分工合作的。在公佈之後五年來，雖有績效，但也產生滿多的問題，例如實際的行政運作並沒有朝著原住民族教育法的精神來推動，所以距離理想的目標還是有一段差距。

二、原住民族教育的推動

◆　「原住民」教育與「原住民族」教育的區別

● **潘教授**

　　汪處長提到教育部負責的是「原住民」教育，而原委會負責的是「原住民族」教育，這兩者的區別為何？

● **汪處長**

　　根本之區別即於原住民教育是根據原住民之需求所實施的一般教育，亦即我們現在所看到且接受的教育。原住民族教育則是根據原住民的文化特性所實施的教育，這樣的教育比較偏向原住民的歷史、語言、文化、藝術等，在實際的學校教育體系或課程中，原住民族教育並沒有充分地表現出來。譬如，從鄉土教育的角度來看，鄉土教育的課程與時數很少，母語教學的時數也非常少，它僅為一個點綴式，甚至是邊陲化的情形。所以，原住民教育和原住民族教育兩者是不同的，但兩者應相輔相成才對，只是實施上還有落差，目前仍以一般教育為主，原住民族教育為輔。

◆ **部落裡的「青少年文化成長班」與「部落大學」**

• *潘教授*

　　易言之，於原住民教育中，應該要實施原住民族教育，讓原住民瞭解原住民的文化是什麼，進一步幫助原住民擁有身份認同。如此一來，除了在一般教育裡頭實施原住民族教育之外，我們是否也可以透過非學校教育的其他方式來實施原住民族教育？

• *汪處長*

　　是的，不一定侷限在學校，原民會推動規劃的部分都比較偏向在學校以外的地方推動。譬如推動部落教育、家庭教育來加強原住民族教育，所以原民會成立後，即於部落推動了「青少年文化成長班」。青少年文化成長班是一個類似課後輔導的班級，但融入了文化薰陶的課程，學生在下課之後，就到學校的文化成長班完成學校所交代的家庭作業，然後再學習原住民文化的課程，譬如竹藝、陶藝、雕刻、編織等，與原住民文化特性相關的課程。另外，原民會也在部落推動部落教室或部落大學，相較於社區大學的課程設計，部落大學比較偏向歷史與文化課程。因此，原住民族教育的實施可於部落或家庭，亦可於學校，但我們希望無論於家庭、社區或部落，皆應多元並進。

• *潘教授*

　　剛提及有好多在部落所推動的原住民族教育，有部落教育、家庭教育、青少年文化成長班等。目前，這些班級在台灣各個原住民地區都已普遍實施了嗎？還是僅有點狀分佈？

• *汪處長*

　　目前還算是點狀分佈。青少年文化成長班我們已推動將近六年，從實驗期的摸索階段慢慢進展到制度化階段，目前已有四十八個班級。部落大學則是隨著社區大學應運而生，現在全國有六所部落大學，是在縣市政府的輔導，以及中央教育部、原住民委員會等單位，

在經費上作補助的情況下推動的。

◆「新部落運動」計畫挑戰二○○八

•汪處長

去年行政院推動「挑戰二○○八國家發展重點計畫」，裡面有一個子計畫就是「新部落運動」。「新部落運動」是原民會配合國家政策推動的三項子計畫之一。在這三個子計畫中，第一個就是「部落新風貌計畫」，第二個是「部落產業計畫」，第三個是「營造學習型部落計畫」。營造學習型部落計畫是以培育部落人才為主，也就是「造人」；新風貌計畫是「造景」；部落產業計畫則是「造產」。不論是造景、造產，都必須透過人，所以必須在部落培育相當的人才，除了可以在學校培養之外，體制外的組織機構，或者當地部落都可以就地培養相關的部落發展人才。

•潘教授

新部落運動所強調的造景、造產與造人三個不同的計畫，預計需時多久來完成呢？

•汪處長

挑戰二○○八。

•潘教授

二○○八啊！未來的展望。

•汪處長

這個工作期程是六年，從去年開始，今年算是第二年，我們還積極規劃希望能與學校教育同時並進。我認為原住民教育非常重要，因為要促進原住民社會的發展，還是要靠教育，所以人才的培養就顯得非常重要。而人才培養的方式可以在學校、部落或以其他方式同時並進。我們也把它視同成人教育或終身教育理念來規劃推動，我們是朝此方向來建立符合原住民需求的教育體系。

三、原住民教育的推動

◆ 從教育推動經驗體悟原住民教育的重要性

• 潘教授

汪處長過去有很多教育推動經驗，因為您本身也在教育部服務過，現在到了原住民委員會推動原住民教育或原住民族教育，應該會有更深入的體會。可否請您談談原先的教育推動經驗，以及這個背景如何幫助您在原住民教育委員會推動目前的業務？

• 汪處長

我原先在教育部國教司服務，當時的業務只針對國民教育。後來，我到了行政院原住民委員會教育文化處，一方面推動原住民教育，另一方面振興原住民文化。在我的業務單位裡有四個科，民族教育科、原住民文化科、原住民語言科、原住民資訊媒體科，因此業務量極為龐大。以往，我曾擔任教師，亦從事過教育行政工作，工作一直都在教育範圍內。這樣的經驗讓我體認到教育對原住民而言是非常重要的。然，推動原住民教育時，除卻教育部與原民會要努力之外，最重要的是原住民本身的認知。亦即，原住民必須不斷學習接受教育，然後才能激發潛能，應用在改善部落的經濟條件，並規劃推動部落的發展，營造在地就業的機會，促進經濟的發展，提升生活的水準。

◆ 加強原住民的學前教育

• 汪處長

我認為我們的教育還有滿多的問題，例如教育學系統還是偏向一般教育與升學導向的教育，而忽略了原住民的特質或潛能。譬如學前教育部分，目前原住民學生升學門檻的標準分數降低了百分之二十五，這是一個德政，但是也是一種標籤：雖然孩子可以享受升學優惠，不過也造成心理上的自卑，導致學習問題的產生。如果從基礎能力來看，原住民學生成績普遍低落究竟是基礎不夠，或是文化差異造成的

差距？若為前者，就得從家庭教育或學前教育來加強基礎能力。學前教育的部分，分別由教育部與內政部來推動，教育部負責的是幼稚教育，內政部則是負責托兒所，幼托是分開的，二者仍未整合。這兩個部會也鼓勵和補助地方政府來開辦原住民幼稚園或托兒所，但若要永續經營就必須要有業務費、人事費等經費預算，地方財政在這方面有困難。根據陳枝烈教授的調查，目前原住民所在的五十五個鄉鎮當中，只有百分之六十五有幼稚園或托兒所，還有百分之三十五的地區沒有幼稚園或托兒所。另外，都會原住民幼兒也未完全就讀幼稚園或是托兒所，此為學前教育較為薄弱處。另者，學生輔導方面也是非常薄弱的。

◆ 重視原住民學生的全面輔導

● 汪處長

雖然國中、小學是義務教育階段，但中輟生比率非常高，全國大約有一萬名的中輟生，其中原住民就佔了十分之一，將近有一千位之多。根據調查，中輟的原因主要是經濟因素，再者就是學習適應的問題。我們知道原住民在高中以上的教育階段都會有升學優惠，亦即降低百分之二十五的分數標準，所以很少有原住民是靠推甄入學，大部分還是參加入學考試。不過升學優惠雖然會使升學比率增加，但是中間休、退學的人數也不少；且以成績來看，原住民學生和一般學生有很大的落差，雖然原住民學生也有非常優異的，但普遍而言，成績都較差。因此，學校應該要加強原住民學生的課業輔導、心理輔導甚至是生活輔導，以免中輟生或休、退學的人數增加。

原民會為瞭解決原住民學生的經濟問題，設置了原住民獎助學金。高中部分教育部每學期提供獎助學金二萬一千元；大學部份教育部讓原住民學生減免學雜費。同時，原民會也提供獎助學金，但是這個獎助學金名額並沒有很多，大概四個人只有一個可以得到，所以獎助學金的部分仍須再加強。此外，從高等教育或人才教育的角度來看，目前已經獲得博士學位的原住民只有二十三位，其中三個是享受

公費完成學業歸國的，有六位是拿公費在國內完成學業的，其他都是自費。民國八十年政府已經開始提供公費給原住民留學生，教育部每年提供五個，原民會提供三個，總共有八個，但是因為成績不是很理想，所以都不足額錄取。根據我們的調查，全國有一萬多位博士研究生，原住民只佔九位，實在是很少；而原住民碩士生雖然已經比去年增加很多，但以高等教育是培育專門人才的角度來看，原住民就讀高等教育的人數實在非常少，碩士生只有一百二十位。所以，如何提升原住民的學習成就、培養更多原住民人才，是我們以後要繼續加強的工作。

◆ 解決原住民學生的學習適應問題

• 潘教授

剛提到目前原住民中輟生佔了全國中輟生的十分之一，原因可能是經濟因素與學習適應的問題，我認為其中較值得關注的問題，即為學習適應的問題。在學習適應部分，您認為是文化因素使然，抑或是其他問題所導致？

• 汪處長

基本上，文化差異因素的作用是存在的。舉個例子來說，孩子在部落本來是使用母語，但是一到幼稚園或小學就要開始學國語，這兩種語言根本是不一樣的。於是，當語言學習出現落差時，其他的課程學習也會受到影響，因為其他的課程學習都要以國語或國字來表達，所以語言的落差就會造成原住民學生在其他學科成績表現上也出現落差。另外，原住民父母對教育的支援度比較薄弱，這會影響學生的學習動機；而家庭經濟因素也會造成中輟的狀況。有的父母為了工作、生活，跑到都會賺錢，而把小孩留在部落，由上一輩的祖父母教導；有時候甚至連照顧的長者都沒有，單親家庭的也不少（原住民的離婚率非常高），這些因素皆為孩子中輟之因。因此，青少年文化成長班就是要補家庭與學校教育的不足。但以原民會現有之財力，仍無

法讓每一個部落或學區都開設文化成長班，因為雖然教育部編列了課後輔導的經費，不過課後輔導主要強調的是課業，而我們需要的是全面性的輔導，如此才可能提升或解決原住民的教育問題、學習問題。

◆ 設計原住民課程銜接的方案

·潘教授

　　語言差異確實會造成原住民學生在學校的不適應狀況，這個問題有沒有什麼類似「銜接」的方案來加以解決呢？就像所謂的「幼小銜接」，幼稚園的小朋友習慣的教學型態和小學的排排坐有很大的不同，所以我們經常說要「幼小銜接」。對於原住民學生進入學校就讀的適應問題，是否也有銜接方案的設計呢？

·汪處長

　　目前仍未想到原住民學生在課程設計上的銜接問題。其實在一般部落或原住民家庭裡，說國語是滿普遍的，除了家庭教導國語之外，此部分亦可由學前教育機構來加強銜接。另外，語言部分及其他問題，我們一方面擔憂國語學習的落差，一方面又擔心母語流失而有原民會大力推動的振興族語運動（包括振興閩南語或客家語，因為多族群就要有多語言的發展），於是，有人便質疑多語言會不會影響學生的學習？其實滿多研究確實認為會有相互干擾的情況，但我們還是認為幼兒有學習的潛能，只要提供學習的環境，幼兒可以同時學習兩種語言。所以，我們應該思考規劃的是，是否已提供學生同時並用多語言的環境？是否能順利銜接學校之課程？

四、結語

·潘教授

　　另一方面，我們也要鼓勵原住民學校裡的教師與校長，要多瞭解原住民學生，並營造適合原住民學生的環境。其中，漢民族的教師是

否具有多元文化觀？是否瞭解容忍差異和尊重差異之眞義？這些皆
爲多元社會中非常重要的課題。

今天汪處長談了很多有關原住民教育的議題，讓我們瞭解目前原
住民學生的處境。我們從學前教育開始談起，然後談到學生輔導上的
問題，而原住民教育委員會事實上也做了非常多的措施來幫助原住民
學生提高學業成就，彌補他們家庭教育的不足，或者也推動了新部落
運動的造景、造產、造人等，這些都是非常重要的教育進程，尤以原
住民人才之培育最爲重要。以後我們還要來談這個問題，並深入探討
原住民教育的課程與教學。

👓 編輯小語

- 青少年文化成長班：行政院原住民委員會依據「原住民族發展方案」暨「原住民族文化振興發展六年計劃」訂定「原住民青少年學生文化成長班實施計劃」，結合當地服務（或退休）之教師及神職或宗教團體工作者，針對部落國中、小學生於放學後，給予課業輔導、傳習族語及民俗文化、培育才藝（電腦、音樂、繪畫、雕刻、陶藝……等）及團體活動與個別輔導。從民國八十七年度先行試辦七個教會，合計輔導二百二十位學生，八十八年度委託各部落共計十一個教會（單位）辦理原住民青少年文化成長班，合計輔導三百三十位學生，之後每年均增加辦理單位。青少年成長班的教育目標為：（1）由具有專業背景之教師給予課業輔導；（2）由部落耆老、專長人士、退休教師及神職人員教導學生母語及各族舞蹈、神話故事、祭典，使學生具備原住民傳統歷史、文化之知識，並帶動部落對族語振興及文化傳承的重視；（3）輔導學生學習電腦、音樂、繪畫、雕刻、陶藝等，培養學生各項技能，啟發學生多元的學習動機，並開發其潛能；（4）藉由宗教之輔導，加強學生生活知能之輔導（藍國徵，2000）。

- 部落大學：現有宜蘭原住民部落大學、臺北市原住民部落大學、桃園縣原住民部落大學、苗栗縣社區部落大學、南投縣重建區部落大學、屏東部落大學、台東縣社區大學、花蓮原住民社區大學等八所部落大學。

- 新部落運動：行政院於九十一年五月三十一日核定「挑戰二００八：國家發展重點計畫」，同年開始實施，該計畫以「以人為本，永續發展」為核心價值，並以「全球接軌，在地行動」之策略，建構台灣未來發展的藍圖。而在國家發展重點計畫重點投資計畫中，「新故鄉社區營造計畫」為其中一項重要工作，「新故鄉社區

營造計畫」中則列有「原住民新部落運動計畫」，為行政院原住民族委員會所規劃擬定，係專門針對原住民部落而做的計畫。其他重點投資計畫與原住民相關者，亦所在多有。此一計畫將影響原住民社會的未來發展，發揮促成部落發展的重要功能。「原住民新部落運動」之內涵包括：營造學習型部落與社區、部落社區產業發展、部落社區新風貌、蘭嶼社區總體營造（蘭嶼場次）等等（「原住民新部落運動」說明會：建立原住民打造新故鄉的共識，2003）均可於原住民委員會網站查相關資料。

◆ 原住民孩子的教育狀況：依據新竹師院的調查，九十一學年度各級學校原住民學生佔該層級所有就學人數之比率圖如下表（九十一學年度原住民族教育現況調查報告，2002）：

表一：九十一學年度各級學校原住民學生佔該層級所有就學人數之比率圖

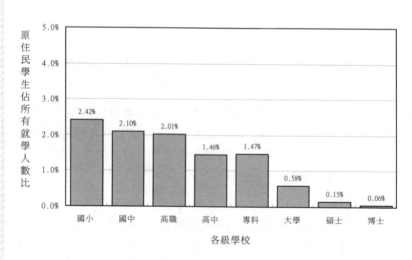

參考文獻：

九十一學年度原住民族教育現況調查報告（2002）。2007 年 7 月 01 日，取自 http://www.nhctc.edu.tw/~aboec/education/91/graph/graph1-1.doc

「原住民新部落運動」說明會：建立原住民打造新故鄉的共識（2003）。**行政院原住民委員會簡訊**，民國九十二年五月號。2007 年 6 月 13 日，取自 http://www.apc.gov.tw/upload/publish/monthly/9205_64/%AB%CA%A9%B3.htm

藍國徽（2000）。文化成長班：培養新世紀原住民青少年。**行政院原住民委員會簡訊**，民國八十九年四月號。2007 年 7 月 01 日，取自 http://www.apc.gov.tw/upload/publish/monthly/27/27-2.htm

部落大學位址：

臺北市原住民部落大學校本部：
臺北市汀州路 3 段 2 號 3、4 樓〔臺北市兒童交通博物館樓上〕
〔02〕3365-1912

桃園縣原住民部落大學校本部：

暫定於桃園縣復興鄉高義國小之專案工作室

336 桃園縣復興鄉高義村 3 鄰 28 號

網址 http://host.khps.tyc.edu.tw/~gyes/html/index/index.htm

（03）3912138、3912131

花蓮原住民社區大學：

花蓮縣吉安鄉中山路二段 67 號(國立花蓮啓智學校正對面)

網址：http://myweb.hinet.net/home3/taiwan-pangcah/community%20U_1.htm

（03）8510490

原住民教育的現在與未來

主持人：潘慧玲（國立台灣師範大學教育學系教授兼教研中心主任）

討論人：汪秋一（行政院原住民委員會教育文化處處長）

論壇日期：2003 年 05 月 11 日

 討論題綱

【原住民教育的現在與未來】

一、前言

二、原住民教育的目標設定

◆ 擴充就學機會、提昇教育成就、培育多元人才、推動終身學習

◆ 提昇一般教育水準、傳承原住民族歷史語言

◆ 推動原住民族人才培育計畫

三、原住民教育的課程與教學

◆ 重視原住民本土化潛能課程

◆ 期待規劃能兼顧主流價值與族群文化的多元課程

◆ 教師多元教學的困難

四、原住民教育的環境

◆ 希冀設立原住民學校

◆ 社區化、本土化、族群化的原住民完全中學理念

◆ 富多元文化素養的原住民師資

五、原住民教育的問題

六、原住民教育的未來展望

◆ 因應不同族群之需求差異的高難度挑戰

◆ 在主流教育體制上彰顯多元文化教育精神

◆ 還「原」未來

七、結語

一、前言

• 潘教授

　　上次論壇中我們談了很多原住民學生的目前處境，也提到原住民委員會推動的許多工作項目。這次，我們要談一談原住民教育推動的細部狀況，譬如目標的設定、課程、教學、師資、環境的部分等等。今天我們很榮幸邀請原住民委員會教育文化處汪處長來與我們繼續討論這個議題。首先，請汪處長談談目標設定的部分。

二、原住民教育的目標設定

◆ 擴充就學機會、提昇教育成就、培育多元人才、推動終身學習

• 汪處長

　　事實上，原住民教育目標的訂定是根據原住民族教育法。原住民族教育法第二條說明原住民為原住民族的主體，所以政府應該本著多元、平等、尊重的精神來推展原住民族教育。因此，原住民族教育應該以維護民族尊嚴、延續民族命脈、增進民族福祉、促進族群共容為主要目的。為了達到這樣的目的，政府必須採取不同的措施來確保原住民得以接受各種教育，同時朝符合原住民需求的方向來建立原住民教育體系。這是一個大方向，而第一個具體目標是擴充原住民就學、受教育的機會，第二個是提升原住民的教育成就，第三是要培育原住民多元人才，第四要加強推動原住民的終身學習。

◆ 提昇一般教育水準、傳承原住民族歷史語言

• 潘教授

　　原住民族教育法是在民國八十七年公佈的，除了要為原住民教育建立發聲基礎之外，還有無其他時代背景影響原住民族教育法的訂定呢？

- **汪處長**

　　台灣是一個民主法治社會，所以當社會上傳入多元文化概念、提倡教育機會均等理念時，政府便欲立法以扶植原住民，因此而訂定了原住民族教育法。原住民族教育法一方面要提升原住民基本的教育水準，同時也要透過教育來傳承原住民的歷史語言。這個法訂定之後，教育部就依法訂定相關計畫，例如「發展與改進原住民教育」的五年計畫。原民會也訂定了一些相關計畫，譬如「原住民文化的振興發展」，雖然名稱提為「文化」，但是文化和教育是相輔相成的，所以在計畫裡面也有教育相關項目。現在原民會還陸續規劃「營造學習型部落的計畫」，這個計畫也是依據原住民族教育法的精神來訂定的。另外，原民會也研訂了「原住民族語言發展」的六年計畫，現在還在草訂當中。此外，還有「原住民族語言傳播媒體」的計畫。其實這些文化、語言或媒體計畫的目的，都是為了要加強推動原住民教育。例如，在今日社會中資訊或傳播是教育與學習的重要管道，而原住民不是居住在山地離島，就是在偏遠地方，所以很多資訊就必須靠傳播管道來推動，於是，原民會在今年編列了三億三千萬元的經費來規劃設置原住民族傳播電視頻道，目的是希望這個頻道除了提供一般文化性節目之外，也能夠提供教學性的節目，透過媒體來加強原住民教育，這些皆為目前的具體措施。

- **潘教授**

　　原住民委員會在原住民族教育法公佈之後，推動了好多不同的計畫。您提到原住民族教育法裡頭有一些基本精神，比如要本於多元、平等、尊重的精神，這與過去欲同化於漢民族社會的觀念有很大的不同。另外，這裡頭也區分了原住民教育和原住民族教育，所以原住民委員會所推動的計劃都是針對原住民族的教育嗎？

- **汪處長**

　　是的。

◆ **推動原住民族人才培育計畫**

• 汪處長

原民會也正在推動原住民族人才培育計畫。上次我們提到目前原住民的博士生只有九位，已經完成學位的也只有二十三位，為因應多元社會及部落需求，專門人才的培育就顯得非常重要。目前正在制訂具體的計畫，希望公佈之後能夠在最短的時間（大概在六年到十年）內使得原住民的人才數能夠急速地增加。

三、原住民教育的課程與教學

• 潘教授

不過培育人才時，也會牽扯到一些基礎的問題，比如原住民學生的中輟情形嚴重，以及學習適應的問題，甚至於是學校的課程教學以及師資問題。在推動這整套人才培育計畫時，原民會如何考量以減少這些問題？

◆ **重視原住民本土化潛能課程**

• 汪處長

事實上整體的教育規畫非常重要，如何配合人才培育目標來重新調整教育措施也非常重要。在課程教學方面，必須要因應原住民學生的差異性來調整，因為文化、學習適應或家庭經濟所造成的差異，應該容許其有調整的空間（所以當原住民學生學習成效不是很好時，我們不能用一般的標準來處理，甚至必須容許他有延後學習的機會）。但是，目前學校課程比較偏向一般性的課程，其實原住民有很多可以激發學生潛能的課程（例如原住民音樂和舞蹈），但是我們都忽略了這一類課程，以為音樂就是西洋音樂，舞蹈就是西洋舞蹈，而本土化藝術在學校課程中顯得非常薄弱，所以原住民很難因應他的文化背景或特質來學習，也很難造就原住民人才。事實上，我們應該要朝向本

土化的藝術來發展。

- **潘教授**

讓我們進一步深入課程與教學面向，當原住民學生進入以漢民族思想體系為中心的學校時，要怎麼調整課程與教學才能夠幫助他們獲得更好的學習？

◆ 期待規劃能兼顧主流價值與族群文化的多元課程

- **汪處長**

這一直是我們在課程與教學上面臨的困境。原住民學生不能離開一般的主流社會，也不能夠摒棄現有的課程，但是在規畫上確實應該要朝向多元的方式來學習。事實上，到目前為止針對原住民學習適應的研究還是非常少，即使有，也還沒運用到原住民教育上。其實課程該如何多元化，仍須靠專家因應原住民不同的特性與差異來加以規劃。

◆ 教師多元教學的困難

- **汪處長**

而且，學校裡不全然只有原住民，也有一般學生，而老師運用的教學方法通常會偏向某一種單一性的教學方式，較少有多元表現。如果採多元的教學方式來適應各個學生時，老師可能又有另一種壓力，例如擔心趕不上教學進度。所以，最後老師仍舊照一般教法，於是很多學生（包含一般學生）就變成「旁聽生」了。

- **潘教授**

目前是否已推動某些相關的教材或教法？

- **汪處長**

是有一些相關的教材教法研究，也有老師運用這些教材教法，但是這種方法還不是很普及。

四、原住民教育的環境

◆ 希冀設立原住民學校

● 汪處長

我認為不如就設立原住民學校,專門招收原住民。目前,這樣的學校並不存在,原住民都是附屬在一般的學校裡,比如東華大學有個民族學院,不過其系所比較偏向民族文化課程(例如,原住民文化學系、原住民語言與傳播學系和原住民發展研究所,他們未來也想發展原住民藝術學系),還不是完全為原住民而設立的,且因招收對象的開放,因此,有一半學生都不是原住民。至於,完全中學的部分,蘭嶼中學、宜蘭的南澳中學、新設立的屏東來義中學都是有原住民的完全中學,不過這些完全中學並不是純然的原住民學校,規畫上也不是按照原住民課程來設計,只是在一般學制裡添加一些原住民課程而已。所以,在這次原住民族教育法修訂時,有些人便強烈建議政府設立原住民學校,這是我們努力的目標。

● 潘教授

所以這裡便出現了一個議題:到底要不要為原住民學生安排一套自己的學制呢?談到族群問題時,就讓我聯想到性別問題,因為在今天多元社會裡頭談多元文化的時候,通常包含了幾個重要的要素:性別、種族以及階級。我們知道美國教育發展史中,曾經為了要不要保有女子學校,或者是否要為黑人特別成立學院而引發很多的爭論。其中有一派想法認為,在這種學校裡頭,女性或者少數民族學生比較有充分發展自我的機會。所以,今天要特別請教汪處長的是,目前在屏東來義中學、宜蘭南澳中學,或者臺北縣烏來國中、台中縣和平國中、南投縣信義國中,它們在政策上都是要發展成為原住民而辦的完全中學,不過這些學校裡頭卻不完全都是原住民學生,對此現象您有何看法?

◆ 社區化、本土化、族群化的原住民完全中學理念

• 汪處長

目前在這幾個完全中學當中，行政組織、課程規畫、師資養成都與一般學校完全一樣。其實，根據教育部之規畫，完全中學是為了配合社區化、普及教育機會，甚至要推動社區教育而設立的，教育部的目標是要以學校為中心來推動社區教育，因此，我們也希望有原住民的完全中學。不過，事實上來義中學、蘭嶼中學、南澳中學都是舊有的國中改制的，所以它並不是為了回應原住民的教育需求而發展出來的學校。至於，究竟可否純粹為原住民來設立學校？在理念上和需求上並非不可能，但整體規畫時應與一般學校有所差異，亦即在課程師資上與一般學校可有相同的部分，但也要有特殊考量的部分，它可以算是一種雙軌制的學校，容許學生自由流動，讓他自己選擇學校，亦可因為學習上的需要而中途轉換學校。目前還沒有設立這樣的原住民學校，不過我們希望有這樣的學校，這不是不可能的事，只是需要政策上的允許。譬如臺北縣育林國中林校長就接受臺北縣政府的指示，以「多元文化實驗中心」的稱謂來規劃設立中學，希望這個中學不是升學導向的學校，而是培養不同人才所規劃的一所學校。

• 潘教授

招收對象全部都是原住民學生嗎？

• 汪處長

對，全部都是原住民學生。

◆ 富多元文化素養的原住民師資

• 汪處長

在課程上也是針對原住民文化或學習方式來設計，當然，也要培養課程的相關師資。所以，在師資部分，原住民族教育法規定，原住民地區學校教師要有多元文化素養，老師要認識原住民的歷史文化才

可以輔導原住民學生，我們也一直努力希望能夠充分運用原住民籍的校長和老師來輔導原住民。其實原住民族教育法裡規定應優先聘用原住民校長、主任或是老師，可是礙於選聘老師的權責還是在學校校評會，所以很多原住民籍的校長、主任或老師很難回到他的原住民地區學校。不過，目前地方政府和學校已經慢慢改變觀念，以往有些人認為由原住民老師來教原住民學生，學生成績可能會更低落，此假設看起來好像是對的，事實上並非如此，有滿多優秀的原住民老師教得非常好。當然，我們也不排除一般老師到原住民地區教學，因為真的有很多一般老師很有愛心、熱忱，也喜歡原住民文化，在原住民地區的學校裡頭，也十分認真教導學生。總之，不管是原住民籍的老師或非原住民籍的老師，我們都希望他們要有多元文化的素養，才能夠在教學上或輔導上比較順暢。

五、原住民教育的問題

• 潘教授

進一步想要請教汪處長的是，您認為原住民教育實施多年來，主要的問題癥結點在哪裡？

• 汪處長

根本上的癥結點在於教育制度之規畫上，亦即我們並沒有朝多元方式來規劃教育制度。再者，就是原住民本身的參與度不夠。另外，原住民社會對教育的支援度不是很高。目前，我們衡量原住民教育問題時，都還是用一般教育的角度來看，其實不管是經費、師資、課程，或者是部落環境都會影響原住民教育。這當中有些是政策上的問題，有些是社會問題，有些則為實際教育問題所造成的現象。總之，原住民教育問題是極端龐雜糾結的。

六、原住民教育的未來展望

◆ 因應不同族群之需求差異的高難度挑戰

• 潘教授

最後，我們來看原住民教育的未來展望。原住民有這麼多不同的族群，他們之間也存在著許多差異性，那麼要如何照顧到每一個族群的需求？

• 汪處長

不錯，台灣原住民總共有十一個族群，其文化語言都有所差異，因此，族群間可能還是要接受同樣的教育。如果要完全適應不同的差異，那麼就要在課程上好好規劃，不過難度很高。所以，多元族群要在同一個學校裡實施多元教育，其難度極高。

◆ 在主流教育體制上彰顯多元文化教育精神

• 潘教授

另外，如果主張單獨為某一族群設立學校，亦存在著爭議。譬如，如果原住民學生都在原住民學校裡受教育，他可能就會欠缺與其他族群互動的機會，這是否也會影響他日後融入漢民族主流社會、或與其他族群互動的狀況呢？

• 汪處長

基本上，它不是一個隔離的學校體制，僅為因應特殊的需求而有特殊的規畫，且特殊中仍保有一般的基礎教育（譬如國語、英語、中國歷史還是要教）。然，於課程規畫中，原住民歷史文化語言或其他藝術課程的比重會增加，亦即其教育目標或教育方式會與一般學校有些不一樣。

◆ 還「原」未來

● 潘教授

汪處長是滿樂觀其成的？

● 汪處長

對，我是滿支援的，我主張讓原住民來做做看。以往，我們都期待政府或別人來幫我們做，現在讓原住民來規劃看看，而未來的成果也可以由原住民自己來承擔。如果可以像原民會主任委員說的「還『原』未來」，那麼我們就放手「還給原住民未來」，讓原住民來做做看，並且自己來負責成敗。

總之，關於原住民教育的未來展望，目前政府已經訂定了原住民族教育法，而我們也朝著教育法來規劃許多計畫，但是要落實這些計畫最重要的條件還是原住民自身要掌握教育機會、教育資源，來提升自己的教育水準，而且也希望原住民能充分參與未來教育制度的規畫。

七、結語

● 潘教授

今天非常感謝汪處長來我們論壇，談了非常多原住民教育的問題，讓我們瞭解目前原住民委員會與教育部陸續展開非常多的原住民教育相關計畫。而且，事實上原住民委員會推動終身教育、成人教育的立場，補足了教育部在教育制度之外的闕漏，原民會確實做了非常多的工作，也非常感謝汪處長來到我們論壇。

編輯小語

- 《原住民族教育法》：《原住民族教育法》於民國八十七年五月二十八日立法院完成三讀，並經總統於六月十七日公佈實施，為台灣光復以來第一個原住民「專屬法條」。其象徵涵義如下（馬賴古麥，2002）：（1）原住民教育法確立多元文化教育；（2）原住民族教育法界定「原住民教育」及「原住民族教育」兩大類型，前者為對原住民所實施的一般教育，後者為根據原住民民族文化特性，對原住民族所實施的教育；（3）原住民族教育法建構了原住民族教育權；（4）原住民族教育法釐清了各級政府之權責分工，亦即原住民教育是由主管教育行政機關辦理，而原住民民族教育由原住民主管機關會同主管教育行政機關辦理；（5）原住民族教育法明定保障充實教育經費，原住民教育及原住民族教育之經費比例不得少於中央主管教育行政機關預算總額之百分之一；（6）原住民族教育法是原住民族第一個「法律」專法。

- 學習型部落計劃：為行政院原住民委員會「依據挑戰二○○八國家發展重點計畫－新故鄉社區營造計畫－原住民新部落運計劃」所辦理的部落計劃之一，其計劃之總目標在於（1）於各部落成立學習型的組織，並培育專業人才，促其有能力自主規劃學習課程，建立部落景觀與產業發展模型；（2）部落皆能自主建立其部落歷史、文化再生與語言資料，並發行於部落刊物；（3）原住民部落皆建置網站，結合地方人力資源、優質文化及產業，與世界接軌；（4）部落皆能接收清晰的電視訊息，建立享有現代資訊高速公路環境與使用能力；（5）完成設立原住民電視頻道，並製作符合原住民需求之電視節目，掌握原住民的媒體主體性。詳細計畫內容請見行政院原住民委員會網站中「計畫管理」之處。網址為：

http://www.apc.gov.tw/official/aboutus/plains/plains04.aspx

◆ 原住民族語言發展法草案：為積極確保並振興原住民族語言，行政院原住民族委員會，委託中央研究院中山人文社會學院宇建良教授，研擬「原住民族語言發展法草案」，定位於特別法，立法精神在於部落自主性及文化主體性。此草案曾於九十一年十二月二十五日上午於政治大學國際會議廳舉行第一次公開討論，九十二年一月二十七日下午邀集專家學者等再次召開討論會議，並於全台各地邀集地方人士召開分區座談會，以廣泛徵求各界意見。該草案強調：語言發展重心在教育，以原住民學為對象、強化原住民之自我認同及學習動機、增加原住民族語言之市場價值，（使其有發揮空間）及延續原住民文化。至其發展方向則為：族語發展、族語使用、族語保存，並增設以原住民族語為主之部落學校、在主體學校增設母語課程、在高等學校增設母語相關課程、在社會增設原住民族語言相關課程、加強廣電媒體之族語使用，及編纂一般人使用的原住民族語教材等等（振興族語，延續民族命脈：原住民族語言發展草案任重道遠，2003）。

◆ 原住民族語言傳播媒體：行政院設立了「行政院原住民族委員會扶植原住民傳播團體推動傳播事務作業要點」，以扶植原住民傳播團體推動傳播事務，建立以原住民族為主體觀點之發言地位。詳細法條內容請見行政院原住民委員會網站中的「法規查詢」之處。網址為：http://www.apc.gov.tw/official/govinfo/lawsearch/lawsearch_result.aspx?no=264

◆ 原住民人才培育計畫：行政院原住民族委員會為提昇原住民學者教學研究之品質，增進原住民大學院校研究生獨立學習及研究之能力，並充實原住民特殊專門人才相關專業知能及培育原住民各類人才，特訂定「行政院原住民族委員會補助原住民出國短期研究、進修、研習實施要點」。詳細法條內容請見行政院

原住民委員會網站中的「法規查詢」之處。網址為：

http://www.apc.gov.tw/official/govinfo/lawsearch/
lawsearch_result.aspx?no=280

參考文獻：

馬賴古麥（2002）。**原住民教育法之回顧與展望**。2007 年 6 月 17
　　日，取自
　　http://www.npf.org.tw/PUBLICATION/091/IA-R-091-092.htm

振興族語，延續民族命脈：原住民族語言發展草案任重道遠
　　（2003）。**行政院原住民委員會簡訊**，民國九十二年五月號。
　　2007 年 5 月 23 日，取自
　　http://www.apc.gov.tw/upload/publish/monthly/9205_64/p21
　　.htm

臺北縣育林國中：

臺北縣樹林市復興路 395 號

網址：http://www.yljh.tpc.edu.tw

（02）26841160

原住民教育的體驗

主持人：潘慧玲（國立台灣師範大學教育學系教授兼教研中心主任）
討論人：利格拉樂・阿烏（專職作家、公共電視原住民節目諮詢委員）
論壇日期：2003 年 03 月 23 日

 討論題綱

【原住民教育的體驗】

一、前言
  ◆ 「利格拉樂・阿烏」—原住民名字的意涵
二、原住民教育計畫對原住民的意義
  ◆ 新瓶舊酒，未有新穎的教育政策
  ◆ 文化霸權、同化的教育政策否定原住民身份認同
三、原住民族的學校教育
  ◆ 原住民師資與原住民文化教材不足
  ◆ 徘徊在原住民教育與主流教育間的兩難
四、從原住民角度思考原住民教育
  ◆ 應編撰融合原住民文化的教材
  ◆ 以原住民的自然觀學習西方數學
  ◆ 以原住民的財產觀學習生態倫理
五、對原住民教育的期望
  ◆ 增加原住民與漢族的互動
  ◆ 培育更多原住民師資
六、結語

一、前言

● 潘教授

民國七十六年解嚴後，台灣慢慢步入了多元化的開放社會，多元化的言論使得從前不自覺的漢民族自我中心觀受到了批判與檢視，並展開一連串推動原住民文化發展與教育的行動。民國八十七年「原住民族教育法」公佈以前，教育部就已研訂八十三年與八十七年度的「發展與改進原住民教育」五年計畫，這五年計畫的第二期在八十八學年度已經開始陸續推動。我們今天要討論的主題，即探討這些原住民教育舉措對原住民的意義，並請到利格拉樂‧阿烏小姐來到我們的論壇。阿烏小姐現在是一位專職作家，同時也是公共電視原住民節目的諮詢委員，以及婦女新知基金會的常務董事。我們先請阿烏小姐說說這個名字是否有其特別的意涵？

◆ 「利格拉樂‧阿烏」——原住民名字的意涵

● 阿烏

「利格拉樂」是我的家族，我是排灣族，只要在這一棟房子裡面出生的小孩都會叫「利格拉樂」，而「阿烏」是我的名字，所以大家稱呼我為阿烏就可以了。

● 潘教授

就像漢民族的姓一樣？

● 阿烏

我們並無姓的概念。

二、原住民教育計畫對原住民的意義

• 潘教授

　　阿烏小姐本身有幾本代表作，譬如「紅嘴巴的 VuVu」、「誰來穿我織的美麗衣裳」以及「穆莉淡 Mulidan——部落手箚」，這些書都有很美麗的標題，裡頭記載著原住民的生活點滴。

　　今天一開始我提到，教育部在民國八十七年之前，已經陸陸續續研擬了原住民的發展計畫，身為一個原住民，您認為這些教育計畫對原住民有什麼樣的意義？

◆　新瓶舊酒，未有新穎的教育政策

• 阿烏

　　我先從自己的經驗談起。事實上，我是在一個很傳統、很標準的教育環境下長大，我所處的環境和一般的教育環境沒有太大的差異，從我的口音就可以聽出來，我是一個漢語說得很標準的原住民。過了三十幾年，結了婚有了小孩之後，我很驚訝地發現，我的小朋友所接受的教育和二十年前我所接受的教育似乎沒有太大的差別。即使目前已經針對原住民設計一套屬於原住民教育的政策，但是，在方式或成果的展現上並沒有太大的差別，這是滿值得討論的一個問題。我以一個原住民母親的身份來看，坦白說，我並不認為我的小朋友在一個百分之九十都是原住民的小學裡所接受的教育，與漢人小朋友所接受的教育有多大的差別。因為在上至校長、下至老師（甚至是代課老師）幾乎都是漢人的學校裡，如何要求非原住民老師和校長，在一個百分之九十都是原住民兒童的學校裡面，告訴小朋友我們現在要上的是原住民課程、原住民文化？我覺得這是非常值得爭議與討論的。

• 潘教授

　　從您的親身經歷反思，您認為過去與現在好像沒有多大的差別。您認為問題出在哪裡呢？哪些地方沒有照顧到您的需求？

◆　文化霸權、同化的教育政策否定原住民身份認同

• 阿烏

　　我認為我們的教育對原住民小孩其實沒有太大的要求，最大的要求就是讓原住民小孩變成漢人小孩。所以，在意識型態上，我所接受的教育是要否定自己的身份認同，並灌輸以大中國、中華民國或台灣的文化。亦即，其課程充斥著漢民族母文化，而原住民文化好的、優美的部分幾乎全被忽略掉了，即使是一個持有原住民身份認同的小孩，都會很錯愕地發現沒有辦法在接受的教育裡頭，獲得任何與母文化有關係的訊息和教育，此為我回首過往時，滿難過的一點。

　　我之所以會說二十年後的原住民教育和以前差別不大，是因為即使我的孩子在學校裡頭每個禮拜會有兩週的課外活動是教導母語課程、原住民舞蹈、原住民歌謠（原住民教育會放在課外活動裡頭），但是這樣的教育設計能讓一個原住民小孩對自己身為泰雅族或排灣族的認知強化到什麼程度？如果我們撇開家庭教育和環境教育不談的話，學校教育真的就足夠告訴孩子什麼是原住民嗎？假如原住民小孩想知道自己是誰，想要清楚知道自己未來的發展，能從教育過程裡獲得的幫助並不多。

三、原住民族的學校教育

• 潘教授

　　過去還沒有多元文化的概念，所以都以漢民族為中心來設計各類教育與教材內容，完全是種族盲目，看不到其他異於漢民族的人們所需要的觀點和需求是什麼。不過，現在我們已經認知到多元文化的概念了，只是運作成效上的問題。我們當然應該幫助原住民小孩尋求身份認同，但課堂時間並不多，即使現在已有原住民語言教學或舞蹈等課程，您覺得還是不夠？您認為時間的配合或教材內容還存在著問題？甚至於整個學校環境的配合亦未周全？比如，漢民族校長、老師

是否真能瞭解原住民文化？

◆ 原住民師資與原住民文化教材不足

● 阿烏

　　我以原住民母親的身份看這件事情的時候，會認為整個教育環境的問題是比較大的，不管是語言或舞蹈，原住民文化呈現的時數是明顯不足的。可是，為什麼原住民教育會走到以文化呈現為主？特別是以歌舞呈現和母語呈現這兩者為主軸，難道原住民文化在其他方面是不足的嗎？其實我們可以回過頭檢視，到底現在原住民的教材或師資出了什麼問題？為什麼即使在一個百分之九十都是原住民兒童的小學裡，原住民教師還是少數？還是會大量採用漢人老師和校長？雖然台灣現在還是有很多原住民校長或老師，但普遍而言，還不足以應付原住民學校的需求。再者，假設原住民教師是在漢式教育下養成的，那麼即使他擁有原住民的血液、是在原住民環境下長大的老師，但是因為他所接受的教育是現代的知識教育，這樣的老師可以教導原住民小孩多少原住民文化？

　　另外，原住民課程的時數之所以這麼少，除了師資之外，教材也有很大的關係。到底有什麼東西可以教給原住民小朋友？原住民小朋友除了母語和歌舞之外，難道沒有其他東西可以學嗎？現在我們常常談自然生態的問題，其實最瞭解台灣山林的是原住民，最瞭解海洋文化的是達悟族，但為何這些文化未受重視或放入教材中討論呢？事實上，這些皆可與原住民文化課程結合。然，原住民目前仍未有足夠的人才，沒有足夠的原住民師資培訓，亦無編撰原住民教材的人才，因此，少有人能將這些文化薈萃融至現有教材內。

◆ 徘徊在原住民教育與主流教育間的兩難

● 潘教授

　　身為一個原住民，您自己是否也會有一些徘徊和兩難的狀況？因為很現實地，現今的台灣社會還是以漢民族為主，所以事實上，父母

親還是希望孩子能夠融入主流價值，可是一融入主流價值便很容易失去原來的原住民文化。在兩難之間，您都是如何取捨的？

● 阿烏

　　其實很痛苦也很掙扎，我在教自己的小朋友時，就常常要面對這個問題，考慮到將來孩子必須在台灣的社會和別人競爭，那麼他在原住民小學裡接受與原住民有關的東西就夠了嗎？我想這肯定是不夠的。然，又該如何取捨？就讓他學英文而不要學母語嗎？此為一件極為痛苦的事情。身為原住民的家長時時面對許多選擇的困境，可是在四十多萬原住民當中，又有多少家長有能力來反省這個問題呢？

　　我認為兩難掙扎的破解，要看家長的取捨。有許多家長寧願讓孩子在大社會裡具有競爭能力，所以有很多有能力的家長會努力地把孩子往外送，就像台灣有很多小小留學生一樣，原住民部落也有很多小小留學生流落到都市來。都市原住民小朋友只要不說他有原住民血統，其實很難從文化呈現或表現上看出他是原住民小孩。而沒有能力的家長就只能讓小孩留在部落裡接受現有的教育。但是，部落裡現有教育的軟、硬體設施和平地有很大的落差。諷刺的是，在原住民社會裡，會考慮到這些問題，或因這些問題而掙扎的家長並不多。

四、從原住民角度思考原住民教育

● 潘教授

　　如果就一個決策者而言，您會如何看待這個問題？換句話說，在實施原住民教育的時候，決策者也有同樣的掙扎，他也希望幫助原住民融入主流社會，可是一方面又要保存原住民的文化。所以，此亦即為什麼在現有的課程裡頭，一個禮拜只有兩堂原住民語言教學和舞蹈學習課程。您剛提及，原住民文化怎麼能夠簡單化約為舞蹈和語言而已，此為一問題；但相對地，時數安排卻又是另一個兩難，因為孩子

要學習很多事，若要融入主流文化就必須佔掉很多學習時數，勢必難以有更多的課堂時數學習原住民文化。所以，從一個原住民母親的角度來看，您如何評論目前國家所安排的這一套原住民教育制度？

◆ 應編撰融合原住民文化的教材

• 阿烏

　　整體而言，我認為台灣目前的教育環境有點混亂，特別是這幾年。雖然台灣現在已經號稱具有多元文化，但我不認為台灣在文化包容上，真的已經具有某種程度的寬容。若我們可以更具嘗試性或政治膽識，其實不同族群的課程和教材設計是可以完全不同的，不一定全省都要採用同一種教材。以社會科或自然科來說，我覺得原住民小朋友和平地小朋友就應該有不同的教育內容。記得前兩年，我參與學校教務的時候，曾經遇到很有心的老師把社會課和自然課轉化成原住民在地的教育內容，比如，在自然課裡認識部落的生態環境。但是，即使老師有心，校長能否應允是另一回事；就算校長答應了，能否於整個環境或考試制度下生存，又是另一回事。假設在教育決策部門裡，對這樣的教育觀點能夠更寬廣地看待與包容，那麼就可以清楚地知道，台灣並不是只有一個族群、只有一種生態，相對地，也絕對不是只有一種教材。

• 潘教授

　　換句話說，您主張有很多時間安排和課程內容都應該納入適合原住民學習的教材，不一定只有兩小時原住民語言、舞蹈的時間，這讓我聯想到目前有很多課程內容的編寫，事實上並沒有完全理解原住民小朋友的起點行為。比如，在原住民文化中，對於數目和財產的概念是迥異於漢民族的，是不是請您談談這個部分？

◆ 以原住民的自然觀學習西方數學

• 阿烏

我覺得如果這些文化差異可以處理得好，那麼將是非常有意思的。原住民對於數字的概念只能數出一到十，超過十就叫「很多」。在家裡和老人家對話的時候，只要說到十以上，他就會說那就是「很多、很多」。事實上，在這個環境長大的原住民小朋友，也會覺得超過十就叫「很多」，所以，對他們來說學數學就是強迫他們改變對數量的想法或觀念。因此，有些原住民小朋友學數學的時候常常感到很困惑，剛上一、二年級的時候，就會出現明顯的學習障礙。以我的小孩為例，我有一個二年級的小朋友，他常常問我外婆和奶奶都說超過十就是「很多」，為什麼他還要去做十加十的計算？所以，我認為如何和學校老師溝通他們的想法是很重要的。

假設老師是部落裡長大的小孩，那麼我相信他在教學過程中會懂得如何教超過十的數字。我記得我剛開始教小朋友接觸數字的時候，會告訴他們今天外公出去打獵，打了幾隻飛鼠回來，因為孩子最早是透過計算擺在地上的獵物數量來認識數字、建立數字概念的。假設這樣的文化可以和學校的數字、母語教育甚至是自然課程結合，讓學生可以認識數字、認識動物，那麼這會是非常好的原住民課程設計。當然，這還需要更多的轉換，需要一個很清楚原住民文化的教師將它轉換成自己的課程。這類課程絕對是獨一無二的，在不同的族群裡面可以設計出不同的課程。也許我們會認為這是很單純的數學課程，但是在原住民的想法裡，它可能不是一個很單純的數學課程，而是更有意思的、與生活連結的文化課程、自然課程，那麼學習數學就不會那麼令人困擾了。

• 潘教授

對於財產的概念又是如何呢？

◆　以原住民的財產觀學習生態倫理

● 阿烏

　　事實上，原住民各族群對於財產的概念有些不同，不過大概都會分私有財和公有財。私有財就是自己的財物，而我們最清楚的公有財即為獵場，為大家所共有的。我認為在社會課程裡教小朋友公有財與私有財的概念是很重要的，因為現在的小朋友愈來愈自私、愈來愈沒有公有財的概念。事實上，我們在教育的過程中學了很多資本主義的東西，慢慢地也就拋棄了自己的部分文化。我一直覺得原住民文化沒落的原因，在於它的傳統文化逐漸地沒落了，而這樣的沒落是由於現在的教育課程很不自覺地就扼殺了傳統文化，而且有時候兇手就是我們自己，我們卻都不自知。我在和自己的小朋友以及部落小朋友接觸的時候，一直很強調公有財的概念，我們必須很清楚地告訴他們，除了自己家裡的財物以外，其實所有的河川、森林、獵物都是取自於大自然，而這樣的公有財必須被尊重，我想這樣的概念並沒有出現在現在的課程裡面。

● 潘教授

　　事實上，在公民與道德課程裡頭會談到財產的概念，這與原住民清楚區分私有財和公共財相關，如果分不清楚的話，很難瞭解為什麼要尊重公共財產、為什麼要保護它，因為公共財並不是個人擁有的部分。

五、對原住民教育的期望

● 潘教授

　　在孩子的教育過程裡，身為一個原住民母親您希冀漢族校長及老師要如何瞭解您們呢？

追求美善的教育

◆ 增加原住民與漢族的互動

• 阿烏

我覺得用「希冀」一詞可能不太恰當，我認為這是雙方要互相學習的，不能一昧地要求非原住民朋友單方面主動瞭解我們，很多時候是互相的學習。儘管我們因為要生存，而在某種程度上被迫學習非原住民文化，但我仍覺得學習是互相的。我希望當非原住民老師或校長願意並主動地來瞭解這個部落的時候，原住民本身也必須很大方、不去排斥他們，這是一個互動的模式。我認為雙方互動模式和溝通管道是否暢通，會比誰去學習誰來得更重要。

原住民和漢族對彼此文化的包容心與態度是非常重要的。以我自己當初擔任家長會長的經驗，我覺得學校老師和校長的學校行政工作太過繁重，他們光是忙學校的事情時間就不夠了，並沒有太多時間和家長接觸，此情況在山區特別明顯。很多山區的老師和校長是需要通勤的，比如他住在部落外面，每天開車到山裡來教書，他的通勤時間就佔去大半了。他們不像我們小時候的老師一樣，和學生住在同一個社區或鄉鎮裡面，常常可以家庭訪問瞭解學生，或者他本來就是和你的生活很密切的人，甚至是有親戚關係的人，像部落就是一個大的家庭。現在老師和社區、學校及學生的關係已經不是那麼密切，他們常常在四、五點下班之後，馬上就要離開部落，我很懷疑他有多少時間進一步瞭解這到底是什麼部落？這個部落有什麼文化呈現？這些小孩的家庭狀況？當然，當他們沒有時間瞭解的時候，就不會有互動，沒有互動就沒有學習。

◆ 培育更多原住民師資

• 潘教授

所以，如何鼓勵更多原住民來考校長、師資養成，需有更多的政策設計，這其實是滿關鍵的。當然，假使一位漢民族校長到原住民學校裡頭服務，我們也希冀他不是急著趕快下班回家，而能夠多留一點

時間彼此相互瞭解，我想這是非常重要的。最後，請您談一談您對原住民教育的展望。

- 阿烏

我最大的期望還是希望能夠培育愈來愈多的原住民教師，希望他們回到自己的部落服務。唯有那些回到自己部落做事的原住民，才是最瞭解自己部落需求的人，才能夠做到這個部落最需要的東西。我希望有愈來愈多的原住民能夠回家鄉去。

- 潘教授

此與如何激發出他們的成就動機有很大的關聯。

六、結語

- 潘教授

非常謝謝阿烏小姐今天到我們一周教育論壇來，從一個原住民母親的角色，談自己的親身體驗，以及育兒過程和學校相處的經驗，這對我們瞭解原住民的感受有很大的助益。

利格拉樂・阿𡠄的二三事

利格拉樂・阿𡠄，排灣族人，一九六九年生於屏東市。阿𡠄長期透過寫作關懷台灣原住民族相關議題，近年來她的作品多著重在原住民女性與社會議題上，著有《紅嘴巴的 VuVu》（晨星出版社）、《誰來穿我織的美麗衣裳》（晨星出版社）、《穆莉淡 Mulidan——部落手箚》（女書出版社），編有《一九九七台灣原住民手曆》（常民文化出版社）等。阿𡠄現在並擔任婦女新知基金會常務董事、公共電視原住民節目諮詢委員。

編輯小語

從荷蘭、西班牙、日本的殖民時代，到台灣光復後的漢人進駐，台灣原住民族在歷史上一直是處於「被殖民」的狀態（從實質殖民時代，到以文化意識型態殖民的「後殖民」、「內部殖民」時代）。無論在 Marx 的下層建築（經濟）、上層建築（政治、文化）中，或 Gramsci 的政治社會（軍隊、強制力）、公民社會（文化霸權、說服）中，均扮演著次等公民的角色，其中，以潛藏文化霸權的同化教育政策影響最為深遠。

到了民國七十七年，李亦園等學者於原住民政策引進「多元文化」論述之後，政府開始透過各種政策、法令手段協助原住民的生活。然而，細究其教育政策，卻仍不脫「同化」一途。譚光鼎（2002：2，15）便直指，至今這一連串的原住民教育政策未徹底彰顯多元文化精神，同化的教育本質並未改變，施政者仍因襲「山地平地化」的心態。因此，在長期同化主義的主導下，教育過程複製了主流文化資本，教育設施不尊重文化

差異；而政府所提供的優惠與特殊待遇也多偏重物質性補償，缺乏在人員編制、課程教學、學習輔導、學校環境等方面的實質協助，造成「傳統的斷代」與「現代的迷離」等問題：學校教育未曾把現代文化適當地融入部落文化體系，也未能把現代社會的知識技能裝備在原住民身上，反而使固有的社會文化因殖民統治的壓制而斷垣殘瓦。易言之，上述觀點指涉政府的原住民多元文化教育政策至今仍多屬形式上的改革，至於教育制度結構、課程意識型態、師資教學現況，或經濟產業配套均缺乏批判檢討的能力，造成原住民語言、文化逐漸消逝，學校教育普遍失敗，原住民學生因文化差異、文化適應問題而造成的學習成就低落現象亦無改善跡象，即便是近年來的教育改革，也未能實質照顧到原住民的需求。

以國民中小學九年一貫課程為例，其中規定國小一至六年級學生必須就閩南語、客家語、原住民與等三種語言任選一種修習，國中則依學生意願自由學習（教育部，2001）。高中職原住民重點學校則依學校特色與學生需要開設原住民語言、文化之研習課程（吳天泰，2001：6）。然而，一些實徵研究卻指出，因為缺乏學習族語的生活環境、多族群教室教學困難、師資與教材闕如、對民族歷史文化陌生、課程時數過少、學生學習意願低落、家長與社區支援不高，以及台語具強大影響力等原因，致使原住民語言教育成效不彰（如山海中學以及臺北縣烏來中小學的原住民母語教學均遭遇強大的挫折）（張如慧，2002：75-79；陳翠茹，2004），此時卻也不見決策單位制定政策解決這些問題，而一九九八年公佈的《原住民教育法》也多屬原則性的敘述，而未有實質政策上的配套措施或其他輔助法令的設立。

再以原住民學校的師資為例。今年（二○○四年）七月十

四日，高雄縣原住民學校家長會、山棕月語工作室、高雄縣教師會、原住民地區教師會等單位，在原住民議員林民傑、謝垂耀、呂一平、原住民局局長杜石巒等陪同下，前往高雄縣政府陳情，發出「學生不要年年適應新老師」的怒吼，抗議教育局將原本規範山地鄉學校服務的教師，必須服務屆滿三年方能介聘調動的條約，放寬到一年期限（教師服務年資限制取消，原住民譁然，2004）。這個社會新聞突顯出山地鄉或原住民學校師資流動率過高的問題，然而教育當局卻束手無策，甚至成為抱持「五日京兆」心態教師的幫兇。事實上，教育當局真正重視的是中上階級、都市地區，或者說是漢人族群孩子的教育成就，而教育工作者也只關注於自我生涯，至於原住民孩子的教育人權與教育機會，則在枉顧社會正義的師資政策下，犧牲殆盡。尤有甚者，原住民孩子不僅得面對教師流動率高、代課率高、師資素質不齊、原住民師資不足，以及淺薄師生關係的教育情境，而且這群在單一、制度化的師資培育機制下產生的師資，多半都是漢人，並缺乏多元文化教育的涵養，即便具備原住民身分，也都因長期受到漢民族同化教育的「洗禮」，而喪失其文化認同與傳承。於是，在先天條件不足，後天環境與心態亦消極的情況下，中小學校師非但都有「多元文化教育」和「原住民文化」的雙盲（譚光鼎，2002：13），甚至多少還帶有族群偏見或歧視。職此之故，譚光鼎（2002：281-282）認為，應落實原住民教育法之規定，要求原住民學校教師具備「多元文化教育」之專業條件，並且定期辦理原住民學校教師培訓，甄選原住民籍大學生接受專業訓練，輔導其返鄉服務，以增加原住民地區學校之本籍教師的比例，改善師資問題。

然而，在以文化霸權理論、後殖民理論、內部殖民論述等社會學理論檢視、解構台灣原住民教育之後，卻面臨了另一個

困境，亦即主流文化與族群文化之兩難：一旦重返原住民文化，以原住民文化教育孩子，勢必壓縮孩子學習適應社會所需的漢人主流文化的時間與空間；但若捨棄或減少原住民語言文化的學習，卻又將落入同化政策時期，使原住民寶貴的文化資產，加快消逝的速度；若欲兼顧二者，又可能得到如任秀媚（1986）的研究結果，亦即原住民學生在學習使用母語和漢語時，容易相互干擾。造成學習困擾，並影響學業成就。那麼兩造之間應如何取捨，方能讓原住民孩子既能獲得成功的機會，又能保留、傳承族群的歷史文化呢？

在教育制度上，近來原住民普遍訴求一「獨立學制」，希望設立專為原住民設計的一套得以融合漢民族主流文化與原住民文化的教育體制，藉由多軌的機制，改善過去原住民「技職化」的現象，不再侷限於技職教育一條路，而能夠獲得與漢人同等的成功機會。另外，「社區本位教育」（community-based education）或許亦能削減上述之兩難困境。Corson (1999)指出，「社區本位教育」不同於「社區教育」（community education），它所牽涉的概念遠超過社區，是一個批判並且挑戰社會壓制結構的心教育運動。社區本位教育是一種草根式行動主義（grassroots activism），強調社區成員必須主動參與學校決策，藉以促進社區建立自屬的、合乎需求的教育設施，並增進學童成功的學習經驗（轉引自譚光鼎，2002：275）。因此，套用 Paulo Freire 的話語，社區本位教育的主張希望藉由促使原住民「意識醒悟」（conscientizacao）的過程，「解放」（liberation）他們受壓迫的情境，進而鼓勵他們參與公共教育決策，以改善其發展困局，同時學習現代知識與保留傳統文化。而在課程與教學上，張建成（2002：143）指出，學校教育應具備「文化關聯性」（cultural relevancy）特色。亦即教

師的教學活動必須參照各族原住民傳統與世界觀，來架構學生的認知思考方式，並依據這些具有文化差異性質的線索，就教育過程中的師生互動、課程設計、教學策略、教室管理等，做出相對調整。譚光鼎（1997：282）也有類似的概念提出，稱之爲「多元族群課程」（multiethnic studies），其爲一基本原則，強調學校的各種課程必須摒棄「我族中心」的意識型態，融入少數民族的文化材，並且積極反映族群文化差異、促進族群文化的交流和認知。綜觀學者所言，似乎無不主張應將兩種文化融入正式學校教育當中，世界上其他國家的原住民教育似乎也多採取此種融合的方式，例如美國納華荷國（Navajo Nation）岩點（Rock Point）原住民小學，便在幼兒園階段，以三分之二的時間以母語教學，三分之一的時間以英語教學；小一至小三以一半的母語教學，一半的英語教學；小四至小六，以三分之一的母語教學，三分之二的英語教學，並於課程中融入原住民文化，其原住民孩子在這種雙語教學下，變得更有自信（Holm & Holm, 1995，轉引自陳致嘉、Bawan, 2001）。又如加拿大 Innu 族原住民學校，就是透過社區本位教育的方式，一方面培育族人成爲合格教師，一方面在小學三年級之前都使用 Innu 語作爲教學語言，也都獲得很好的教學成效（Ryan，1998，引自譚光鼎，2002：277）。而紐西蘭的毛利雙語學校、澳洲的原住民學校等，也都有異曲同工之妙。如此之教育措施，一方面可以教導原住民孩子進入社會所需的主流知識以及本身原住民歷史傳統，一方面亦可涵養漢人族群孩子多元文化精神，如吳天泰（2001：8）所言，原住民教育絕不是原住民的事而已，而是每個居住在台灣的人們應共同關懷、實踐的眾人之事。不過，對於雙語教學是否會干擾孩子的學習成效，恐怕是教育界需急迫解答的課題。

是以，在多元文化精神以高舉旗幟多日的今日社會，多元文化教育與原住民教育應以從宣揚精神、制定原則性政策的階段，步入實際實踐教學的階段。教育工作者可以應用諸多學者提出的原住民教學方法、策略，或者參酌 Paul Freire 為首的批判教學（例如 Freire 提出「提問式教育」（problem-posing education）），從實踐中汲取經驗，再回饋予理論與政策，如此方能使原住民教育政策不再流於形式、委為文化政治下的附庸。

參考文獻：

吳天泰（2001）。原住民文化教育的內涵與發展。美育，124，6-9。

任秀媚（1986）。山地單語與雙語兒童語文能力及智力的比較研究。新竹師院學報，13，193-208。

張如慧（2002）。都市原住民與教學之理想與實踐。原住民教育季刊，26，70-87。

張建成（2002）。批判的教育社會學研究。臺北：學富。

陳翠茹（2004）。從適應現代生活與維護傳統文化來看原住民教育。2007 年 7 月 01 日，取自 http://www.kgu.com.tw/per/02-02.htm

陳致嘉、Bawan, J.（2001）。教育本土化研究計畫報告書。2007 年 7 月 01 日，取自 http://tc.formosa.org/scholarship/2001/education.html

教育部（2001）。國民中小學九年一貫課程暫行綱要。臺北：

作者。

教師服務年資限制取消，原住民譁然（2004 年 7 月 15 日）。
中國時報。

譚光鼎（1997）。族群關係與教育。花蓮師院學報，7，
265-288。

譚光鼎（2002）。台灣原住民教育：從廢墟到重建。臺北：
師大書苑。

從多元文化觀看臺灣原住民教育

主持人：潘慧玲（國立台灣師範大學教育學系教授兼教研中心主任）

討論人：張建成（國立台灣師範大學教育學系教授）

論壇日期：2004 年 07 月 11 日

 討論題綱

【從多元文化觀看台灣原住民教育】

一、前言

　　◆　投入多元文化教育的楔子

二、多元文化概念之釐清

　　◆　文化概念從文化靜態論，走向文化動態論

　　◆　文化的微觀差異與鉅觀差異均難以輕易弭平

　　◆　人類學者 John Ogbu 的文化生態理論提供佐證

三、以多元文化視角建構原住民教育

　　◆　提昇原住民之教育成就

　　◆　教育成就、教育機會、教育人權，以及教育主權之討論

四、原住民掌控教育主權之訴求

　　◆　需求文化理解

　　◆　認識與接納文化差異

　　◆　建立身分認同、擺脫污名

　　◆　創造原住民獨立學制

　　◆　用自己的語言文化來學習

　　◆　原住民基礎研究有待開發

五、結語

一、前言

• 潘教授

上禮拜颱風肆虐，中南部災情嚴重，造成許多家園受損，而其中有多處是原住民部落。面對滿目瘡痍的土地，除了要思考如何與大地和平共處、如何進行國土重新規劃之外，另一個應該思考的問題是，如何在物質及精神層面上協助原住民同胞在台灣這塊土地能夠安身立命。今天，我們要把焦點鎖定在精神層面，以教育為主題，請到了台灣師範大學教育學系張建成教授來和大家談原住民教育。我們曉得張教授多年來投入多元文化教育、原住民教育，也做了很多相關的研究，是否先與大家談談您這方面的概況？

◆ 投入多元文化教育的楔子

• 張教授

原本我不是做原住民教育研究，也不是處理多元文化教育的，但是，大概在十三年前，我在新竹師範學院服務的時候，教育部給了我們一筆研究經費，問我們想要做什麼課題？因為我本身是學教育社會學，這個學門是比較強調教育機會均等的問題，那時我找了一些同仁來商量如何進行教育機會均等課題的研究。大家討論的結果，認為新竹師院輔導區裡有泰雅族原住民、也有賽夏族原住民，而有關這部分的教育機會均等議題是過去比較少做的，因此，我們就展開了前後大概兩年的山地部落田野調查。我們主要的焦點是集中在小學教育部分，包括小學內部的教導問題、家庭的教養問題，以及家庭與學校的互動問題等。

經過一、兩年以後，我們就把研究報告寫了出來，那時候覺得還滿得意的，因為在我們之前，關於原住民文化的研究滿多的，但由「教育學者」來處理原住民教育課題的研究就比較少。後來，我們把報告拿去請教了幾位人類學的朋友，沒想到他們翻了翻就往旁邊隨便一擺，似乎有點不值一顧之感。當然，這對初出茅廬的年輕學者而言，

打擊是滿大的，還好那時我們的臉皮也稍微厚了一點，就開口請教那些成名的學者（其中也包括像李亦園教授這樣的前輩在內）意見，他說：「你們的研究完全是按照你們所理解的知識，去探討原住民的問題，而忽略了文化因素的影響，所以我建議你們要好好搞清楚文化這個部分。」我們就開始思索，要怎麼捕捉所謂「文化的因素」呢？於是便趕快上網查詢，後來查到一個英文單字，叫做 "multiculturalism"，以及與這個單字有關的 "multicultural education" 之後，我們感到非常興奮，就趕緊翻閱這方面的書籍。我們閱讀如美國 James Banks 這些人的作品後，覺得的確獲得一些啟發，所以就開始把研究重點放在文化差異的概念上，來看為什麼原住民學生和漢人學生的教育成就會有那麼大的差異。

可是，大概到了民國八十五、八十六年左右，一個人類學朋友又同樣告訴我「你們還是沒有搞懂什麼叫做『文化』」，他說「你們談多元文化的那個『文化』，不見得是我們人類學家所談的『文化』，建議你再去看看文化人類學、文化社會學的著作」。所以，我又回頭重新整理了那些東西，然後才慢慢發展出我今天做研究或課堂講課時所談的那個文化概念，並且把這樣的文化概念擴大到文化多元論或多元文化理論的範疇上面。所以，我發現有時候我與國內或國外一些著名的多元文化專家對於「多元文化」的定義會有一些出入。

二、多元文化概念之釐清

●潘教授

您剛剛提到，做原住民教育時，我們很容易用教育的觀點來看原住民教育，卻忽略了文化的觀點；但是，當您們投入文化的觀點時，人類學的朋友又覺得此文化非彼文化，不是他們所關心的。從這幾個轉捩點來說，可否大致談一下您們原本所關心的文化因素，與後來您所演變出來的文化多元論或對多元文化教育的看法，有何本質上之差

異？

◆ 文化概念從文化靜態論，走向文化動態論

• 張教授

我們檢討了整個文化概念在人類學乃至於在社會學裡的一些轉變，發現過去文化概念的本質是比較靜態的，人們一談到文化，都認為它好像有一個固定的邊界，在這個邊界裡的每個人，其文化皆相同，並如此代代相傳。到了最近十幾、二十年，它逐漸演變成一個動態的概念，強調文化與文化之間的碰撞、接觸、交流，乃至於相互的衝突、擠壓，甚至是壓迫。

◆ 文化的微觀差異與鉅觀差異均難以輕易弭平

• 張教授

因此，就此觀點來談某一族群或某一階級的教育時，我們所談的文化差異可以再分成微觀與鉅觀面向。在微觀面向上，當我們與人互動時，有時候會明顯察覺對方的認知方式、溝通方式和價值觀與我們有所不同，而這些不一樣可能不是因為他的 IQ 或人格特質所致，而是來自於他本身所屬的文化差異。因為他的文化和我們不一樣，所以認知方式、溝通方式或 body language（身體語言、表達方式）會和我們不一樣，對很多事情的價值判斷也會有所差異，而這些差異可能是文化所造成的，這部份我們就稱它為「微觀的文化差異」。

我們可以看到很多國外研究（特別是多元文化學者在這方面的研究）認為教師有所謂的教學型態（teaching style）、學生有學習型態（learning style），似乎過去的教育都希望在心理學或心理特質的基礎上，尋求教師的教學型態能夠吻合學生的學習型態，俾使學生的學業有所提升。假如我們從社會學或多元文化的觀點來看，我們也會進一步要求老師的教學型態和學生的學習型態，兩者的文化能夠吻合，而這個課題也引起了很多國外多元文化學者注意，並投入了許多心血加以研究。但是，研究發現卻不盡然支援這個假設，亦即當教師的教

學型態盡量考量文化差異、配合或適應學生學習型態的時候,學生的學習成就卻不見得會提高,這裡面就牽涉到所謂的「鉅觀的文化差異」問題。

◆ 人類學者 John Ogbu 的文化生態理論提供佐證

• 張教授

　　其實,這想法亦非我獨創,而是前陣子剛去世的一位美國學者——John Ogbu 提出來的。他說有些民族因為長久受到壓迫,在左鄰右舍的社區裡,幾乎看不到因為教育而成功的榜樣或典範,所以孩子很難從教育裡找到成功的方式,甚至於還認為接受教育是一個遠離家鄉的過程:接受主流教育越多,將來會離其弱勢族群越遠。這種觀點就和我們漢人社區不一樣,在二、三十年前,如果漢人社區裡有孩子大學畢業或拿到博士學位,我們就會到他家恭賀,但是像印地安人社區或某些黑人社區,他們不認為孩子接受比較好的教育是值得恭賀的,他們認為那是他個人的事情,跟那個社區無關。事實上,這樣的經驗是來自於整個歷史的壓迫、文化的壓迫,假如這層因素無法破除,那麼很多孩子還是會認為接受教育就是投降。所以,就台灣原住民而言,如果他們認為接受教育就是「漢化」,那麼他們可能就會排斥所謂的正規學校教育制度,不認為學校教育會給他們帶來任何好處,再加上他們也發現同儕中沒幾個是接受正規教育而成功的,於是,就更懷疑教育的功能或價值,此牽扯到鉅觀的文化差異。

三、以多元文化視角建構原住民教育

• 潘教授

　　所以,除了從文化的微觀面向、鉅觀面向討論之外,我們在討論多元文化時,經常會有幾個不同的軸線,族群是一個、社經是一個、而性別也是一個軸線,當然,張教授可能會有不同的解讀,認為多元文化不一定得包含這三個要素,不過,我們都可以認同的一個觀點

是，族群是多元文化領域一定會討論的課題。因此，我想進一步請問的是，我們如何以多元文化的視角，架構出原住民教育的重要課題呢？

◆ 提昇原住民之教育成就

• 張教授

　　若我們從多元文化或文化多元論的觀點來關注原住民教育，那麼它第一個課題即為教育成就提升的問題。假如原住民的教育成就還是像現在一樣比較低落、在學成績比較差、中途離校率比較高，那麼教育對他未來的發展似乎是沒有太大幫助的。因此，我們首要提升他的學業成就，當然，這牽涉到教育機會均等的問題。所謂「教育機會均等」簡單地說，即認為教育是一種基本人權，凡是國民就應該享有各式各樣公平的機會，在結構上、過程上獲得均等的教育。

◆ 教育成就、教育機會、教育人權，以及教育主權之討論

• 張教授

　　但是，在這樣的情形下，我們也發現不論是過去的補償教育，還是七○年代強調的文化差異的教學，或者是我所說的「鉅觀的文化差異」面向，都還有好多力有未逮的地方，原住民的教育成就始終還是落在漢人之後。於是，許多原住民慢慢開始認為，原住民教育之所以會失敗，是因為他們沒有掌握教育主權的關係。　是故，這個問題就從教育成就，演變到教育機會，再發展到教育人權，最後變成教育主權的問題。什麼是「教育主權」呢？原住民希望他們能夠控制，或至少能夠管理子民的教育，他們舉了很多例子，比如紐西蘭毛利人的教育或美國的部落學院、部落大學，這些民族都掌控了自己子弟的教育管理權。而台灣原住民認為，假如能往這個方向走，他們可能會找到一條比較新或比較理想的出路。不過，這就牽扯到主流主權會不會同意的問題。

四、原住民掌控教育主權之訴求

• 潘教授

也許我們可以從教育成就、教育機會、教育人權和教育主權這四個面向，來解析目前的原住民教育。首先，我們知道在教育成就上原住民的確是比較低的；在教育機會均等上，漢民族與原住民也不一樣；而在教育人權上，原住民是如何受到剝奪的呢？最後，他們又該如何掌控教育主權的問題？首先，請張教授先從教育機會均等的觀點，來談談我們到底應該提供原住民哪些學習內容與機會呢？

◆ 需求文化理解

• 張教授

舉例來說，同學會不會歧視原住民學生？看他們長得黑就覺得比較髒、比較臭？老師會不會歧視原住民學生？在教法上能否適應原住民學生？就我的理解，台灣所有師資培育機構中，開設多元化教育或原住民教育課程的學校，其實並不多，所以這些準老師們是不是都能夠理解原住民的想法？懂得原住民孩子的認知與世界觀？這是有待商榷的。例如，有些原住民部落或族群有「分享」的概念，所以當原住民學生看到同學桌上放了顆橘子，可能拿了就吃，在我們漢人眼裡，會認為這是不可理解、不可原諒的，老師甚至會用比較嚴屬的語詞說這是一種「偷竊」的行為，如此的文化差異便傷害了漢人與原住民孩子之間的感情。像這種文化上的不同所造成的誤解，在原住民學生與漢人老師之間其實經常出現，在師生溝通互動或教學的過程中，也屢見不鮮。

◆ 認識與接納文化差異

• 張教授

而在課程上，目前好像擺了一些原住民的材料在裡頭，但並非所有學生讀到那一段原住民材料時，都曉得其背後所代表的文化意義，

甚至可能抱著看熱鬧的心態而已。我們參加過很多原住民的祭典,有些族群的祭典是很活潑的,漢人看了覺得滿熱鬧的;可是有些族的祭典就不是那麼活潑,反而非常莊重、嚴肅,於是很多漢民族就覺得非常無趣,歌也唱得非常慢,比如鄒族的祭典。有一次我參加鄒族的「戰祭」,就聽到漢人小孩說:「爸爸、爸爸,我們回家吧,這個節目難看死了」,我想這個小朋友回去以後,會告訴他的同學說「原住民的歌實在很難聽」,如此反而會造成更多的誤解。所以,這就衍生出另一個問題,原住民開始思索將傳統祭典過度商品化,是否恰當?

◆ 建立身分認同、擺脫汙名

● 張教授

另外,我們發現,雖然這十幾年來,原住民同胞好像比較敢於承認自己的原住民身分,但是他承認之後又如何?漢人會因此更尊重他嗎?或者,即使我們改掉過去稱呼他們為「山胞」的習慣,而改稱他們為「原住民」,但是在漢人的內心深處,兩者的意義是一樣的,原住民的整體處境未有改變。在此情況下,不管是同儕、師生的互動,或課堂教學,乃至於課程內容,原住民都認為表面上他們好像獲得了形式上的均等,但實質上並非如此。所以,他們認為光是主張教育機會均等,或教育人權,恐怕只是形式而已,要真正改善教育,那麼就必須要掌握教育的主權。

● 潘教授

所以,身為一位漢民族教育工作者,您也可以深切地理解原住民在教育歷程中所受到的待遇,與原住民感同身受?

● 張教授

我嘗試著感同身受,畢竟我本身不是原住民。當然,有些原住民看得起我,用漢人當初稱呼原住民的稱法,反過來稱呼我們為「熟番」,中文叫「熟漢」。過去我們把原住民分成兩類,漢化較多的叫「熟番」,較少的是「生番」,他們現在也把原住民化較多的漢人叫做「熟

漢」，較不原住民化的叫做「生漢」。而他們稱呼我們為「熟漢」，我們覺得挺高興的，畢竟多年來的努力還是獲得了原住民朋友的肯定。

◆ 創造原住民獨立學制

● 張教授

不過，談到教育主權問題的時候，我和他們的意見就稍微不一樣。我告訴他們「你們可以取得教育的主權，但是問題在於取法」。在原住民社群裡頭，有些人主張要和漢人的學制平行，另外建立一套獨立的原住民學制。就這點而言，我的意見與他們不同，我考慮到比較現實的困難。就官方的說法，目前原住民族有十一族（官方未承認的還有一些平埔族），他們的語言至少就有三十來種。因此，原住民總人口僅佔台灣約百分之一點八，而這百分之一點八的人口又有三十幾種語言，那麼原住民的學制要如何能夠建立？他們的教學要以哪一種語言為主？是以人口最多的阿美族為主？還是以地區分野，在南部就以排灣族為主，到了中部又以泰雅族為主呢？

第二個困難是，目前為止是否已經養成足夠的原住民師資了呢？從幼兒園到小學、國中、高中，一直到大學，是否已具備充足之師資？第三個困難是，課程與教材該由誰拿錢來墊呢？它的市場在哪裡？漢人起碼佔了百分之九十七的人口，因此很多書商願意投入教科書市場，因為一定會賺錢；但是原住民的人口很少，相對的市場就小、市場價值不高，在這種情況下有幾個書商會願意投入原住民教科書的編輯市場？所以，我告訴原住民，要做這件事，首先必須和國立編譯館談好條件，完全由國家來編原住民教材，如此教材的編輯才能順利可行，再者，加緊培養師資。易言之，必須把先決條件、配套措施都預備好了之後，再來談建立獨立的原主民學制。

● 潘教授

談獨立學制的時候，當然有幾種不同的方式，一種是您提到的以自己的語言，培養自己的師資，並且自己來決定課程與教材，這是一

種方式。但是，如果從另一個角度來看，也許這個獨立學制專門收原住民學生，可是不必限於使用原住民語言，就像您提到原住民有三十幾種語言，如何能夠決定只用其中一種？其實，我們也可以用漢民族的語言來教學，並提供學習原住民語言的機會。所以，就師資方面，我認爲不一定全部都要由原住民擔任，只要是對原住民、對多元文化教育有所認識的老師，都可以在這個獨立學制裡頭服務。話說回來，我比較想瞭解的是所謂的「教育主權掌控」的問題，到底原住民所要求的主權掌控是什麼？什麼樣的教育內容對原住民是比較好的、是可以幫助他們在今天仍以漢民族爲主流的社會裡頭生存？

◆ 用自己的語言文化來學習

● 張教授

　　這就回到我常提到的想法，不過這個想法滿難落實的。怎麼說呢？全世界各個社會、國家的優勢民族，都是以他們自己的語言與文化來學習周遭乃至全世界的事物，而且學得很好。就像我們透過國語也學會了物理、化學等等，而日本人用日本語及日本文化學習，俄羅斯人、美國人、英國人、法國人等等，都以其自身的語言與文化來認識世界。當然，弱勢民族假使願意，他也可以以他的語言、文化來學習他在現代社會生活中所需要的一切東西，而且在這個過程中，他一方面可以保存自己的文化和語言，另方面亦可學會現代生活需要的知能。可是，問題就在於他要如何用自己的語言與文化來學習？其意願如何？所以，我們必須在生活上給他一些誘因，讓他願意用自己的語言與文化來學習。然，無論於升學或就業上，我們都看不到這個誘因，甚至於當原住民小孩學了很多原住民語言與文化之後，反而不利於他的升學與就業，這裡就出現了一個本質上的矛盾。假如我們無法解決這個矛盾，我想這個理想是很難實現的。其實，原住民們也都知道，一方面他們必須要保存自己的文化，甚至要在既有文化基礎上開展新的文化內容，另方面他們一定要學習現代的生活方式，學習如何在這兩者之間搭架橋樑。

- 潘教授

這是很困難的。

◆ 原住民基礎研究有待開發

- 張教授

我們也一直建議相關單位進行這方面的規畫、研究，可是目前大家趕著推動馬上要運作的政策都來不及了，幾乎沒有時間來處理這方面的課題。所以，就原住民政策而言，他們最欠缺的，或者我們認為最欠缺的就是基本資料的建立。當我們從教學著手，要改善原住民的教育，讓教學能夠適應他們的文化差異時，我們會發現這部分的研究做得非常少，完全沒有證據，亦無資料，只能不斷高喊多元文化的精神，至於要怎麼做，卻無頭緒。

- 潘教授

很多基礎研究事實上是有待開發、進行的，如此才能真正幫助原住民小孩。

- 張教授

但是，原住民希望趕快做的事情很多，所以也就沒有多餘的錢來做這些短時間看來沒有多大經濟效益、政策效益的工作。

五、結語

- 潘教授

今天我們談了很多，中間有一句話我的感受非常深刻，您提到原住民的孩子現在比較會承認自己是原住民了，這句話讓人聽了非常心痛，而這就涉及到文化認同的問題：我們如何讓每個孩子以自己的文化為榮，也是今天談原住民教育時非常重要、需要正視的一個問題。

因此，下次要請張教授繼續談原住民教育，一同探討原住民孩子的文化認同。

編輯小語

◆ 文化：從 Tylor 以來的人類學家不斷嘗試對文化下各種定義，隨著文化思潮的演進，文化的定義也逐漸在改變中。張建成（2002：70-71）即統整近幾十年來的文化思潮，發現其有三個重要的走向：一是由天下普同的文化一元論，走上各式各樣的文化多元論或多元文化論；二是由詳細列舉的文化內容論，走上描述過程的文化用途論或文化機制論；三是由代代相傳的文化習得論或文化靜態論，走上生活實踐的文化生產論或文化流動論。

◆ 多元文化教育：多元文化教育是一個新興的教育改革運動，強調文化差異與教育機會均等的教育。多元文化教育在美國已有四十年的歷史，其起源可以追溯自一九六０年代非裔美人的民權運動（civil rights movement），其後因為其他弱勢團體意識的覺醒，逐漸納入兩性、階級、宗教、特殊性等問題的探討，使多元文化教育的內涵日益擴增（劉美慧，2001：2）。因此，著名的多元文化教育學者 Banks(1993)曾主張，多元文化教育是一種觀念：即應該認知到所有的學生，不論性別、社會階級、族群、種族或文化特質，在學校中應享有相等的學習機會。Irwin(1997)也主張推展多元文化教育時，教師應教導學生認知、接受與欣賞文化、族群性別、社會階級、宗教的差異，教師也應運用各種教學法或評量方式，促進不同文化、族群、性別和社會階級學生的學習成就（引自遊美惠，2001a：68-69）。是以，多元文化教育的指涉對象不僅包含種族與族群，舉凡性別、社會階級，亦或不同文化特質的社會類別都應包含其中。

◆ 多元文化主義之流派及其爭議：

多元文化教育乃因循一九六○年代民權運動所興起的多元文化主義而來。然而，由於多元文化主義的流派眾多，其教育理念亦有所不同，因此，澄清多元文化主義流派乃為教師進行多元文化教育前之必經課題。遊美惠（2001b：38-46）將多元文化主義分為五個流派：保守派的多元文化主義（conservative multiculturalism）、自由主義的多元文化主義（liberal multiculturalism）、複合論多元文化主義（pluralist multiculturalism）、左派本質論多元文化主義（left-essentialist multiculturalism）、批判性多元文化主義（critical multiculturalism）。雖然最後她並未對各個學派加以取捨，於行文中主張復合論多元文化主義為台灣多元文化主義的現狀，然，理想目標應是達到批判性多元文化主義的教育理念。以下臚列犖犖大者（遊美惠，2001b：38-46）：

首先，是保守派的多元文化主義。嚴格來說，這一派的論點根本不能說是一種多元文化主義，因為其立論者的立場保守，他們對於所謂的多元文化主義是抱持著敵對的態度，認為根本沒有所謂的種族主義（racism）、性別歧視（sexism）或階級偏見（class bias）存在於社會上，所以這類理論基本上可以說是一種擁護白人優勢地位的新殖民主義（neo-colonialism）形式，所以又被稱為單一文化論（monoculturalism）。因此，在教育上，他們主張文化剝奪論（cultural deprivation），認為某些孩子在學業上失敗的原因，在於其缺乏某些主流文化的涵養，因此，若要獲得成功則必須學習主流文化，實施的是一種「同化」的教育。

第二個是自由主義的多元文化主義。這一派的多元文化論者強調個人主義，認為每個人不論其種族、性別、階級背景為

何，都應該是生而平等的，都有能力獲致成功。自由主義的多元文化主義強調人與人之間的同，所以也常被批判為「性別盲」（gender blindness）或「膚色盲」（color blindness），亦即，向男性、白人等優勢群體的標準看齊而主張劣勢者應該要表現得像男性、白人等優勢群體，但卻忽略了要對既有的評價標準提出挑戰。如此，常會使劣勢者之文化無法現身（culturally invisible），致使其他異文化的成員都將同化為以白人男性為中心的群體，使主流群體之地位反而更形穩固，結果更妨礙多元文化的發展。

第三個則是複合論多元文化主義。強調的是文化的多元化與多樣性，在教育上主張要鼓勵學生多元學習、放棄偏見，學習來自各相異族群階層的知識與價值。這樣的主張其實正是當今多餘文化教育的核心理論基礎。然而，若一味只強調差異，不代表就能挑戰或顛覆主流支配性權力結構與論述，而且將差異拜物化（fetishized）的結果，可能僅是擁抱且片面強調奇風異俗，將多元文化教育化約成只是「多樣化教育」（diversity education）。針對這樣弊病，台灣多元文化教育亦應引以為鑑。

第四派多元文化主義為左派本質論多元文化主義。本質論者認為可以用一些凌駕於歷史、社會背景及權力的影響，不會隨時空而改變的特質，將一個特定類屬與其他社會類屬區別開來。因此，他們再討論多元文化主義時便常常會忽略文化差異之歷史情境性，也未能認清認同的政治性。其過度偏激的主張（例如：支配文化一定是不好的）難逃被批評為偏狹、天真以及排外等下場，也排除掉許多與他團體或圈外人合作的可能性。

最後一派為批判性多元文化主義。這一派的理論基礎源起於一九二０的的國法藍克服批判理論，繼承其批判理論之主張

與社會關懷，強力批判某種文化強加於他者的暴力，鼓勵要去中心化，挑戰與破除中產階級爲主、異性戀與程式中心等主流預設，重新建構知識與思想。因此，其多元文化教育主張認爲，應教導學生探究權力關係如何型塑他們本人及其家人的生活，並進一步思索如何能積極抗拒壓迫性結構，亦即是一種「教學政治化」的趨勢。因此，相對於複合論只強調文化多樣性、在教育中引入異文化事物，但卻忽略了認同政治的議題，對批判性多元文化論者而言，這無異是忽略了更重要的核心議題。

* 原住民學生的學習型態：所謂「學習型態」（learning style）或稱學習風格，意指個人偏好的學習方式或策略。學習型態會受到不同文化所導致相異的認知、生態觀以及社會化過程所影響，故原住民族的學習型態與漢民族有所不同。譚光鼎（2002：56）綜合國內、外原住民研究結果指出，原住民學生的學習多與生活經驗相結合，著重以觀察、模仿與實際操作的方式學習，比較不會在課堂上發問，喜歡用既有的經驗爲基礎進行學習，而且喜歡與同伴合作、分享成果，一起進行小團體學習，不喜愛競爭的學習型態。再者，原住民學生偏好運用感官來幫助學習，尤其喜歡視覺性的學習，並且喜歡運用肢體親身操作物件以獲致學習經驗。當然，譚光鼎也提醒我們，學習型態還深受階級、性別、生理、心裡、家庭與自然環境等各種因素影響，不能化約爲普遍律則。但是身爲教育工作者則必須瞭解學生的學習型態，以開放、多元文化的精神來教育不同文化團體的孩子，勿以主流教育標準強加在原住民孩子身上，不視文化差異的存在，而貼上能力低落的標籤，造成原住民孩子自我認同較低或「文化雙盲」的情況。

* John Ogbu 的文化生態理論：Ogbu(1991)的文化生態理論乃爲一解釋美國社會中弱勢族群學生學校表現的概念架構。他

將弱勢族群分為兩類，一類是自願的弱勢族群（voluntary
minority）或稱移民的弱勢族群（immigrant minority），係自
願移民進入美國的族群，如亞裔的美國人；第二類為非自願的
弱勢族群（involuntary minority），是指弱勢族群進入美國或
西方白人社會非出自個人或族群之意願，而是經由征服、殖民
或奴役的方式，如印地安人、黑人等。他發現，自願的弱勢族
群（如亞裔美人）與白人之文化差異在進入美國前已存在，因
此學生與家長乃金各種競爭與適應失敗歸因於種族特徵與族
群文化的差異，相信白人的學校教育可以帶領他們成功。因
此，一方面十分重視子女的教育，要求他們勉勵學習優勢族群
的文化，以改善生活，另方面也很重視固有的文化，要求子女
不可忘本，認為完全的同化就是失敗。結果，他們的子女都有
不錯的學業表現。而非自願的弱勢族群與白人的文化差異由於
長期互動的結果逐漸模糊，因此自認為與白人沒有什麼差異，
因此當他們與白人競爭下卻屢遭失敗，無法超越職業發展的極
限時，並不苛責自己，而歸因於白人及其體制的壓迫與歧視。
因此，他們並不認為白人的學校教育能帶來成功，而多發展出
反學校的文化（轉引自黃鴻文，2003：39-40；張建成，2002：
133-134）。Ogbu（1997）後續的研究工作略為修正上述結果，
但主張種族因素的影響仍未退場。其於種族因素中加入階級，
發現不論膚色，來自中上階級孩童的在校表現都比來自低下階
級孩童表現佳；但比較同社經地位階級孩童時，黑人小孩的表
現普遍比白人小孩差。

◆

參考文獻：

黃鴻文（2003）。**國民中學學生文化之民族誌研究**。臺北市：

學富。

張建成（2002）。**批判的教育社會學研究**。臺北市：學富。

遊美惠（2001a）。性別與多元文化教育。載於譚光鼎、劉美慧、遊美惠編著，**多元文化教育**（頁 57-84）。臺北縣：空中大學。

遊美惠（2001b）。多元文化教育的理論基礎。載於譚光鼎、劉美慧、遊美惠編著，**多元文化教育**（頁 33-55）。臺北縣：空中大學。

劉美慧（2001）。多元文化教育的基本概念與歷史發展。載於譚光鼎、劉美慧、遊美惠編著，**多元文化教育**（頁 33-55）。臺北縣：空中大學。

Ogbu, J. (1997). Racial stratification and education in the United Statees: Why inequality persist. In A. H. Halsey, H. Lauder, P, Brown & A. S. Wells (Eds.), Education : Culture, economy, and society. Oxford and New York: Oxford University Press.

文化認同與台紐原住民教育政策

主持人：潘慧玲（國立台灣師範大學教育學系教授兼教研中心主任）

討論人：張建成（國立台灣師範大學教育學系教授）

論壇日期：2003 年 07 月 18 日

 討論題綱

【文化認同與台紐原住民教育政策】

一、前言

二、文化認同的矛盾

- ◆ 原住民身份認同的危機與污名化
- ◆ 多元族群的文化政治課題

三、台灣原住民教育政策的發展歷史與政策檢討

- ◆ 從同化政策到多元文化政策
- ◆ 民國七十七年為一轉捩點——開啟國人多元文化視野
- ◆ 多元文化精神未徹底落實
- ◆ 原住民喪失其教育主權
- ◆ 原住民教育缺乏長期、整體的研究規劃
- ◆ 原住民的教育、經濟條件仍困窘

四、學習紐西蘭毛利人的原住民教育

- ◆ 他山之石——紐西蘭毛利人的原住民教育
- ◆ 台灣參照紐西蘭政策之可行性不高
- ◆ 台灣可先從設立部落幼兒園著手

五、原住民菁英人才的培育

- ◆ 原住民菁英人才數量尚少，難以形成參照
- ◆ 首重廣開原住民入學機會、再加強多元文化教育

六、結語

一、前言

● 潘教授

今天我們要和大家繼續討論原住民教育的主題，請到的來賓是台灣師範大學教育學系張建成教授。在上次一週教育論壇中，我特別提及自己有個深刻的感觸，亦即我們應該如何讓原住民的孩子能夠驕傲地說他是原住民？而這就牽扯到文化認同的問題。若我們概覽原住民在台灣幾十年來的發展，就會猶疑於「他們到底認同誰」的問題，這個問題裡頭潛藏著一個很嚴重的身份認同危機，而您如何看待這個議題？

二、文化認同的矛盾

◆ 原住民身份認同的危機與污名化

● 張教授

上次我們討論的是「從多元文化觀點來看原住民教育」裡頭的第一個課題，也就是「教育成就」與「教育機會」的問題，那麼第二個課題就是「主權關係」與「文化認同」的問題。

二十年前，原住民通常不太願意承認他是原住民，甚至當你看出他是原住民，問他說：「你是原住民嗎？」他可能還會不太高興，要不就是閃避你（目前三十歲的朋友大概都會有這樣的經驗）。然，於我們今天的小學園區、中學園區或者社會裡頭，原住民朋友會很勇於承認他們是原住民，我認為這是一個好現象。其實這裡頭有一個插曲，我們曾經做過一個調查，要所有的小朋友勾選他的族籍，發現原住民小朋友都曉得他是哪一族的，而漢人小朋友卻不會勾，他們不曉得自己是哪一族？是漢族？還是中華民族？還是哪一族人？而這也顯示出弱勢民族對於身份認同的感受不同於優勢民族，他們過去可能都有過切身之痛，感覺到壓迫與彼此間的差異，所以對於身分認同較

為敏感。而這一、二十年來，隨著政治民主化與本土意識的勃興，原住民較勇於站出來表示自己的原住民身分。不過，勇於表達自己是原住民的舉動，是否代表族群關係或族群歧視的問題已徹底解決？依我來看，恐怕還沒有那麼圓滿。我們仍可看到很多漢人老師對原住民學生是「另眼相待」，甚至於有些漢人朋友看到我長期研究原住民教育，還會告訴我：「你搞什麼呢？你什麼不好搞，為什麼要去搞原住民教育呢？」言下之意就是說，漢人不必花那麼多時間去處理原住民的問題。

　　事實上，當社會大眾想到原住民形象的時候，第一個反應都是帶有汙名化色彩的，我相信很多人還是會說：「原住民是酗酒的、賣女兒的」等的話，幾乎都會想到這些較為負面的形象。所以，在此社會風潮下，族群之間的「共存共榮」或「攜手並進」似乎只是一個夢想，離真正落實還有一段相當長的路要走。因此，我認為原住民如果要肯定自己的身份，就必須建立起非常堅強的族群認同或文化認同。

◆　多元族群的文化政治課題

●　張教授

　　不過，這可能又會出現一個現象，就是當一個民族過度擁抱自己的傳統、過度強調自己的民族身分時，可能會形成某種民族情感或民族情緒，乃至於某種民族主義；而當一個弱小民族的民族情感非常飢餓的時候，優勢族群會感到害怕，最後就牽扯到「文化政治」的問題：所有族群，無論是優勢或弱勢，都會想辦法爭取社會文化的主導權、權勢權或發言權。例如，在台灣，我們的社會過去是由外省人主導，現在可以說是由閩南語系同胞來主導，不過兩者都屬漢人族群、由他們主導論述的主體，而原住民的力量一直以來都是相當薄弱的。這些年來，原住民也持續不斷地爭取這些東西，終於，在民國八十五年行政院成立了「原住民委員會」，透過這個委員會，他們修繕了很多法案，其中包括了「原住民發展法」、「原住民成立自治區」等等。

三、台灣原住民教育政策的發展歷史與政策檢討

◆ 從同化政策到多元文化政策

‧潘教授

在這個多元文化社會裡，讓每個族群都能夠尊榮地做他自己、發展他的主體性，我認爲是非常重要的。以這樣的觀點來回顧過去，我們到底爲原住民同胞做了什麼？我們的教育政策落實了哪些項目？假使粗略劃分的話，台灣在民國七十七年之前，比較沒有多元文化的視野，所以有人稱之爲「同化政策時期」。民國七十七年之後，台灣省政府頒佈了「台灣省山胞社會發展方案」，自此台灣社會開始步向另一個階段，有學者把這段時期稱爲「整合政策時期」。後來，教育部在民國八十一年開始規擬推動八十二至八十六年第一期的「發展與改進山胞計畫」，八十七年到九十二年則開始推動第二期的「發展與改進原住民教育五年計畫」，教育部一連串的推展行動與計劃，於焉全面開展。現在張教授也在規擬第三期的「發展與改進原住民教育五年計畫」，預期是於九十四年到九十八年間實施。回顧過去這段歷史，對於台灣原住民教育政策的發展，您有何評論呢？

‧張教授

您所提的階段分類是可以接受的，若再細分，民國三十四年到五十一年叫做「山地平地化政策時期」，就是希望所有山地同胞都能夠與平地同胞「一樣」；民國五十二年至七十六年則是「融合整體政策時期」，其實也還是「同化政策」的性質，就是希望原住民能夠融合到漢人社區裡面來。

◆ 民國七十七年爲一轉捩點——開啓國人多元文化視野

‧張教授

那麼，爲何民國七十七年是一個非常重要的劃分點呢？除了您提到的台灣省政府推動的方案之外，還有就是民國七十七年教育部教育

研究委員會成立了一個「山胞教育委員會」(後來這個「山胞教育委員會」為了配合原住民條款制憲的問題,從民國八十三年以後就改為「原住民教育委員會」),希望大家能站在平等的文化立足點上來處理原住民的相關議題。那時候有幾位代表人物,例如李亦園先生,還有目前已經過世的台大林建中教授、東吳楊孝榮教授等,皆為當時的會議主首。他們從民國七十七年開始堆動原住民教育研究,並根據研究結果,發展出第一期的「發展與改進原住民教育五年計畫」,後仍有民國八十六年的第二期計畫,以及明年要開始推動的第三期計畫。

回顧這段歷史,民國七十七年前後的最大差別在於李亦園等人所強調的是「平等的文化立足點」。這個概念我們可以從第一期發展與改進原住民教育計畫裡頭看到,而這也是官方文獻裡面第一次出現這樣的字眼,此後多元文化的價值便日益受到肯定。換句話說,從民國七十七年的教育研究委員會,以及接續發展的前後兩期發展與改進原住民教育五年計畫,乃至於民國八十七年所頒訂的原住民族教育法,開宗明義均主張要以多元文化的精神為基準。所以,民國七十七年以來的這段時間,可以說是台灣原住民教育的多元文化政策階段。

◆ 多元文化精神未徹底落實

• 張教授

不過,雖然這段時間可以稱之為多元文化政策階段,事實上多元文化的精神卻未徹底落實。這期間有很多學者都做過研究,其中一個是台大牟中原教授(他是行政院教育改革委員會的委員之一,負責原住民的部份),其於民國八十五年出版了一本有關檢討原住民教育的報告書,針對第一期的發展與改進原住民教育五年計畫加以檢討。至民國九十一年,譚光鼎教授也寫了一本有關原住民教育的書,[38]書中的檢討對象主要聚焦在第二期的發展與改進原住民教育五年計畫。在這兩期計畫的檢討報告中,他們都紛紛提到台灣的同化政策依然存

---

[38] 譚光鼎(2002)。**台灣原住民教育——從廢墟到重建**。臺北市:師大書苑。

在，而多元文化教育依然無法落實。當然，就好的一面而言，多元文化的精神確實開始受到人們的重視，亦受政策決策者相當程度之重視，陳水扁總統還說「多元文化就是我們的基本國策」，此話是很令人欣慰的。然，究竟要如何進一步落實這樣的「國策」或教育精神？由於過去缺乏這方面的經驗，因此，現在的我們也尚在嘗試、摸索的過程中。

◆ 原住民喪失其教育主權

• 張教授

撇開多元文化的部分暫且不提，其實台灣的教授們大概都認爲這幾十年來的台灣原住民教育政策呈現三方面的問題，且恐怕是更加需要解決的課題。首先，目前的原住民教育制度，還是依附著主流的教育體系。此舉若是可以把原住民的特色發展出來，亦有可爲之處，問題就在於我們還是按照漢人的方式來發展原住民教育，原住民認爲這對他們是相當不利的，因此有些原住民便希望爭取自己的教育主權。這些原住民希望彰顯他們的主體性，即使他們不能擁有教育權利，至少要有管理本身教育的權利。

◆ 原住民教育缺乏長期、整體的研究規劃

• 張教授

第二個，雖然前後有兩期的五年計畫，看起來好像已經有個長期規劃，但是事實上很多計畫項目或政策作爲還是比較短期、零星、片段的，無法串成一個整體，或者前後不能呼應。我們希望有一個比較完整、長期性的規畫。不過，雖然目前相關的原住民政策研究做得滿多的，可是原住民的基本資料、基本研究卻是相當欠缺。例如，我們主張老師的教學要配合原住民學生因文化差異而有所不同的認知方式或世界觀，但這方面的研究鮮少，僅有一兩篇碩、博士論文，使得我們很難憑著這一兩篇論文來做周詳的決策。所以，我們希望有個長期的規畫，把眼光放遠，而行政院各個會、教育部或行政院委員會也

應該要撥出固定比率的經費來支助、贊助或獎助學者從事這些基本資料的調查研究。

◆ 原住民的教育、經濟條件仍困窘

• 張教授

　　原住民政策的第三個問題是，目前影響原住民教育的兩大因素：首先是基本教育條件，例如設備是否充足？師資的調動率是否過高？其次，是更為重要的非教育的條件，好比貧窮的問題、原住民產業的問題。漢人常講一句話「人窮志短」，我們可以看到很多貧窮的漢人可能沒什麼太大的抱負，或者根本沒時間想抱負的問題，光是忙柴米油鹽醬醋茶就來不及了。所以，我認為發展原住民教育必須要同步發展原住民的產業政策或經濟政策。當他們的生活條件改善以後，他們對教育方面的投資、關懷，甚至是作為，都會有更好的發展。

四、學習紐西蘭毛利人的原住民教育

• 潘教授

　　剛剛張教授提到原住民教育發展有幾個大問題，第一個就是原住民教育制度依附於漢民族主流體系的問題。想進一步請教張教授，您認為應該要如何設計教育制度比較好？我們上一次也曾經提到原住民同胞覺得應該有自己一套原住民民族學院的設計，您的想法呢？

◆ 他山之石——紐西蘭毛利人的原住民教育

• 張教授

　　這個問題牽涉的範圍實在很廣，事實上，我們的基本資料實在做得不夠，無法下評論。不過，有些原住民在談建立原住民教育學制的時候，會援引紐西蘭毛利人的體制，希望能夠參照或比照紐西蘭的做法來進行。

　　紐西蘭毛利人也是在一九七０年代發現其族語流失得極爲嚴重，文化亦殘缺不全，於是興起一個強而有力的族群自覺、族群復興運動。在此運動中，他們認爲應該在教育方面有所改變，但當時紐西蘭白人政府根本不認爲他們能成什麼氣候。於是，這些毛利人開始自己想辦法，在倉庫或學校不要的教室裡頭，設立他們的「語言巢幼兒院」。他們把社區裡頭的幼稚園小朋友集中到這個地方來，由耆老來教他們毛利文。當時會講毛利文的人已經不到百分之五，而且都是一些年紀比較大的人。這些年紀比較大的耆老不見得有教書經驗，但是仍是邀請他們來教小朋友唱一些毛利語兒歌、玩毛利人傳統遊戲等，透過這樣的方式來傳承其語言與文化。幾年以後，他們發現效果滿好的，這些小朋友都能講一些毛利語，認識多一點的毛利文化。不過，他們也發現，這些小朋友到小學之後學的是英文，很快就把他們在幼兒院所學的東西拋到腦後了，這表示文化的紮根功夫做得還不夠，所以他們就開始設立毛利語的小學。

　　紐西蘭的小學是八年制的。當他們開始設立毛利語小學時，政府依舊採取旁觀的態度，所以他們只好尋求大學教授的幫助，在大學或社區裡頭尋找場地，開始辦起完全用毛利語進行所有科目教學的毛利語小學（當然，英文課還是用英文教學）。經營一段時間之後，學生越來越多，教學成效好像也不錯，雖然一開始他們的基本教育團隊不是太好，教材也不是那麼完備，師資也不見得合格，但他們憑著強烈的族群認同熱忱，堅持把它做起來。現在，紐西蘭政府也開始給予毛利人小學、毛利人幼兒園津貼、補助了。而他們也繼續設立毛利語中學，我聽說他們還希望設立毛利語大學。

　　有學者從事紐西蘭毛利人的教育評鑑研究，探討傳統半日主流學校與毛利語小學裡頭的毛利人兒童之教育成效。他們發現，就數學成績來說，毛利語學校兒童的成績不見得會低於主流小學的毛利學童。這個發現對全世界原住民族造成很大的鼓舞作用，台灣原住民也因此而前往參觀。

◆ 台灣參照紐西蘭政策之可行性不高

• 張教授

不過，我認為因為紐西蘭的毛利人至少佔紐西蘭總人口的百分之十左右，而且只有講一種語言——毛利語。

• 潘教授

這就是我想請教的，亦即您提到我們的原住民語言有三十多種。

• 張教授

起碼有三十幾種。

• 潘教授

所以困難度很高。

• 張教授

對。所以，對於我們是否可以照著紐西蘭的方式來全面推展的這個問題，我是持保留的態度。

◆ 台灣可先從設立部落幼兒園著手

• 張教授

當然，這不表示我們不能學習他們，我們也可以在台灣某一族原住民的聚集區或原鄉部落的幼兒園階段嘗試推出這樣的實驗，例如設立鄒語育幼院、達悟語、蘭嶼的幼兒園等等，看看這樣做會不會成功。假如成功，那麼就繼續往上推動，設立原住民語言的小學一年級、二年級，慢慢地循序漸進。這種方式必須在某一族群聚集的區域裡頭進行，會比較好做，假如族群數過多，或者社區裡頭多數是漢人，那麼可行性就會大大降低。

• 潘教授

您認為至少可以在幼兒園階段推行原住民幼兒園？

● 張教授

　　我想，原住民若有意願，我們就應該協助他們來做做看。若原住民自己沒有意願，而政府強行推展，就會變成是一種高壓手段，說不定還會背負罵名！所以，前提是原住民要體悟這是對他們有利的事情，而政府也應該盡力幫助。

五、原住民菁英人才的培育

● 潘教授

　　另一個問題是，您在對話中不斷提到國內基本研究做得太少，那麼您認為原住民人才或菁英人才到底該怎麼培育？應該如何建構這些原住民菁英的學習過程，才能讓他們可以在漢民族主流社會裡頭獲得成功？除了單獨成立原住民教育體制之外，到底什麼樣的教育體制對原住民孩子比較好？當然，我們一直主張「教材內容要符合他們的需求」，但不能否認的是，他們也得學習很多漢民族的主流文化價值、文化教材、或者職業技能。綜觀文化、政治、經濟等盤根錯節的社會結構，您認為要如何安排他們的學制會比較適宜呢？

◆　原住民菁英人才數量尚少，難以形成參照

● 張教授

　　過去我曾經指導過一篇論文，訪談一些獲得博士學位的原住民菁英，原本是想找出他們共同的成功要素，以供未來設計學制時參考，可是後來發現他們並沒有什麼固定的成功方式。在此研究中，我們訪問九位原住民菁英，因為當年（將近七、八年前）原住民博士滿少的，現在也只有二、三十個人左右。這九個博士又分為三種類型，一種是本族文化認同非常強，甚至還有一兩個對漢人存有敵意；另外一種是比較「漢化」的（如此形容可能會對這些原住民朋友用詞稍微激烈了點）；第三種就是介於兩者之間，認為哪種文化好就學習。因此，我

們發現僅以文化認同一項來看，他們就有三種模式，至於哪種模式好，真的難以斷言了。

◆ 首重廣開原住民入學機會、再加強多元文化教育

• 張教授

其實，前兩年我也主持了一個有關原住民人才培育的研究，這個研究發現和我們的一般印象差不多，也就是原住民人才有斷層以及分佈不均的現象。至於要如何培育原住民人才，我認為首先必須廣開原住民入學機會。當年我們做研究的時候，發現原住民學生國中升高中的入學機會比較少，所以我們就設立辦法修正這樣的現象。就學人數增加之後，日後再進一步強化文化方面的建設，慢慢地一步步來做，如此漸進式的政策或許是比較可行的。這一兩年來原住民在高中、高職、專科乃至大學的人數，比過去三、五年前就有了明顯的成長。

• 潘教授

要增加就學人數，必須設立一些優惠措施，如果從積極性差別待遇的觀點來看，事實上這也是發揮社會正義的一項重要措施。

• 張教授

不過，我認為原住民升學優惠不應只憑血統標準，應拿出一些「文化證據」來證明他是原住民，如此才能對其他弱勢族群有所交代，也才能真正實踐社會正義。

六、結語

• 潘教授

今天的原住民議題實在令人意猶未盡，非常感謝張教授為我們如此深入剖析原住民教育的議題，讓我們體悟到原住民教育確實是一個十分錯綜複雜的課題。然而，教育問題不能僅靠教育手段來解決，正

　　如張教授所言，原住民的產業政策亦須配合著一起規劃進行，如此才能真正突破原住民的教育瓶頸，為其尋求更好的明天、更能安身立命之多元文化社會。

編輯小語

* 文化認同：研究原住民文化認同議題，主要是以族群認同
為基礎。張建成（2002：155-165）指出，台灣原住民的文
化認同大致可分為三種取向：(1) 自治型的文化認同，又
稱為傳統取向的文化認同，意指其極力維護本族的傳統文
化，希望以自治的方式來發展或經營自己的文化與生活；
(2) 涵化型的文化認同，又稱為現代取向的文化認同，指
的是注重現代社會的生活邏輯，希望族人努力學習現代文
明的生存法則，以免為時代所淘汰。他們仍舊關心族群的
傳統文化與發展，只是將思考的重心集中在經濟條件的改
善與主流社會的適應上；(3) 融合型的文化認同，又稱為
傳統與現代雙向交融的文化認同，指的是既不擱置傳統文
化，也不排拒現代或主流社會，希望在兩者之間，取得一
個較高層次的統合。

* 台灣原住民族教育政策一覽表

時代	政策重點	政策內容
民國三十四——五十一年	山地平地化	剷除日時期皇民化的餘留影響，改良風俗習慣，建立國家觀念。推行國語文、生產技能、衛生教育。
民國五十二——七十六年	融合整體	依據「山地行政改進方案」實施原住民教育，以促進原住民族和一般社會融合。其學校教育的主要若包含建立國家民族意識、推行國語、傳授生活技藝、設置獎

		學金、改善學校師資設備。
民國七十七年——至今	開放發展	依據「山地行政政策評估報告書」實施「台灣省山胞社會發展方案」,強調尊重原住民文化與政策的多元教育。政府推出各種改進原住民教育的計畫,包含行政院成立「山胞教育委員會」(後改為原住民委員會),教育部擬定的一九九二年第一期「發展及改進山胞教育五年計畫綱要」、一九九七年第二期「發展及改進山胞教育五年計畫綱要」,行政教育改革審議委員會於一九九八年發表之「原住民族教育法」,以及原住民委員會主導之「原住民教育與文化政策規畫」

資料來源:整理自譚光鼎(2001:140)。

◆ 文化證據:以往有關原住民升學優惠措施僅依據血統證明,這兩年最新的升學優待辦法開始加註申請者必須提驗文化身分證據,亦即提出「文化證據」,例如必須檢核其母語能力。此一主張之目的乃為真正落實社會正義的精神,以及鼓勵原住民族同胞認同、學習並傳承自己的本族文化。有關原住民母語之檢核,原住民委員會制定了一個「原住民族語言能力認證辦法」,由部落裡的耆老來檢定原住民學生的族語聽、說、讀、寫能力。詳細法條內容請見行政院原住民委員會網站中的「法規查詢」之處。網址為:

http://www.apc.gov.tw/official/govinfo/lawsearch/
lawsearch_result.aspx?no=124

參考文獻：

張建成（2002）。**批判的教育社會學研究**。臺北市：學富。

譚光鼎（2001）。台灣原住民族教育。載於譚光鼎、劉美慧、
遊美惠編著，**多元文化教育**（頁 137-162）。臺北縣；空
中大學。

原住民教育補充資料

📖 參考文獻：

利格拉樂˙阿烏（1996）。**誰來穿我織的美麗衣裳**。台中：晨星。

利格拉樂˙阿烏（1996）。**一九九七原住民文化手曆：族群、土地、尊嚴**。臺北：常民文化出版社。

利格拉樂˙阿烏（1997）。**紅嘴巴的 VuVu**。台中：晨星。

利格拉樂˙阿烏（1998）。**穆莉淡 Mulidan——部落手箚**。臺北：女書。

利格拉樂˙阿烏著，阿緞圖（2003）。**故事地圖**。臺北：遠流。

譚光鼎（2002）。**台灣原住民教育：從廢墟到重建**。臺北：師大書苑。

各期行政院原住民教育委員會簡訊。網址為：

http://www.apc.gov.tw/official/publish/monthly/monthly.aspx

⊞ 參考網址：

台灣原住民族學院促進會 ATIPC：http://atipc.homelinux.org/

行政院原住民委員會 http://www.apc.gov.tw/

行政院原住民族生活資訊網
http://www.apc.gov.tw/indigene/index.aspx

行政院原住民族資訊網 http://www.apc.gov.tw/official/index.aspx

原住民教育研究中心 http://www.nhctc.edu.tw/~aboec/

原住民兒童教育網 http://www.apc.gov.tw/kids/index.aspx

第三篇：

美學教育

美感教育理念與美感判斷發展

主持人：潘慧玲（國立台灣師範大學教育學系教授兼教研中心主任）

討論人：崔光宙（國立東華大學教育研究所教授）

論壇日期：2004 年 05 月 30 日

❈討論題綱❈

【美感教育理念與美感判斷發展】

一、前言

◆ 楔子

二、美學的基本概念

◆ 美學的理論基礎——哲學、心理學、生理學、社會學、人類學、藝術史

◆ 美學的研究領域——美學哲學、美感經驗與藝術

三、美感教育的意義與教學

◆ 「美感教育」必也正名乎

◆ 美感教育的涵義——全人教育與藝術教育

◆ 美感教育的目標——培養人格統整的個體

◆ 美感教育的教學——遊戲化

四、美感判斷發展五階段

◆ 美感判斷發展的重要性

◆ 階段一：主觀偏好期

◆ 階段二：美與寫實期

◆ 階段三：原創表現期

◆ 階段四：形式風格期

◆ 階段五：自律期

五、結語

一、前言

●潘教授

今天一週教育論壇要與大家討論美的話題。生命中如果缺少了美，就像一口枯涸的井。美彩妝了人生，也孕育了完滿的人格發展。但如何能讓美在我們的生活中發酵，產生促動生命力的能量呢？美感教育即是關鍵的一環。今天我們特別邀請到東華大學教育研究所崔光宙教授來到一週教育論壇，一同討論美感教育。崔教授在美育領域耕耘了二十多年的時間，期間亦出版過《音樂學新論》、《美感判斷發展研究》等著作。請您先和大家談談，您接觸藝術與美學的經驗。

◆ 楔子

●崔教授

我從小就很喜歡音樂，但因家境不算寬裕故沒能學音樂，母親時常因不能讓我在小時候學樂器而感到遺憾。不過家中仍竭盡所能地讓我們能夠多接觸各類藝術，所以儘管家境不算富裕，仍買了一台真空管收音機，那是我最早接觸音樂的開始。我記得就讀小學時，翻版唱片一張大概台幣十塊錢，當時的麵包也是一個十塊錢，因此，我便經常中午捨不得吃飯，餓著肚子買唱片。

●潘教授

精神糧食對您比較重要。

●崔教授

確實如此。我發現音樂對我的吸引力如此之大。就讀新竹中學以後，接觸音樂的機會更多，而且當時的新竹中學連續十年得到高級中學全省合唱比賽冠軍。

●潘教授

我還記得，新竹中學甚為強調全人教育發展。

- **崔教授**

當時有三個科目是全校三分之一學生都不及格的科目，分別是音樂、美術以及體育。因為中學時的陶冶，因此就讀大學時，對於這些科目的興趣仍是十分濃厚。實際上，美學是到大學以後自學所得的。當時我就讀師大的教育系，並沒有這方面的課程，故對於美學的知識是我自學的。很多教育學術界的朋友都認為我不務正業，因為我研究的東西和他們差距很大。

- **潘教授**

這是你的副修"minor"。

- **崔教授**

音樂界或美術界的朋友，也認為我越俎代庖，因為我研究的東西與他們有相當的重複性。但我依舊樂此不疲，因為我的興趣始終沒有改變。

- **潘教授**

您也幫音樂雜誌寫過很多相關介紹文章。

- **崔教授**

截至目前為止音樂書已出版到第七本。為音樂雜誌寫樂評，其實也是機緣巧合，並不在原本的計畫當中。當時有人在辦音樂雜誌，但找不到作者，他們發現我有不少唱片，尋問我是否能夠嘗試寫樂評。於是，我便非常認真地以研究學術的方式來從事唱片評論。當然，經過十幾年的訓練，也慢慢建立起一些公信力。這個經驗大概是一般學教育的人比較沒有機會去接觸的。

- **潘教授**

崔教授長年的投入，也開闢了您另外一片天空。

二、美學的基本概念

• 潘教授

　　事實上，我最近感到有點遺憾，尤其覺得現今台灣社會充滿著劍拔弩張的緊繃氣氛，而我認為如何在生活中注入美的調和是非常重要的。因此，請您來談談，如何在社會裡落實美感教育？首先，我們來談談究竟什麼是美學呢？

◆ 美學的理論基礎——哲學、心理學、生理學、社會學、人類學、藝術史

• 崔教授

　　我曾經對美學下過一個簡單的定義（雖然簡單，但也頗具學術性），我認為美學具有理論基礎，而不是只憑感覺、隨便說說。美學的理論基礎有好幾個：第一，它是哲學的一部份。第二，它也是一個心理反應、一種心理直覺，因而當然與心理學有密切關係。美學有一個很重要主題：美感經驗，基本上即是心理學的研究領域。第三，它與生理學也有關係，例如我們看戲劇或聽音樂時，當戲劇表演到緊張時刻，我們的肌肉就會緊繃；輕鬆的時候，肌肉便會隨之放鬆。所以，肌肉的鬆緊其實也反應了我們欣賞美感的生理狀況。當然，一個人會否感到很興奮，與其內分泌也有密切關係，所以也有部份學者研究生理學與美學之間的關係。第四，美學與社會學也有密切關係，尤其很多音樂都是社會與文化的產物，是在特定的社會背景下，才產生的某一種藝術，我們叫做藝術的風格。不同時代有不同的藝術風格，因而，社會學當然也與美學有密切關係。第五，我們發現不同種族、不同民族的審美觀念是有差別的，於是，人類學研究也提供了我們這方面的瞭解。

• 潘教授

　　您談到人類學方面的研究，我便想到馬友友，他就是利用人類學的背景，到許多部落裡蒐集他們的民風、特別樂器的演奏。

• 崔教授

不只有馬友友，西方很多重要的藝術學派、音樂學派，也多少受到異民族的影響，最有名的例子如野獸派的高更，他研究大溪地的風俗民情；而音樂裡面的印象派音樂家德布希，則是聽了印尼甘美郎的音樂，發現他們的音樂完全打破西方的和聲規則，卻仍舊可以做出很有趣的聲音。這些都是異文化影響西方藝術發展的例子。

• 潘教授

國內許常惠也做了很多相關的作品。

• 崔教授

最後，是藝術史。美學之中的例子很多皆是源自於藝術創作的反省，如果沒有藝術史的基礎，其實無法瞭解美學。因此，哲學、心理學、生理學、社會學、人類學、藝術史都是美學的基礎。

◆ 美學的研究領域——美學哲學、美感經驗與藝術

• 潘教授

我們知道崔教授的哲學基礎非常厚實，因為您自己就是教授哲學教育課程。如果我們從哲學看美學，您的看法如何呢？

• 崔教授

最早的美學便是從哲學開始，雖然美學的研究範圍很廣，但歸納後不外乎三個問題：第一個問題是，希臘的哲學家好奇美的「本質」到底是什麼？美的「本質」與美的「現象」是相對的。所謂美的「現象」例如美女、美的風景、耳朵聽到的美的音樂、觸覺、或者嗅覺嗅到的美味食物等，這些東西都是「現象」。希臘哲學家很有想像力，他們想找出一個不變的東西，來解釋複雜的美的現象，也就是找出美的「本質」。最早從希臘哲學開始，譬如柏拉圖"idea"的觀念，或者是亞里斯多德的「形式」（form）觀念，都是美學的代表。

• 潘教授

哲學觀點要花很多時間才能講的通透。

● 崔教授

　　對，不過大概的觀念就是這樣子。第二，心理學的部分就是所謂的美感經驗，一個東西美與否，當然與我們的經驗有關係，我們會有一種感動的經驗，或者是一種愉快的經驗，即使聽到悲哀的音樂，也不會只停留在悲哀，感傷之餘尚有一種「悲劇的快感」，一種愉快的感覺，而這就是美感經驗。第三個主題則是藝術，美學終究還是以藝術做為研究基礎。

三、美感教育的意義與教學

● 潘教授

　　有一些學者認為美的涵養與人的精神自由有關係，譬如席勒提到要「通過美的教養，來培養精神自由的人」，您認為呢？

◆　「美感教育」必也正名乎

● 崔教授

　　對，這時我們會談到「美感教育」。事實上，美感教育的「美感」（athetics）一詞，就是從美學而來，但我們不能把"athetics education"翻成「美學教育」，因為這是一個形容詞，形容人的美感，故應該是「美感教育」。

◆　美感教育的涵義——全人教育與藝術教育

● 崔教授

　　在席勒的《審美教育書簡》一書中提到美感教育的兩種解釋，第一，就是您剛才講的全人教育；第二，就是藝術教育。全人教育最重要的就是「精神自由」，法國大革命時，席勒是當當時一位德國詩人，他對法國大革命感到又愛又恨，愛的是他看到法國這麼多人參與社會政治的改革，產生了轟轟烈烈的結果，然而恨的是法國大革命中期卻爆發了暴民政治，這是德國人所害怕的。雖然他們希望社會改革，卻也討厭暴力。席勒開始思考為什麼會有這些暴力？他發現這些人之所

以成為暴民，是因為濫用、誤用了真正的自由；亦即，行動自由、法律自由或是政治自由只是一個結果，它的背後應該要有一個基本原因，就是所謂的「精神自由」，意即道德上的自律精神。我們必須控制自己的情緒，找出一個指導自己行為、安頓自己行為的原則，才不會濫用自由，而這就是精神自由，美育談的也是這個部分。

◆ 美感教育的目標——培養人格統整的個體

‧潘教授

　　美感教育要擴大為一個全人教育，講究人的自律精神自由。那麼崔教授希冀台灣社會的美育要達到什麼目標？

‧崔教授

　　精神自由比較高遠，我們可以先設定比較近的目標。席勒於《審美教育書簡》一書中，在精神自由之前談了一個觀念，叫做「人格的統整」，他認為要達到人格統整之後，才有可能達到精神自由。那麼什麼叫做「人格統整」呢？我們知道人至少分成兩個部分，一個是理智，一個是情感。照理說兩者平常互不衝突，但如果安排不好的時候，就常常會有衝突發生。譬如，人在工作的時候，工作的職責會告訴我們，這個時候不能夠太情緒化，我們要"impersonal"，不能把自己的個性展露出來，必須要按照工作的指示、標準作業程序（SOP）來進行，不能夠憑好惡來判斷或是任意改變。所以，人在工作的時候，席勒稱呼之為「半個人」，只有理智的那一半，感情的那一半是丟開的，而非完整的人。那麼什麼時候是完整的人呢？就是在遊戲的時候，因為遊戲時要遵守遊戲規則，否則遊戲將無法進行。任何一種遊戲都有遊戲規則，籃球有籃球的規則、下棋有下棋的規則，馬要走「日」，相要走「田」，砲可以「跳」，如果規則亂掉便無法繼續玩下去。這是理智部分。另外，遊戲之所以為遊戲，是因為我們很喜歡玩它，否則棋盤一翻即可揚長離去。所以，遊戲的時候，人的情感與理智是和諧的。但人在工作之際是半個人，因為只能用理智來面對工作責任，不能夠濫用情緒，這個觀點對於教育有很大的啟發。中國俗諺

說：「勤有功，嬉無益」，我們總是把遊戲貶得很低，其實不然，實際上，遊戲才能夠展現一個人的整體，而工作時人卻是要壓抑他的另外一半，來滿足工作的目標。

◆ 美感教育的教學——遊戲化

• 潘教授

席勒認為美育有一個很重要的目標，即是要培養一個人格統整的人。那麼我們要如何透過美育來培養一個統整人？

• 崔教授

在教育上要把教育活動「遊戲化」。也就是讓教育活動既成為學生喜歡的，也能夠讓學生在做的過程中，經由喜好的動力引導以達成學習目的。假如把整個學習活動工作化，可能就會把喜好丟開，而強調達到工作目標，這不是我們所樂見的。

• 潘教授

工作也要遊戲化？

• 崔教授

對，工作也可以遊戲化。然而工作要如何遊戲化？聽起來好像不太容易，關鍵就在於老師有沒有創意。我常常覺得優良教學的特色，是老師必須扮演學生與教材間的橋樑角色，而不是把教材直接生吞活剝塞給學生。如果教師能夠把教材變成一個非常有趣的內容，以非常活潑的方式讓孩子學習，這樣他就會有學習的興趣與動力支撐，另方面也可以非常有效率地達到教學的目標。假如教師只考慮如何很快地達到教學目標，而忽略人的情感部分、人的學習動力，那麼這樣的學習效果有限、也無法長久。

四、美感判斷發展五階段

• 潘教授

除了從哲學的角度切入談美學,另外就是從心理學的角度來談美學,這便涉及美感判斷的發展。崔教授曾經花了幾年的時間,研究幼稚園到大學生的孩子們,美感判斷的發展情形,請您來談一談這些研究。

◆ 美感判斷發展的重要性

• 崔教授

家長或者老師也許只在孩子某一個年齡階段教過他們,但我們必須知道孩子的成長是經過很多的發展階段,而每一個發展階段都有它的發展任務。如果我們能夠了解這些發展階段的特徵與發展任務,那麼我們所辦的教育則可以比較順利地落實,否則只是憑空想像,或者塞給孩子不適合他年齡的東西,又或者是太晚給予教導,這些都是因為沒有具備發展心理學的觀念。過去發展心理學的研究主要落在認知發展上面,因為基本上認知還是比較容易處理,而美感的東西似乎較為虛無飄渺些,研究的人也相形地比較少。到了一九八七年,美國猶他州大學 Michael 教授認為孩子在每個發展階段判斷東西美不美的特徵是不盡相同的,於是他用了皮亞傑的觀念,發展出一套美感判斷發展五階段。不過,我認為其中第五個「自律階段」其實是一個理想,至少在我三百多個樣本的研究裡面,我不認為有誰可以達到最高階段。

• 潘教授

您還沒有做成人的樣本吧?

• 崔教授

我試過找一些教授作為研究樣本,但他們多半不答應,因為他們覺得萬一做出來屬於較低階段,會覺得很不好意思。

◆ 階段一：主觀偏好期

• 崔教授

　　第一個階段叫做"Favorite"，也就是「喜歡」的意思，我把它解釋成「主觀偏好期」，意思是這個階段的孩子是自我中心的。此一階段孩子的年齡大概是出生到六、七歲還沒上小學或是剛上小學的時候，這個年齡的孩子他有他自己特殊的喜好，會用他特殊的喜好來判斷他所看到的東西美不美。譬如，我問幼稚園的小孩子這幅畫美不美？他會說：「看起來還好啦！不過，裡面沒有小叮噹，所以，我覺得不怎麼樣」。這即是標準的主觀偏好期，他很喜歡小叮噹，因此畫中最好有小叮噹，如果沒有小叮噹他就覺得不好。或者你問他這幅畫怎麼樣？他會說：「我很喜歡黃色，整幅畫裡面都是黃色，所以我覺得很不錯」。他不會管配色的原理，只管有沒有他喜歡的顏色。

• 潘教授

　　所以，都是從自我出發來判斷。

• 崔教授

　　是的。

◆ 階段二：美與寫實期

• 崔教授

　　到了第二個階段，大約是六、七歲到十一歲左右的孩子，相當於皮亞傑的「具體運思期」。這個階段的孩子開始具備「寫實」的觀念，並認為寫實是很重要的。所以，當一幅畫裡的東西畫得越像的時候，他就說這個越好；不像的時候，他就說這個畫不好、不美。其實很多成人也都還停留在寫實階段。

• 潘教授

　　我經常聽到父母親說這個孩子畫得「像不像」，覺得「像」就是好。

- **崔教授**

對。其實我們判斷一件藝術的價值時,「像不像」不見得是最重要的事,即使不像也不見得就是不好。

◆ 階段三:原創表現期

- **崔教授**

第三個階段是十一歲以後,到幾歲則不一定,因為相較於之前的第一階段發展到第二階段是一個自然發展的過程,第三階段的孩子則是大量受到教育的影響。我訪問過鄉下文化刺激最少孩子,以及都市裡頭經常出國、經常看畫展的孩子,他們在第一、二階段幾乎沒有什麼差別,因為都是自然發展,文化刺激與教育的影響不大。可是,到了第三階段以後,教育的影響便十分顯著。第三階段稱之為"expressiveness",翻成中文的意思係指他會非常用心地了解這幅畫的作者想表達的究竟是什麼,而不是停留在表面的東西。譬如,有一幅畫是在草地上畫個小女孩,如果直接描述這個草地畫得好精細、小女孩畫得好像,那麼這就屬於第二階段。第三階段的孩子可能會覺得這個小女孩好孤單,為什麼一個人躺在草地上?他所謂的「孤單」的感覺,也許正是作者想要表達的,也許不是,但是他會開始試著詮釋作者想要表達的意念是什麼。因此,第三個階段有兩個很重要的條件:第一個是他的「自我觀念」開始成熟,如果他尚未發展自我觀念,就不會想告訴別人我到底想說什麼;第二個則是他要具有相當豐富的人文素養,開始會試著解讀他人心裡的想法。

◆ 階段四:形式風格期

- **潘教授**

第四個階段就到了「形式風格期」。

- **崔教授**

是的,此一階段乃屬於專業訓練時期,因為只有專業學習音樂曲式的人,或者專業學習構圖的人,才會瞭解這個音樂在曲式上何以動

聽、為什麼這幅畫在繪畫的構圖上是好的、風格上有什麼特殊的地方，這當然是需要過一番專業訓練才會有的，我們一般人大概發展到第三階段就已經相當不錯。

◆ 階段五：自律期

•潘教授

　　最後一個階段是自律期，也就是一般很難達到的階段。

•崔教授

　　是的，我訪問專業教授時，也很少有人可以達到這個階段。

•潘教授

　　何謂「自律期」？

•崔教授

　　「自律期」就是他會以其專業背景，據以瞭解各種不同藝術作品的「好」到底好在哪裡、「不好」到底不好在哪裡，卻無偏見，其實這個很難做到，因為通常愈專門的人，就愈有偏見，他會有自己的意見，如果不符合他的偏好，便會給予較低的評價。

五、結語

•潘教授

　　非常感謝東華大學教育研究所崔光宙教授和我們談了很多有關美感教育的相關概念，以及美感判斷發展的五個階段。然而，家長或老師在實踐美感教育時，要如何運用美感判斷發展階段來引導孩子的美感學習，就是我們下次論壇的重點。

美感規準、藝術語言與美感教育

主持人：潘慧玲（國立台灣師範大學教育學系教授兼教研中心主任）

討論人：崔光宙（國立東華大學教育研究所教授）

論壇日期：2004 年 06 月 06 日

✳討論題綱✳

【美感規準、藝術語言與美感教育】

一、前言

二、探討美感的判斷規準

◆ 美沒有絕對的標準

◆ 「本能的美」為人類共通

◆ 「學習的美」是藝術語言

三、藝術語言的學習

◆ 學習藝術語言有益於走進藝術欣賞領域

◆ 不同的文化情境有不同的藝術語言

◆ 人文素養的豐厚與否影響藝術語言的掌握程度

四、再探美感判斷發展「原創表現」階段

◆ 第三階段著重自我觀念的成熟

◆ 第三階段強調人文素養的豐富

五、美感教育的推展

◆ 藝術資優生乃天賦異稟

◆ 美感教育的成功需要家庭教育、學校教育與社會教育三者結合

六、結語

一、前言

• 潘教授

　　德、智、體、群、美五育均衡的教育，是國民教育發展的目標。但是，受到升學主義的影響，學校裡美育的實施經常受到漠視，也使得大家忽略圓熟人格的發展，需要感性與理性的優美結合。西方學者莫德和曾經說過，偉大的藝術教導我們如何放下窄制、利用、貪婪和物質，而全心眷顧、關照大千世界。因而人在審美的活動中，是具有情性的陶冶，亦具有某些程度化良知的功能。今天銜接上一集的內容，繼續談論美感教育，邀請到的來賓是東華大學教育研究所崔光宙教授。

二、探討美感的判斷規準

• 潘教授

　　上一集節目當中，崔教授特別提到他曾經針對幼稚園到大學生，做過一個美感判斷發展的研究，發現到孩子們的美感發展經歷了五個階段，也就是主觀偏好、美與寫實、原創表現、形式風格以及自律。然而，談到這些美感判斷發展時，會讓我們聯想到究竟要如何判斷什麼是「美」呢？有沒有一些共通性原則？還是因文化情境不同，會有不同的判斷規準？

◆ 美沒有絕對的標準

• 崔教授

　　美學領域裡這是即早便在討論的問題。《老子》第二章裡面的第一句話滿有趣的：「天下皆知美之為美，斯惡矣」。「美之為美」的意思是——美的標準這句話的意思乃是「要是天下都知道美的標準，那麼就是最壞的事情」。何以如此？因為每個東西都可以有它的美，不

同的人可以從不同角度來體驗不同的美，為什麼要規定只能有一個標準呢？訂定標準反而會阻礙我們欣賞更多的美的東西。

◆ 「本能的美」為人類共通

• 潘教授

可是，有時候我們並沒有刻意訂定標準，人類就會有一種判斷美的感受的共通性。

• 崔教授

其實美有兩個種類：一個是「本能的美」，一個是「學習的美」。所謂「本能的美」是指人天生下來就能瞭解、體會得到、不需學習。譬如，鮮豔的顏色比較美。就像樂高玩具只有三、四種顏色：紅色、黃色、綠色、藍色，為什麼它不用灰色、土黃色呢？因為孩子不喜歡那個顏色。這可以用生理學上的解釋，當鮮豔的顏色刺激人的視網膜時，會直接通到人的下視丘的愉快中樞，會讓人產生一種愉快的感覺。

• 潘教授

這是一種本能感受到的美。

• 崔教授

對，因此，這是不需要學習。又譬如聲音，為什麼我們會覺得有些聲音是噪音，有些是樂音？因為基本上樂音是有規則的聲音。

• 潘教授

對腦神經中樞的刺激也不一樣。

• 崔教授

例如噪音就是那些不規則的聲音，如果連續聽二十個小時的重金屬，短時間聽也許覺得很刺激、過癮，但連續聽可能就會受不了。因此，人們飼養一些高經濟價值的動物時，例如牛，他們都是播放巴哈

或者莫札特的音樂。花蓮的造峰農場即是如此，在餵食之前，皆以播放音樂來指揮牠們的動作，這是有道理的。又如神戶牛排也是用最好的食物、最好的音樂來養牛，因為音樂是和諧的，而和諧可以讓我們的心情平靜，可以緩和我們的情緒。這個道理連動物都知道，人當然能了解，這便是「本能的美」。

● 潘教授

人類對於本能美的感受，會有一些共通的基礎。那麼另外一種美就不一定是如此。

◆ 「學習的美」是藝術語言

● 崔教授

另外一種美就是需要學習的，為什麼要學習呢？因為那是藝術家的智慧創造。藝術家在創造藝術的時候，等於是在創造一種藝術的語言，這種語言如不經由學習是無法瞭解的。就像從來沒學過德文、法文，聽到德國人講德文、法國人講法文時，會不知道他在講什麼。有時候我們看藝術作品時，是不是也有同樣的感覺？不曉得作者要表達什麼，那是因為我們對這個藝術的語言非常陌生、完全不瞭解，這時候就要學習這個藝術的語言。譬如，西洋畫派分有印象派、野獸派、立體派、超現實主義，這些派別差別在哪裡？即在於它的藝術語言不盡相同。當然，它們彼此之間也有相同的地方，但也有不同的地方。譬如，立體派與野獸派即是相當地對比，因為立體派相信世界上的東西都是立方體、圓錐形或是圓柱體這種立體造型所構成的，因而，畫出來的東西都會將之還原成立體的造型。野獸派則正好相反，他們認為明明是以平面的畫面來畫這些藝術，為什麼要把它還原成立體呢？這是非常造作的事情。所以，野獸派畫家畫人或者其他東西的時候是沒有陰影的，完全是以平面來表達，重點放在非常粗獷的線條、非常原始鮮豔的色彩，來表達人類原始的感情，這就是他們的藝術語言。當我們了解這個畫派的藝術語言時，再來看他的畫時就容易多了。

- **潘教授**

依您所言，我們可能會發現一般人比較能夠感受印象派的畫，而野獸派的作品就比較難以被人了解。

- **崔教授**

對，一般人會認為這種畫即便是孩子也畫得出來，所以，我們要學習他們的藝術語言，才會了解他們要表達些什麼，而這就是所謂「學習的美」。當我們非常熟悉藝術語言之後，便可以分辨出同樣是野獸派，馬諦斯的畫就比其他人好，因為他可以淋漓盡致地把野獸派的美學發揮出來。

三、藝術語言的學習

- **潘教授**

我想進一步請問的是，就一個沒有學過藝術的人而言，印象畫派與野獸畫派給我們的印象很不一樣，那麼我們可否說印象畫派比較接近本能美的表現呢？或者說對於那些沒有學習藝術語言的人而言，印象畫派是比較容易被接受的？

◆ **學習藝術語言有益於走進藝術欣賞領域**

- **崔教授**

這也未必。早期的印象派是「外光派」，亦即要到戶外直接感受光線的瞬息變化，其所要表達的就是這種光線與色彩的瞬息變化。例如，清晨、黃昏，或者煙霧瀰漫等當視線不清楚的時候，與我們看到的教堂與天氣好時所看到的並不一樣。印象派經常不會選擇畫天氣很好的教堂，大部分都是畫視線模糊的教堂，這時候我們就要知道他是如何把這個東西畫出來，否則就不能瞭解它到底美在哪裡。比如水波的反射，那是瞬息萬變的美，在現場水波是會動的，因此，我們會覺

得特別美，但將它入畫之後，就得把經驗還原到水波蕩漾的感覺，才能夠欣賞它的美，而這就是一種藝術語言的學習。所以，其實「寫實」比較不用學習，但寫實以後的每一個畫派，都是要學習才能知道他們到底想要表達什麼。

- 潘教授

我們要學習藝術語言的表達，才能深入欣賞它的美。那麼一位欣賞者要如何了解這些表達形式？

- 崔教授

藝術語言形式有點像「文法」，對中國人來說，他不用學中文文法，因為他每天都反覆地聽，聽熟了自然就符合文法；但是當他學英文的時候，就得學文法，否則一開口便容易出錯。學習不同的藝術語言也是同樣的道理，不同的藝術語言會帶來不同的美學規則，例如我構圖有什麼特色、顏色要如何、線條紋理的特殊性是什麼。瞭解這些東西以後，就可以快速掌握這個藝術語言的特徵，就像學了文法以後，只要幾個單字套到文法裡面，講出來的英文基本上就八九不離十，這就是所謂藝術語言的形式。總之，語言形式就語言本身來說就是所謂的文法；就平面繪畫來說也許構圖、色彩、線條；就雕塑來說，是造型；就音樂來說，是曲式、和聲規則；就戲劇來說，則是戲劇的情節發展。總之，這些東西都是要經過學習才能夠深入了解的。

◆ 不同的文化情境有不同的藝術語言

- 潘教授

進一步想請教的是，方才談到「本能的美」具有人類經驗的共用規準，可是藝術語言表現的美就要學習才能瞭解，那麼是不是意味著不同的文化情境，美的規準就會不一樣？

- 崔教授

沒錯。所以，我們就回到剛才老子的那句話：「天下皆知，美之

為美，斯惡矣。」一個不懂水墨畫的外國人，可能會覺得水墨畫是如此無聊，怎麼只有黑色和白色，其實水墨畫可以用黑與白，畫出五彩的感覺。因此，當這個外國人不具備水墨理解的時候，就無法欣賞水墨畫的美，故這個是須要經由學習。而且，在不同文化情境的人們，判斷事情的角度亦有所差異。例如，我們畫水墨畫的時候，因為是用同一隻毛筆畫畫，所以，畫的重點在於線條而不是色彩，這也跟中西方繪畫工具不同有關係，這些都是不同文化情境下的產物。因此，我的美感發展研究中，有西方的油畫、也有中國的水墨畫，目的就是想了解這中間的差異。最後，我發現兩者其實差別不大，好的作品終究還是好的作品，不管是用什麼形式來表達。

- **潘教授**

那麼如果我們要欣賞一幅作品，您會不會建議我們先瞭解作品的時代背景？以及作者曾經做過那些作品？以讓我們能更深刻地理解他所要傳達的意旨是什麼？

- **崔教授**

當然會。所以，當我們覺得一幅畫很美的時候，其實這裡面包含了不同的層面與深度，首先就是天生的喜好。例如，我們會覺得梵谷的畫很美，因為他把鳶尾花紫色的美和向日葵黃色的美發揮得淋漓盡致，這兩種顏色在畫面上看起來很美，所以我們會覺得：「哇！這個好美唷」。但是，如果我們更進一步瞭解梵谷的生平，例如他曾經當過礦工，幾乎把他的生命都投入於關懷社會低階層的人，並且將他那非常強韌的生命力表現在畫面上，我們就會發現這些都是他能夠畫得如此動人的重要因素。是以，如果我們可以先了解梵谷這個人以及他的生平遭遇，或者是他的作畫特色和當時他與印象畫派的互動，之後再來看他的畫，那麼我們的感受將會完全不同，而這些都是包括在人文素養裡面。

◆ 人文素養的豐厚與否影響藝術語言的掌握程度

• 潘教授

　　了解藝術語言的形式是一個基礎功夫，但似乎還是不能了解藝術作品背後所要傳達的想法，這是否就涉及到人文素養的問題？我們以欣賞者和創作者的角度來看，如果創作者知道藝術語言的表達形式，就可以把音符加以排序，而創造出一個作品，可是欣賞者似乎還是看不到背後要傳達的豐碩思想是什麼。所以，我還要請教崔教授，就像我們聽莫札特小時候的作品和後來年紀較大時的作品，會不會因為欣賞者的人文素養不一樣，對於作品繃發的生命力的感受也會有所不同？

• 崔教授

　　我舉一些比較具體的例子。很多家長會發現孩子在很小的時候，也許繪畫方面展現出超人的天分，或者音樂方面似乎是個天才兒童，但是到了某一個年齡（通常是十二歲）以後就遇到瓶頸，無法有更好的突破。問題到底出在哪裡？乃在於人文素養上。當一個小孩演奏一首很難的曲子，在技巧上表現得很完美、沒有錯誤，人家就會把他當作天才兒童來看，因為一般的小孩做不到。可是，當這個孩子要成為一位國際級的音樂大師時，絕對不是只看技巧有沒有缺點，更重要的是有沒有自己的獨特風格？亦即所創作的音樂是不是和別人完全不同？這中間的差距就在於有無人文素養？情感表達是不是和別人有所差異？思考問題的思路特殊性如何？對社會的關懷情感是不是可以在音樂裡面充分表現出來？這些都是音樂讓人非常感動的地方。所以，天才兒童的音樂的美，是讓人「驚訝」的，而大師級的音樂的美，才會真正讓人「感動」。就像我們聽馬友友、林昭亮小時候的演奏，會很驚訝他們怎麼可以拉得這麼好？但是今天再聽他們的音樂時，實際上，就是感動於他們對社會的關懷，兩者的感受是有所不同的。

- 潘教授

　　談到馬友友和林昭亮，他們勢必也是走過同樣的歷程，也就是剛剛崔教授所講的，不只是技巧的純熟而已，而是人文素養的豐厚。

- 崔教授

　　對，他們在二十歲到三十歲都經歷過一段尷尬時期，因為這時候他們已經不是「天才兒童」，但大師級的獨特風格也尚未顯現出來。

四、再探美感判斷發展「原創表現」階段

- 潘教授

　　對創作者而言，人文素養的充實是很重要的，那麼一位欣賞者呢？您曾經做過美感判斷發展的研究，看到好多孩子停留在第二階段「美與寫實」的發展階段，是不是要從第二階段發展到第三階段是比較困難的？

◆ 第三階段著重自我觀念的成熟

- 崔教授

　　因為第三階段需要加進幾個重要的因素，首先就是自我觀念的成熟。國小階段的孩子基本上已經認識自己的名字、自己與他人不同的地方、還有家庭的狀況，但這個時期的孩子還不會太注意這些問題，因為他的自我觀念還不是那麼強烈。但是進入國中便有所不同，我們會發現很多問題發生在國小孩子身上可能沒問題，然發生在國中孩子身上就會產生問題。例如，家庭的破碎對於國小孩子而言，可能沒那麼在乎，時間過去也就算了，但若發生在國中孩子身上，他便會很羞於啟齒，不能接受這樣的狀況，這就反映出他的自我觀念正在成熟中，因此，他不能接受自己的這部份。在學習解讀藝術語言時，自我觀念的成熟是非常重要的，因為第二階段的「寫實」是一個很簡單的

標準，只要判斷和真的東西像不像？像就是好，不像就是不好。但是到了第三個階段展現他的表現能力時，就需要解讀創作者的心理狀態，他到底想要表達些什麼，而這就需要自我先成熟，才能知道別人想要表達什麼。

◆ 第三階段強調人文素養的豐富

・崔教授

第二，我認為基本上「自我」的經驗還是比較貧乏，我相信國中孩子再怎麼經驗豐富，還是很有限，但如果他能更透過文學豐富的內容、透過歷史理解、透過思想的訓練或者情感豐沛的材料，就可以突破狹窄的心胸，看到一些不常經歷的事物，比如死亡。國中孩子很少會經歷死亡，但如果他的親朋好友曾歷經過死亡，而他也對死亡有興趣，那麼他便會對死亡有更多的了解。愛情亦同。我談這兩者的原因，是因為在浪漫的文學裡面，愛情的死亡是一個非常重要的主題，特別是悲劇通常都離不開這兩個主題，如同羅蜜歐與茱莉葉，他們最後的殉情就是故事動人之所在。如果我們對於這種愛情死亡的主題沒有比較深刻的了解，當然就不會被羅蜜歐與茱莉葉的故事所感動，而這就是我們所謂的人文素養，裡面包括了文學戲劇的內容、歷史的廣度、思想的深度。

・潘教授

其中當然包括了自己的深刻體會、自己的人生經驗，再透過戲劇、文學作品，而有深刻的相互呼應與對照。

・崔教授

所以，藝術學習並不是了解藝術的形式就夠了，我們還可以從其他的學習領域吸取養分，例如文學、歷史、地理或者社會上許多值得我們關懷的層面，甚至是科學研究，都可以提供我們清晰的思想理路，這些範圍也都是人文素養的一部份，是以，藝術學習牽涉到的層

面相當的廣。

五、美感教育的推展

◆ 藝術資優生乃天賦異稟

• 潘教授

您所談的美感判斷發展五個階段，一般而言不會是跳躍式的，換句話說，一定是"step by step"，每個階段都是循序漸進。可是有時候我們會看到有些孩子的發展比較快，甚至是音樂資優生、美術資優生等，這些孩子是如何能夠在創造發展階段中，發展得比別人快？

• 崔教授

所謂的資優生是有其特殊的條件。比如音樂資優生的絕對音感要非常好，而且他的旋律記憶能力也要很好，很多獨奏家在舞台上激烈表演的時候，根本沒有時間看譜，故擺放樂譜其實乃為使其心安，真正的演奏家是從頭到尾完全背譜。試想，有時候一場音樂會兩個鐘頭，這兩個鐘頭的樂譜都要全部都記在腦袋裡，這是一個普通人做得到的嗎？

• 潘教授

所以，這是先天的能力？

• 崔教授

對，那是先天的能力，因此，我們才會說他是資優。而美術亦復如是，美術的資優生其實是從第二階段「美與寫實」開始，就要非常精細地觀察他要畫的對象，美術資優生的素描能力很好，其實就是透過精細的觀察而來。是以，文藝復興三傑：米開朗基羅、拉斐爾和達文西，他們的畫與中世紀繪畫相比，會發現他們畫的人的比例非常正確，他們是經過很多的努力，買了很多的屍體來解剖，之後才了解人

身上的每一塊肌肉、每一塊皮與骨骼。因此,當我們看米開朗基羅雕的大衛像時,必須了解那非是普通人便可以雕塑出來,因為他是解剖屍體才能把這些東西掌握得很好。

• **潘教授**

達文西也是如此,他也曾解剖過非常多的屍體。

• **崔教授**

是的,這些就是所謂美與寫實的基礎,需要花費很多力氣,非常精細地了解人體的結構。

◆ **美感教育的成功需要家庭教育、學校教育與社會教育三者結合**

• **潘教授**

最後要請崔教授談一談,當我們已經了解孩子們的美感判斷發展情形,那麼我們的家庭教育、學校教育、社會教育要如何配合?

• **崔教授**

美感教育要成功,絕對不是單一的機構即可達到,至少必須要學校、家庭與社會三方面充分配合,也就是學校教育要提供藝術專業知識與人文素養,假如學校只是上一些藝術學科、語文學科,而沒有培養人文素養,其實是無法達到成功的美感教育。而家庭教育需要家長與孩子一起成長,也許家長原來不是那麼喜歡音樂,但是隨著孩子學音樂、陪孩子一起聽音樂會、一起看藝術表演,便提供了家長與孩子共享或者一起深入了解藝術的機會。至於社會教育機構,可以提供表演與展出的場地,歡迎家庭與學校一起來參與活動。總之,當欣賞的知識有了,活動也有了,最後活動的專業場地也有了,美感教育才可能成功,如果只是一方的努力是沒有辦法做到的。

六、結語

• 潘教授

　　亦即三者的結合創造了三贏的局面。今天非常感謝東華大學教育研究所崔光宙教授來到一週教育論壇。

從美術課到視覺藝術——台灣美術教育的發展

主持人：潘慧玲（國立台灣師範大學教育學系教授兼教研中心主任）

討論人：陳瓊花（國立台灣師範大學美術學系教授）

論壇日期：2003 年 03 月 02 日

❋討論題綱❋

【從美術課到視覺藝術——台灣美術教育的發展】

一、前言

二、概覽台灣的美術教育

三、美術教育的本質論與環境論

四、生活中的美術教育

◆ 學校教育與家庭教育的陶冶

◆ 在日常生活中發揮藝術溝通的精神

五、九年一貫美術教育的實施現況與展望

◆ 藝術人文領域中專業分工與欠缺表演藝術專業的問題

◆ 教師應善用研習、活用其他社會資源

◆ 教師自覺為美術教育未來發展之關鍵

六、結語

一、前言

● 潘教授

　　日常生活中的美感教育非常重要，如果每一個人都能欣賞、創造環境周遭的美，則我們的身心將能更均衡地發展，而美術教育即是培養審美藝術能力的重要媒介。今天要來談談美術教育，所邀請到的來賓是台灣師範大學美術系陳瓊花教授。先請陳教授簡單地介紹台灣美術教育的發展情形。

二、概覽台灣的美術教育

● 陳教授

　　目前美術教育的推展方向有兩個，一個是專業的美術教育，一個是一般的美術教育。國民中小學課程標準的修訂是以全民教育為方向，而專業藝術教育方面，則是以培養專業藝術創造以及相關人才為導向，目前我國並沒有特別為專業藝術教育擬訂一個適切的課程標準發展方針。九年一貫實施之前，美術教育的設計是依藝術教育本質來規劃的。所謂「藝術教育本質」是個體在藝術方面的發展，這可從兩方面來看，一方面是以其藝術方面的獨特才能，來再現其經驗；另一方面，則藉由與外界溝通以及藝術作品的賞析，來表述其想法。所以，個體的藝術成長包括兩個層面—"creative"與"responding"，亦即創作和鑑賞的發展。

　　九年一貫實施時，台灣整體教育思潮有了劃時代的改變。有鑑於以往分科教育的割裂（例如一個在學校裡教了十幾、二十年的美術老師，可能和音樂老師少有來往，更不知其授課內容），九年一貫課程統整開始將許多科目加以整合。其實藝術和其他學科領域有很密切的關係。例如，從藝術史來看，要了解一個藝術家，不能只是抽離脈絡來看他作品，因為這樣的了解是相當片斷的，而是要將其作品納入脈

絡（這個脈絡本身包括了社會、人文環境）中來賞析。

• 潘教授

　　當我們檢視美術教育發揮的功能時，總是會回想起小時候接受美術教育的情形？以前上美術課的時候，老師總是發給每個人一張白紙，要我們自己畫畫。過去我們總想，美術老師怎麼這麼好當呢？然隨著教育思潮的改變，美術教育也有了不同的發展，對於美術是否應合科還是分科，也產生了許多不同的看法與論述。不過，即便論述各異，相同的是當我們欣賞美術作品時，必須結合生活場域和社會脈絡，才能真正了解藝術作品呈現的意義。

三、美術教育的本質論與環境論

• 潘教授

　　我想請教陳教授，當我們談美術教育時，是不是有所謂「舊」美術教育思想和「新」美術教育思想？譬如，有人認為美術教育對兒童心理解放、性格培養、感官能力發展，甚至對觀察力、記憶力、思考創造力和腦力開發有很大的幫助，並將這類想法稱為「新」美術教育思想；而傳統比較強調造型素材能力的培養，便稱為「舊」美術教育思想。

• 陳教授

　　美術教育有「本質論」和「環境論」的問題。所謂「本質論」亦即從事或參與藝術活動可以增進知覺敏銳和想像力思考，有助於個體本身的成長；而從「環境論」的觀點來看，藝術本身應該對生活、社會、國家發生正面的意義和功效。所以，藝術到底是幫助個人成長或者有更大的面向？這個問題長久以來就有各種不同的價值論斷，這時候就應該回歸到美術老師身上。其實美術教育能不能推展成功，最關鍵的還是老師，老師的價值觀念必須因應環境、職場、學生而有所調

整，故學生乃最為重要。如果某位學生在藝術方面有特殊性向，那麼老師就必須協助他發展這方面的能力。不過，到底應該持何種價值論斷並無定論，事實上各種說法都有其意義，就看你是在何種脈絡下來運作。

● **潘教授**

陳教授的意思是說，事實上，美術技巧能力的培養也是滿重要的一環，而想像能力的發揮、審美，這些都是美術教育的重要功能。

● **陳教授**

我們並不會要求一般學生在美術技巧上有超高的能力表現。有一派說法就指出，學生常會抱怨為什麼美術課一定要畫水彩畫？為什麼不能從生活中學習美術？另方面，我們也發現一些美術系學生繪畫技巧非常好，然而舉辦展覽時需要他們鋪桌布、擺點心，卻竟然變得好似無能的模樣！也就是說他們在藝術上的學習，似乎沒有辦法與實際生活應用適切地銜接。

四、生活中的美術教育

● **潘教授**

如何把藝術能力發揮至生活裡確實頗為重要。舉例來說，我發現法國是一個充滿藝術氣息、創造力與想像力的國家。我記得大約十年前，我到法國，一下飛機就發現他們的接駁車直接連結了飛機（通常飛機會接一個走道通往機場，再由接駁車轉至市內），我第一次看到這樣的設計覺得好驚訝，為什麼他們有這麼好的創造力？這是我在其他國家所看不到的。到了巴黎，你也會看到到處都充滿藝術氣息。如何讓我們台灣的孩子能夠在美術教育的過程中，也能夠慢慢薰陶出審美的能力，也能夠把這樣的能力運用到日常生活之中？

◆　**學校教育與家庭教育的陶冶**

• **陳教授**

　　我認為有兩個方向。首先，學校老師可以在學生學習的過程裡不斷地提醒學生，並且在課程的設計上結合專業學科和生活應用，也就是教材內容本身應該涵蓋生活層面。以我女兒為例，她很喜歡看一些青少年服裝雜誌，這種雜誌裡面的服裝 style，或者是色彩運用，可以和學校教材結合。當我們提到美的形式、原理原則，或者是在美術課裡討論美醜問題時，就可以透過這些雜誌與生活銜接，當然也得以維持學科本身的專業。我認為老師可以如此嘗試。

　　另外，家庭教育也扮演了一個很重要的角色，因為父母與家人對於生活周遭的設計與佈置，即是於潛在中教育孩子美感與品味。所以，有時候開車經過哪個自然美景，可以提醒孩子感受和領會大自然的美。因此，美感教育本身不全然要靠學校教育，家庭的影響也很大。

◆　**在日常生活中發揮藝術溝通的精神**

• **陳教授**

　　其實美術本身就是一種溝通，和誰溝通呢？和周遭環境、和人。所以，我認為孩子與成人間之所以會有代溝，可能是缺少溝通管道，或者我們沒有讓孩子學習如何進行良好的溝通表達，這時候就可以把藝術表現的溝通方式，遷移、轉換至日常生活裡頭。

• **潘教授**

　　陳教授把藝術的內涵擴大，成為日常生活裡頭溝通的一環。

五、九年一貫美術教育的實施現況與展望

• **潘教授**

　　接下來，我們談談目前美術教育在中小學實施的問題。請陳教授

從美術老師、教法或設備的角度，來談談您對當今美術教育的看法。

◆ 藝術人文領域中專業分工與欠缺表演藝術專業的問題

• 陳教授

國民中小學九年一貫課程統整的原初想法是很好的，它企圖想要瞭解各科之間相似和互通的地方，就某種程度而言，其本質與以往課程標準所規劃的並無太大的不同，只是必須要橫跨單一科目，瞭解各科之間的聯繫。但在作法上卻產生很大的問題，美術老師會質疑他是不是也要教音樂或表演藝術？其實這些都不是其本身的專業，那麼他要如何面對學生？這是目前很多老師的質疑，所以，他們就必須要參加一些相關的研習以補不足之處。

• 陳教授

其實，九年一貫的藝術與人文領域強調課前溝通協調與專業分工，因此，老師們要關注的應該是如何在學期前進行課程統整設計、並專業地運用協同教學來進行課程。當然，這其中還有一個很實際的問題，就是表演藝術應該怎麼做？這個問題就牽涉到必須要瞭解其他藝術領域的老師在做些什麼。譬如，雖然我不一定有表演藝術專業，可是就一個藝術素養良好的老師而言，多少也懂一些人文或其他領域，這對本身的教學絕對有幫助。我們都知道如果專業表演藝術能夠進入校園，對孩子來說是非常好的，然而在師資的培育上，如何讓表演藝術老師合格化是一個很重要的問題。我認為這個問題可以彈性處理，例如制定相關政策，讓表演藝術的老師到學校教書後沒有隨時解聘的恐懼，讓老師無後顧之憂地發揮其專業。

• 潘教授

陳教授提到九年一貫課程當中，美術是屬於藝術與人文領域，其包含表演藝術、視覺藝術以及音樂。您也提到事實上很多老師並沒有表演藝術的專業訓練，現在突然在藝術與人文領域裡頭增加這個部分，確實會讓老師感到恐慌。那麼當時如此重視表演藝術的原因是什

麼？

• 陳教授

其實藝術與人文領域本來只有音樂和美術，但是《藝術教育法》之中含有表演藝術，因而便將表演藝術也納入藝術與人文領域。當初概覽國內中小學教育，和表演比較有關係的是體育，不過，體操的美感與舞蹈、戲劇到底還是有段距離，表演藝術基本上是著重於藝術性的表達，故將之擺進藝術與人文領域裡。表演藝術之所以會在藝術與人文領域佔一席之地，我想最主要是因為《藝術教育法》的制訂。

• 潘教授

方才陳教授特別提到，教育部並無要求美術老師也需教音樂，而是強調專業分工、彼此協同合作來設計課程，我想這大概可以解決美術老師目前的一些疑慮。而唯有解決引入表演藝術的老師到校園之中的問題，才能真正解決美術老師欠缺表演藝術專業的問題。

◆ 教師應善用研習、活用其他社會資源

• 潘教授

除此之外，當藝術與人文成為一個領域之後，老師在教學上應該如何調整？

• 陳教授

藝術與人文強調的是對人、社會與國家的關懷，對自己及國家的認定。我認為倒不一定是統整課程，因為統整課程也不一定就能夠達到人文層面希望給學生的素養。所以，課程統整只是輔助，最重要的是老師必須在自我認知上瞭解藝術與人文真正的意義與價值，才不至於使老師們即便不斷參加研習，還是不知道藝術與人文到底該怎麼做。其實，研習的目的是要讓老師更清楚自己的位置，使其自省，並思索學生可以從教學裡學到什麼，也要思考在課程統整的技術面上如何與其他老師合作，或者如何從自己的領域延伸到其他領域，也就是

以視覺藝術為核心向外發展。我認為老師不一定得透過修習表演藝術，才能讓孩子了解表演藝術，也許能夠以外聘的方式讓藝術家到學校裡進行專題演講，或者以授課鐘點的方式和老師一同協同教學，有許多進行的方式。

● 潘教授

　　除此之外，還有沒有其他相關配套（譬如社會資源）需要特別注意的呢？

● 陳教授

　　目前政策上鼓勵科技融入教學，因此，許多美術老師都已習慣將影像儲存，透過電腦和單槍來呈現，這樣確實方便許多。不過，從審美教育的立場而言，我們還是希望能夠讓孩子欣賞真品，也就是原作，美術館就是個很豐富的資源。當然，除了美術館以外，我們也可以把生活裡與藝術相關的活動融入教學，並善用社區資源，而學校也要提供電腦相關設備供老師使用。

◆　教師自覺為美術教育未來發展之關鍵

● 潘教授

　　目前九年一貫課程才推動不久，國中也才推動第一年，您覺得未來要朝什麼方向努力？

● 陳教授

　　基本上，老師都是很專業的，只要老師是以協助學習者為立場，則不管他發出什麼樣的訊息，學生多少都會有所收穫。另外，我認為老師應該具有自主性的價值判斷，對於九年一貫的進行，應該要有自覺能力決定課程如何統整、教學如何進行。

六、結語

● 潘教授

今天我們談了很多美術教育的重要性與功能。從美術教育的發展（從以前的美勞課到現在九年一貫課程裡的藝術與人文領域）中，我們可以發現美術教育逐漸重視從人文的角度、生活的角度，重新思考美術應該發揮的功能，並且希望這樣的設計更能幫助孩子美感的發揮。

編輯小語

名　　稱：藝術教育法（民國 89 年 01 月 19 日 修正）

第一章　總則

第 1 條

藝術教育以培養藝術人才，充實國民精神生活，提昇文化水準為目的。

第 2 條

藝術教育之類別如左：

　一　表演藝術教育。
　二　視覺藝術教育。
　三　音像藝術教育。
　四　藝術行政教育。
　五　其他有關之藝術教育。

第 3 條

藝術教育之主管教育行政機關：在中央為教育部；在直轄市為直轄市政府；在縣（市）為縣（市）政府。

第 4 條

藝術教育之實施分為：

　一　學校專業藝術教育。
　二　學校一般藝術教育。
　三　社會藝術教育。

前項教育依其性質，由學校、社會教育機構、其他有關文教機構及社會團體實施之。

第 5 條

各級主管教育行政機關對從事藝術教育工作成績優異之機構、團體或個人，應予獎助；其辦法由各級主管教育行政機關定之。

第二章　學校專業藝術教育

第 6 條

學校專業藝術教育以傳授藝術理論、技能，指導藝術研究、創作，培養多元的藝術專業人才等為目標。

第 7 條
學校專業藝術教育由左列各級各類學校辦理：
 一　大專院校藝術系（所）、科。
 二　藝術類科之大專院校、高級中等學校及其附設之國民中、
  小學部。
 三　高級中等學校及國民中、小學藝術才能班。
前項第二款藝術類科之大專院校、高級中等學校為教學需要，得
經主管教育行政機關許可後實施一貫制學制。

第 8 條
高級中等學校及國民中、小學，經報請主管教育行政機關核准後，
得設立藝術才能班，就具藝術才能學生之能力、性向及興趣，輔導
其適當發展。
前項藝術才能班設立標準，由教育部定之。

第 9 條
各級藝術類科學校、設有藝術系（所）、科之大專院校及設有藝
術才能班之學校得辦理推廣教育；其實施辦法，由各級主管教育行
政機關定之。

第 10 條
各級藝術類科學校、設有藝術系（所）、科之大專院校及設有藝
術才能班之學校，因教學及實習之需要，得於學校分別設立各種實
習、展演、研究等單位與場所。
前項單位與場所之設立及管理辦法，由學校擬訂，報請各該級主
管教育行政機關核定；其設立所需經費，得報請其上級主管教育行
政機關補助。

第 11 條
各級藝術類科學校、設有藝術系（所）、科之大專院校及設有藝
術才能班之學校，其學生之入學資格與修業年限，分別依各該級學
校相關法令之規定。但對於具特殊藝術才能之學生，經甄試通過，
得降低其入學年齡、放寬入學資格、縮短修業年限。
具特殊藝術才能學生之入學年齡、放寬入學資格、縮短修業年限
之辦法與甄試標準，由教育部定之。

第 12 條

　藝術類科之高級中等學校附設之國民中、小學部及國民中、小學藝術才能班學生之入學採鑑定方式，由主管教育行政機關辦理，家長申請登記，不受學區之限制。

第 13 條

　高級中等以下學校藝術類科（班）學生因故無法繼續就讀或經學校開會認定適應不佳者，得由原就讀學校輔導轉入普通班或轉校就讀。

第 14 條

　辦理專業藝術教育及藝術才能班之各級學校，其課程應以專業為重點，有關設備、班級編制、教師聘任資格、員額編制、課程設計等，應配合各該藝術類科之需要，由學校邀請專家學者及家長代表共同商定之。

　第三章　學校一般藝術教育

第 15 條

　學校一般藝術教育以培養學生藝術知能，提昇藝術鑑賞能力，陶冶生活情趣並啓發藝術潛能為目標。

第 16 條

　各級學校應貫徹藝術科目之教學，開設有關藝術課程及有關藝術欣賞課程並強化教材教法。

　前項之藝術欣賞課程應列為高級中等以下學校共同必修；並由教育部統一訂定課程標準，使其具一貫性。

第 17 條

　各級學校應充實藝術教育設施、美化校園環境、辦理各種與生活有關之藝術活動，並鼓勵校內藝術社團之發展。

　各級學校應善用地區藝術資源，加強與藝術機構之交流，提昇一般藝術教育品質。

第 18 條

　各級主管教育行政機關應編列專款支應各級學校辦理一般藝術教育活動。

第 19 條

社會藝術教育以推廣全民藝術教育活動，增進國民藝術修養，涵泳樂觀、進取之人生觀，達成社會康樂和諧為目標。

第 20 條

社會藝術教育係指學校藝術教育外，對民眾提供之各種藝術教育活動。

第 21 條

各級主管教育、文化行政機關應考量社會需求，培育社會藝術教育人員及傳統藝術教育人才。

第 22 條

為實施社會藝術教育，公立社會教育、文化機構應遴聘特殊藝術專才或技藝人員；其辦法由教育部會同中央文化主管機關定之。

第 23 條

為推廣社會藝術教育，教育部或中央文化主管機關得輔導民間專業團體辦理藝術技能評審與授證；其辦法由教育部會同中央文化主管機關定之。

第 24 條

為提昇社會藝術水準，各級主管教育、文化行政機關應整體規劃及推展社會藝術教育活動，並結合或輔助各公私立機構、學校及社會團體舉辦相關活動。

各級主管教育、文化行政機關、社會教育、文化機構得設或附設展演團體。

第 25 條

各級主管教育、文化行政機關應編列專款推展社會藝術教育活動。

各級主管教育、文化行政機關應獎助民間籌設基金，以推行社會藝術教育；其辦法由教育部會同中央文化主管機關定之。

第五章 附 則

第 26 條

本法施行細則，由教育部定之。

第 27 條

本法自公布日施行。

美術教育的教學與鑑賞能力

主持人：潘慧玲（國立台灣師範大學教育學系教授兼教研中心主任）

討論人：陳瓊花（國立台灣師範大學美術學系教授）

論壇日期：2003 年 03 月 09 日

❋討論題綱 ❋

【美術教育的教學與鑑賞能力】

一、前言

二、美術教育的教學策略

◆ 活運用演繹法與歸納法

◆ 造學習環境、引發學生動機

三、審美與鑑賞能力的提昇

◆ 養多元的藝術鑑賞能力

四、淺談印象派、抽象派與野獸派

五、女性藝術家的創作

六、結語

一、前言

● 潘教授

　　今天我們邀請到台灣師範大學美術系陳瓊花教授,來談美術教育的議題。接續上回我們談到美術教育在台灣的發展情形,這次我們要來談談美術教育的微觀面向,也就是課程與教學面向,以及如何提昇審美與鑑賞能力。

二、美術教育的教學策略

● 潘教授

　　最近故宮博物院正展出福爾摩沙展,讓大家有機會回顧台灣過去的歷史文物。事實上,世界各國都有很好的博物館或美術館,如果美術教育要發揮功能,那麼美術館或博物館都是很重要的資源。所以,首先要談談如何運用美術館等寶貴的資源,來配合美術課的進行,以及如何拓展自己的審美能力?

◆ 靈活運用演繹法與歸納法

● 陳教授

　　從審美教育的觀點來看,有機會看到原作,感受原作散發出來的美感氣息與質感是很重要的,這就是為什麼要到美術館的原因。再者,我們要在教學上善用美術館,這是教學策略面向,其中有兩種最基本的方法:演繹法與歸納法。帶孩子看作品的時候,第一種方法不事先提供關於此展覽或藝術家的相關訊息,讓孩子先到美術館裡頭感受美感空間的規劃,看看作品本身,也許他會去挑他最喜歡的作品,或者哪一件作品讓他感到非常的疑惑,為什麼會這樣畫?老師可以先設計問題,譬如,請學生挑一個印象最深刻的、最喜歡或者最討厭的作品,然後讓大家討論展覽室的主題,讓他們去研究,再把研究結果做分組討論報告或者各別發表。第二種方法老師可以在事前先讓孩子

針對某個主題或某個藝術家做功課，或提供相關資訊給學生，讓學生先瞭解這個主題展在談什麼，這個畫家在做什麼，然後再將孩子帶到現場感受作品。在這個過程中，老師要讓孩子知道這些背景資料只是幫助瞭解作品，最重要的是要觀賞作品本身，而不是記了一大堆知識，卻沒有一張作品能產生精神上的契合與深刻領會。所以，第二種方式是先提供知識相關脈絡的瞭解，再接觸作品本身，但在過程中孩子要能與作品互動交流。這兩種方式在學習上都有它的價值，也都有它的意義存在。

● 潘教授

剛剛陳教授用了一個很好的譬喻，一個是歸納法，一個是演繹法。歸納法就是先不讓孩子了解每一個作品產生的脈絡是什麼，畫風是什麼，而讓孩子先去感受、去歸納，進一步做研究，然後探索原來看到的那幅畫的畫風如何。而演繹法是老師事先跟學生說明這個畫風是屬於這樣的風格，我們到美術館就是看這些作品，並且以學到的這些原理原則來看這個畫是屬於印象畫風或者抽象派等，這就是我們說的演繹法。老師有這兩種方法可以引導小朋友，那麼哪一種方法比較好呢？或者它們的利弊得失，應該如何應用呢？

● 陳教授

在培養個體審美能力發展的目的上，這兩種方法都有它各自的意義，因為審美能力的發展，例如學習者知覺辨識能力的增強，一定要有一個審美的對象，亦即所謂的客體，也就是畫作本身，提供一些客觀的特質來促進知覺辨識能力的強化。另外，增加孩子對作品脈絡的瞭解是認知的層面，藉由視覺記憶的不斷儲存，可以引導他奠定豐富想像力的基礎。是以，兩者都有其教育意義存在，當然，在實際教學時，如果一直重複應用一種方法，學生會很不耐煩，應該要彈性應用兩種方法。不過，最重要的還是要不斷地觀察孩子喜不喜歡來這個地方，能否接受這些東西，因為除了技術層面之外，還是要讓孩子真正去感受並喜愛美術。

◆　營造學習環境、引發學生動機

• 潘教授

　　這又引發了另外一個問題，我們如何能讓孩子願意和喜歡去看這些畫作，並進一步有從事畫畫工作的慾望。這是因為我聯想到自己的育兒經驗，我也買了一些畫冊給女兒看，可是我發現她沒有動機去瞭解畫冊裡的畫作要呈現什麼意義，我們應該如何引起學生的動機呢？

• 陳教授

　　我認為這是最困難的地方，我們發現青少年的喜好往往和我們教學者有所差距。所以，選擇到美術館參觀展覽的時候，要事先了解學生可能會對哪一個展覽比較感興趣。譬如，台北市不同的美術館同時有不同的展覽，我們可以事先調查，再讓孩子自由選擇。其實這種學習是帶有一點點強迫性，也就是設法營造一個機會讓學生去看，即便剛開始他是沒有興趣的。我先生以前在士校的時候，也試著讓這些軍校的孩子每個月到故宮看展覽，甚至於幫他們準備便當。剛開始，有些孩子很不願意，但他發現這些孩子逐漸表示收穫良多，孩子說他從來沒有去過美術館，不知道這裡面有這麼大、這麼好玩的東西。所以，興趣是經過培養而來的，問題在於如何踏出那一步？那則須提供接觸的機會，而這即是父母或老師所要設法營運的。也許剛開始很困難，學生也不一定接受，但慢慢地也就成為一種習慣。有一個朋友的女兒因為父母親都從事藝術教育，故從小就到美術館參觀，在她的成長過程中，去美術館變成是很平常的活動，現在她已經是國小的學生，仍然經常要求要到美術館，到美術館無形中已經變成她的習慣。所以，端看我們如何營造學校教育與家庭教育。例如，到美術館喝咖啡雖然是附帶的活動，可是就讓你感到很愉快。而且，到美術館除了看畫、活動之外，亦包括了與家人的相聚或討論，這些都是營運出來的，是我們可以試著去做的。

三、審美與鑑賞能力的提昇

● 潘教授

　　事實上，引發興趣之後也會增長能力，當你愈來愈懂得如何看畫的時候，也就愈來愈有興趣看畫。不過，其實我們一般人都不知道該如何拓展審美能力。舉例而言，我們經常看到國內舉辦畫展，例如幾年前印象畫派即展出過好幾回，一般人很容易接受印象畫派的畫風，然而像畢卡索那種抽象的表達方式，就可能因為我們的審美能力還沒有提升到那個程度，難以了解畫風所要展現的是什麼，使得我們很難進入狀況。對於這一點，您覺得就個人或老師引導學生而言，要如何提升審美能力與鑑賞能力？

◆　培養多元的藝術鑑賞能力

● 陳教授

　　這涉及到如何讓個人宏觀地面對他生活的周遭，讓他更具有彈性。譬如，對一般人而言，印象畫派的作品充滿了美感的、客觀物像的真實性，很容易就能與你生活周遭的畫面連結，因而人們很容易接受、也很願意接受，無形中，就成為大家喜歡的作品。其他一些較複雜、甚至於不一定很美的作品，事實上，也是藝術環境及現象不同面向的呈現。我們會發現藝術創作的人所思考的面向，和一般人所思考的面向不盡相同，藝術家會試著去拓展表達的方式，讓藝術作品呈現不同的面貌。譬如，剛開始你可能很喜歡印象畫派的東西，當然這沒有什麼不對，也沒有什麼不好，因為印象派確實讓你感到很舒服。就像我到某個餐廳時，很習慣每次一定要點麻婆豆腐，因為我很喜歡，可是這個餐廳裡還有其他的菜色，我似乎一直沒有讓自己有機會接觸、嘗試一下。在藝術方面也是同樣的情形，除了印象畫派之外，其實還有許多藝術創作的表現方式，假設不讓自己有機會去瞭解、接觸，那麼是不是在人生的旅程上只會吃「麻婆豆腐」？是以，可以試著讓學習者有更多元的選擇空間與能力。

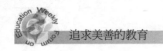
- 潘教授

您的意思是我們的口味有時候可以更換一下，不一定每次都吃麻婆豆腐，宮保雞丁也挺好吃的。也就是說，一個人對於美術的鑑賞應該多方面嘗試，就像吃飯一樣，宮保雞丁要吃，麻婆豆腐也要吃。

四、淺談印象派、抽象派與野獸派

- 潘教授

適才您提到因為印象畫派描述了許多我們日常生活的景象、光和影的變化，讓我們比較容易接受。但是對於抽象畫派甚至於野獸畫派，它們所要表達的是什麼？可否請陳教授跟我們談一談讓我們在嘗試不同口味的時候，先有一個基礎的了解。

- 陳教授

印象畫派在早期非常著重於自然、光、影之間的關係，以及其在物品、景象上的變化。早期的藝術家都會把畫架拿到室外觀察、畫畫，早上畫、中午畫，和晚上畫的其實都不一樣，所以，後期印象派的畫家，便趨向於形的考慮與觀察，追求這種本質上不變的東西，而這就牽扯到藝術家在藝術上的創作表現。歷代藝術家都希望在形式上加以變革，也就是在表現方式上，因為觀念的不同，形式表達方式也就不一。所以，我們會發現野獸派的藝術家在形式上的呈現，是以單純化的色彩來表達。

就視覺溝通的典範而言，有學者提到其實影像提供了訊息，這些訊息是由藝術家所傳遞，可是最後觀看者解讀時，卻是根據他的文化背景和教育來解讀藝術作品。這之中有一個交集點，即是畫面呈現出來的客觀的東西在哪裡？一方面是聯想的，一方面是物本身存有的特性，從這兩邊的互動中可以發現，每一時期藝術家的表現形式都不盡然相同。亦即我們一般人很容易了解印象派的藝術，因為它和我們日

常生活周遭的景象相似，感覺上人就是人，衣服就是衣服，這是很清楚、也很容易瞭解的。所以，如美學家所言，藝術本身也是一種認知，在認識藝術作品的時候，要多待個三分鐘和它作面對面的交流，這樣做的目的就在進行知覺上的處理，接著再瞭解它的脈絡。今天不管是到哪一個展覽場所或面對什麼景象，它一定會提出一些作品，對你丟出一些問題，而這些問題就是可以進一步瞭解和研究的地方。

五、女性藝術家的創作

• 潘教授

我們談了很多不同畫派的畫風，也都各有特色，不過，我們介紹的畫家好像都是男性，事實上，也有一些優秀的女性藝術家，請陳教授也跟我們介紹一下。

• 陳教授

從藝術發展史角度來看，長久的藝術發展是以一元式的西方帝國主義為主軸。當今由於後現代的衝擊，每一種藝術的產生及創作方法，都必須納入脈絡、環境、文化裡觀賞，各種藝術表達都有它存在的價值意義，沒有所謂的高低之別。而之前藝術的發展是一元的，優劣的評判是從男性的角度來思考，故在藝術史的發展裡，我們會發現許多論述談的都是男性藝術家的創作，至於女性藝術家到底做了什麼，似乎鮮少有人了解，而且那被認為是過於細微的、不足以去談論的。現在因為女性主義的發聲，大家逐漸重新檢視這一路上我們是不是忽略了什麼，那些所謂弱勢族群、或者不同族群、又或者沒有聲音的團體，他們到底做了些什麼？有人開始重視這樣的問題。

在女性藝術家中，頗具代表性的是墨西哥女畫家芙烈妲‧卡蘿（Frida Kahlo）的作品，她有一幅作品是她的自畫像。我在前幾堂性別議題的課程中，便讓學生直接面對作品，分組討論他們看到這個

作品的想法。這幅畫畫面的呈獻就是卡蘿自己，背景是一個沙漠，各地面表層都有一些溝漕存在，她的臉部充滿了淚水，身體的支架變成一個愛歐尼亞式的支柱，兩邊類似繃帶般地綁住她的身軀。幾組學生在不了解這位藝術家的前提下進行討論，他們都認為可以從藝術作品中，感受到她身上那一顆顆的釘子代表的就是她的痛。但是為什麼這位女性藝術家會這樣表現？所有的學生都感受到她的表現方式非常迥異於印象派時期的那種美感，學生也從中發現並感受到藝術家在試圖溝通，而她以這種溝通方式呈現出不同的情感素質，不過學生同時也產生一個問題：為什麼她會這樣畫？於是，學生開始猜謎，猜謎可以激發學生的想像力，大家就開始猜為什麼她要這樣畫。最後，老師再說明畫家的成長及背景。在這個討論的過程中，無形便鼓勵、啟發了學生的想像力，也提供了一些畫作的訊息給學生。

　　至於卡蘿為什麼會這樣創作？其實這與一般男性藝術家創作時所關懷的是一樣，也就是來自於生活的經驗。卡蘿本身患有小兒麻痺症，其後又遭逢嚴重的車禍，不停地動手術，故其身心都受到了創傷。這張作品就是在她手術之後所創作出來的，代表了她生活實際經驗的反照。除了身心上的問題，最重要的因素是來自於她和她先生的關係。她先生是墨西哥當地一位很有名的壁畫藝術家，年紀較她長二十幾歲，然藝術家多情，有許多風流韻事，也就帶給她許多精神層面上的衝擊：既要依附，又要切割，又要獨立等。她先生甚至和她一位感情最好的妹妹發生不倫的關係，這對她造成了相當大的傷害，而這些都反映在她的作品裡。

　　我們可以從作品裡感受到一位女性藝術家在創作過程中所付出的某些層面是和男性藝術家一樣的，但她所付出的另一些層面可能是我們之前所不知道的，我們可以透過她的作品來瞭解一個女性藝術家如何面對創作的環境、如何獲得肯定、如何獲得藝術成長。有些藝術史學家覺得女性創作的東西都是生活周遭細微之物，其實從這種很細微的、看似非鉅觀社會關懷的角度來創作，卻形成了一個很重要的社

會關懷的支點。所以，各種藝術作品本身都有它的藝術價值和意義存在，而且，從作品裡面可以看出藝術家的想法與看法。

- 潘教授

我們經常可以看到一位藝術家的創作常常反映出他內心所關懷的面向、反映他的內心世界。您提到在男性和女性藝術家所呈現出來的內心反映上，女性藝術家主要表現的是其周遭的細微面向，還有沒有其他的面向，可以讓我們更能夠欣賞周遭的藝術作品？

- 陳教授

其實，我一直覺得藝術就在我們的生活周遭，很多細微的事物都和藝術有關。例如我今天去 shopping，就表現了我的藝術涵養認知和品味。參觀美術館是一個點，但是，更重要的是怎麼用我的心去領悟我的周遭環境？我想諸此種種都可以提昇審美能力。

六、結語

- 潘教授

非常感謝陳瓊花教授今天到一週教育論壇跟我們談了很多，希望能夠使大家在美感教育上能夠有所提昇。

追求美善的教育

音樂資優人才的培育

主持人：潘慧玲（國立台灣師範大學教育學系教授兼教研中心主任）

討論人：林淑真（國立台灣師範大學音樂學系教授）

論壇日期：2003 年 03 月 30 日、04 月 06 日

✹討論題綱✹

【音樂資優人才的培育】

一、前言

二、音樂資優人才的培育

◆ 台灣音樂資優教育的發展歷程——出國辦法與音樂班

◆ 樂班設立受政經因素影響

◆ 發掘、啓迪音樂資優生

◆ 樂教育必須從小紮根

三、音樂教育的環境

◆ 樂教育課程設計的專業與配套

◆ 單軌學制培育音樂人才需要課程上的配套

四、音樂資優教育的未來展望

五、結語

一、前言

• 潘教授

今天要討論音樂教育的問題。一個人如果沒有情性的陶冶，生活會顯得枯竭，而音樂正是涵養心靈、陶冶性情的重要媒介。孔子常將禮樂並提，並曾經說過：「禮云禮云！玉帛云呼哉！樂云樂云！鐘鼓云呼哉！」，故在孔子眼中，音樂與禮制具有同等重要的地位。

一般而言，我們談音樂教育時分為兩個部分來處理，一個是如何培育音樂資優人才，另一個是如何做好一般學生的音樂教育。很高興請到台灣師大音樂系林淑真教授來到一週教育論壇，林教授長期推動音樂資優人才的培育工作，可否請您先和大家談談您參與過哪些工作？

二、音樂資優人才的培育

◆　台灣音樂資優教育的發展歷程——出國辦法與音樂班

• 林教授

從民國六十三年教育部設立音樂資優班開始，我便參與這方面的工作，剛開始是評定設班的可行性，後來也參與招生和評鑑工作，一路走來已有近二、三十年的時間。

• 潘教授

時間真的過得好快，不過這也表示您的經驗非常豐富。如果我們回顧過去有關資優人才培育的歷史，可以發現早期有《天才兒童出國辦法》，而民國六十三年開始也有了音樂班的成立。例如私立光仁國小（台北市天主教光仁國民小學暨附設幼稚園），以及許多公立國小、國中、高中（例如師大附中），政府都陸續在這些學校設立了音樂班。可否請林教授談談整個音樂資優教育的歷史發展過程？

• 林教授

　　這一路走來頗為辛苦。早期出國尚未解禁，必須是天才兒童、省賽冠軍，又或者必須透過特殊的管道才能出國。例如早期的陳必先、辛民風等人。國內最早開始成立音樂班的學校是光仁小學，約在民國五十二年便已設立，培育了很多英才，尤其當時透過教會的管道，讓他們得以在尚稱保守的時代，接收到外面豐富的資訊。所以，光仁國小對早期人才的培育實在功不可沒。

　　之後，政府體認到需要培育音樂人才（因為體育、音樂或美術這方面的訓練，都必須從小時候開始紮根），大概在民國六十三年便開始籌劃資賦優異實驗班，台北有福興國小、台中有光復國小、高雄有鹽埕國小，每位考取的學生皆是人才中的人才，競爭非常激烈。陸續發展之下，國中也設立了，於是高雄則有新興國中。這些實驗班幾乎都是先在大都市設立。

　　出國辦法改變後，終於可以不需經過省賽或特殊管道才能出國，使許多學生有機會可以到國外接受教育。現在，這些早期出國唸書的資優人才都已經回到台灣，投入基層工作之中，也正好趕上銜接的時期（不像早期的時候，因為音樂老師不多，故常常必須從這個學校教到那個學校）。我記得當初古亭國小設立音樂班時，因為隸屬於師大，故學員素質佳，就學的學生也無城市之分（早期招生可以橫跨整個台灣省，甚至有高雄的孩子前來就讀），培育了許多非常優秀的人才。

◆　音樂班設立受政經因素影響

• 潘教授

　　剛剛您提到，從民國六十二年開始，陸續成立了很多音樂班，小學、國中到高中都設立了音樂班。民國八十八年的時候已經有三十一所小學、三十二所國中都開設音樂班。今年是民國九十二年，班級數是否越來越多，還是有些停辦了呢？

- 林教授

　　當我參加教育部全國評鑑工作的時候,我以非常客觀的態度提供他們一些建議。例如,有的地區因爲政治上的考量而設立了很多的音樂學校和班級,比如同時在宜蘭河的南北兩邊皆各有一所音樂學校。我認爲一個地區或縣市不需要有這麼多班級,應該要集中資源。因此,我在當時的評鑑報告中寫得非常清楚,也做了整合、合併的計劃。但設置辦法裡只有明定學校設班的輔導辦法,而沒有結束班級的處理要點。所以,目前我們只能在評鑑的時候給學校改進的意見,讓他們合乎現代的教育方法,並提供音樂潮流的走向,但無法結束班級。不過,我還是認爲公共資源應該要被整合。

- 潘教授

　　這就表示現在的班別一定比八十八年來得多。

- 林教授

　　其實也沒辦法擴充太多,因爲政府現在規定設立班級要有開辦費,並且接下來需由各縣市政府輔導,因此,地方政府必須想辦法籌措財源和設備才能設立音班班。再加上音樂班所需要的皆並非簡單的設備,例如必須要有很多樂器、隔音設備和演奏場所,所以,各縣市教育局並沒有急於擴充班級,僅是就現有的音樂班加以改善或增加一些設備,我認爲這是比擴大設班還重要。不過,目前我並無繼續擔任評鑑工作,並不清楚現在班級數的情形,但我相信並沒有做大幅度的增加,因爲錢的來源還是一大問題。

◆　發掘、啟迪音樂資優生

- 潘教授

　　特殊才能的孩子從很小就能看出他的才能所在,所以,我們經常講莫札特是天才兒童,五歲的時候就開始學琴、開始作曲,六歲的時候可以演奏,他智慧的火花迸放的非常早。請林教授談談,一般而言,

要如何看得出這個孩子是音樂資優呢？

- **林教授**

以我的經驗，我常常看到有些幼稚園後的孩子，雖然沒有經過專業訓練，但著手感卻特別好、節奏感很敏銳，或唱出來的聲音很準，這些基本條件都是與生俱來的。當然，先天條件必須靠後天訓練，使其更規則化，導向更大的發展，但有一些是無法經由訓練所得。所以，我們會發現某些有此天賦的孩子可以學音樂。另外一種是在父母、老師都不知道孩子資質的情況下，即讓孩子學習音樂，他們大部分參加的是坊間的基礎教育，比如 YAMAHA 音樂班、先修班或安親班等。上課過程中，受到學習上的刺激，輔以有效的教學方法和工具，孩子的潛能開始彰顯出來。於是，老師可能會發現某個孩子不錯，便決定讓他參加正軌音樂班的入學考試，之後就有很多的訓練，例如聽、演奏技巧、合奏和理論等各方面的訓練，讓這個孩子能一直朝音樂的路發展。這是以後天的音樂教育來啓發他先天的條件。上述兩個方向都可以找到音樂資優的學生。

- **潘教授**

就先天上來講，有的孩子可能音抓得非常準，音感特別好，甚至於有些孩子聽了音樂之後，就可以馬上彈奏出一首曲子。

- **林教授**

這就是所謂的「絕對音感」，在他大腦裡面有個區塊使他的 memory 非常好，容易吸收音樂。先天條件是與生俱來的，有時候父母雙方都不懂音樂，但是卻迸出一個音樂天賦很棒的孩子。當然，音樂資優的小孩也是要遇到好老師，以良好的教學方法引發出他的才能。我曾經有一個學生，他原先的老師告訴他不用學了，他媽媽很傷心地問隔壁學音樂的鄰居，這個鄰居正好是我的學生，他請這位媽媽帶孩子來給我看，我的學生告訴這位媽媽說：「假如我的老師告訴妳不用學了，那麼大概就是不必再學。但假如老師說還有可以學的地

方，那就可以學」。那位媽媽帶孩子來的時候，我聽那個孩子彈琴發現他很冷靜，也很有邏輯，其實邏輯需要很好的人才能學音樂。我發現這個孩子雖然還缺少很多東西，還需要很多的 training，不過，我認為這個小孩可以訓練、可以學。於是我告訴他媽媽說可以試試看三個月。我用一些方法引導他，經過一年多後，他已經變成政府文化建設基金委員會（文建會）裡面的一個種子學員。我認為他即是一個資優人才，因為這個孩子非常冷靜，頭腦很清楚。像這種邏輯很好的學生，一彈巴哈就非常清楚，這種學生的數學也一定很好，一問之下果真如此。

• **潘教授**

後天的啟發也是很重要的，必須找對老師。

• **林教授**

沒錯！所以「音樂教育」這四個字一定要被承認，不能被抹煞。

◆ **音樂教育必須從小紮根**

• **潘教授**

繼續來談音樂資優人才的培育問題。從民國五十二年至今，已經有好多音樂班設立，從私立到公立，從小學到國中、高中都有音樂班的設立。進一步想請問林教授，您覺得應該以什麼方式進行音樂班的培養？亦即，幾年級的學生比較適合接受學校音樂班的培育？

• **林教授**

我覺得不管是學習音樂、美術或者任何語言，都應該是愈早愈好，因為愈年幼的孩子可塑性愈高。當然，有部份的樂器學習會受到體型或發育的限制，比如嘴型是否已成熟、手夠不夠大都會有些關係。但在某些基礎的 training 方面，我認為是愈早愈好。現在小學三年級即已開始設立音樂班，不過，我想他們不會從小三才開始學習，差不多從幼稚園大班以後便陸續接受音樂的訓練。我認為音樂班的年

齡也可以再降低，不過這牽涉到很多資源應用的問題，政府目前的財力可能難以再擴充小學班級。所以，我認為至少應該從小三開始。早期音樂班是從小四開始學，例如古亭國小，後來才慢慢往下延到小三。

- ● 潘教授

如果現實許可的話，林教授覺得還可以提前到一年級？

- ● 林教授

是的。然而，不可否認的，要給孩子專業的訓練，就需要有全面的教育配套和課程配套。這裡講的「課程」是廣義的課程，不只是音樂課程，還包括一般學習課程的配套，這些都必須具備特殊的設計才行。譬如，孩子也要很清楚美學，而他的語文能力、數學等也要到達一定程度。但如何拿捏術科與學科之間的比例，其實並不容易，因為孩子年紀越大、升學壓力越大，尤其國、高中的學科壓力相當大。音樂表現不錯的學生常常因為升學壓力，而缺少許多術科的練習時間，逐漸屈服於學科壓力之下。

學藝本來就是熟能生巧，必須靠時間累積，不可能只是坐著看一看譜，打一打電腦，就能彈奏出美好的音樂，絕對是要一個音一個音、一句一句地訓練。所以，這就是何以有些人先前音樂才能很好，到最後卻不了了之。還有一個原因是家長時常認為孩子到了國、高中努力唸書就好，然後考個台大、師大，不必再學音樂，太浪費時間，而且練下去也不一定能夠考得上音樂系，因為理想的音樂學校有限。

三、音樂教育的環境

◆　音樂教育課程設計的專業與配套

- ● 潘教授

目前音樂班的課程設計如何？又如何安排學科與術科？特別是

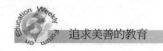

要花很多時間練習的術科要如何設計？

● 林教授

　　我覺得音樂班的孩子真的很不錯，個個都是聰明的孩子，因而才可以應付繁重的功課。當然，在課程設計上，普通班學生也要上音樂課，但是音樂班的音樂課比較專業、深入，他們學音樂的時間更多，所以，必須利用下午的時段學習。另方面，音樂班有些學科必須減課，並加入一些音樂專門課程，故時常必須調整童軍課、家政課等科目。

● 潘教授

　　我記得有一部電影叫《琴韻動我心》，談的是一個音樂秉賦優秀孩子的故事。我深刻感受到要培養一個音樂人才，不能只有技能上的訓練，他的學養和通識能力也應該被重視，因為我認為如何讓孩子把一首曲子詮釋的非常好，學養和通識能力亦頗為重要。則在音樂教育的課程設計上，林教授有什麼建議？

● 林教授

　　我認為音樂欣賞很重要，音樂欣賞不僅是聽音樂，它有靜態的，也有動態的一面。一般來說，對於一首曲子或一位作曲家的作品，不應該只探討其在鍵盤上、琴弦上、樂器上的演奏，對於作曲背景以及作曲家的生活環境，也都要有所了解。假如學生的興趣廣泛，例如對美術有興趣，對體育、勞作、文學和數學等各方面都有興趣，那麼這些接觸對孩子的學習都會有幫助。我十分反對只有單線的學習（例如拉小提琴的就只會拉小提琴），因為藝術是一個綜合體，音樂只是其中之一。當然，我們應該專注在主修上，但孩子若是沒有獨立的思想，只是接受老師所給予的，便無法在音的線條上琢磨。如果不能加上藝術的涵養，我想他的音樂是很平淡的。所以，通識能力很重要，即使一般學生也要接受通識教育，因為美術、體育、電影、資訊等各方面課程都是學生需要學習的。

◆ 單軌學制培育音樂人才需要課程上的配套

• 潘教授

針對音樂人才的培育，您認為需不需要讓音樂資賦優異的孩子有獨立的學校學習，例如音樂小學、中學，甚至連接到大學，以這種單軌的方式來培育呢？

• 林教授

給孩子一個特別的環境當然很好。二○○一年的時候我在歐洲，歐洲有兩個不同的體系，一個是音樂院，一個是高中、大學的體系。在歐洲，學音樂的學生經常會雙主修。歐洲在這近十年內會將音樂院轉變成音樂大學，在體制上有變動的計劃。當時，我參加一個歐洲的研討會，他們對台灣的學制非常好奇，因而我便準備了很多東西來參加這個研討會。

台灣的學制是介於美規與歐規之間，結合兩者的體系。為什麼歐洲要把音樂院變成大學呢？第一個原因是因為他們的音樂院是免費的，變成大學之後就可以收費，故為了每個國家的財源收入，便將音樂院轉型為音樂大學。第二，他們希望學生除了學習單一樂器之外，還能有多樣的學習，也就是第二專長的培養，我認為這也非常重要。總之，我認為給學生一個像音樂院這種單一學校的環境是很好的，因為單一學校會有很完整的課程，學生不需要為了其他課程而奔波，但也必須要有很好的配套措施，例如學科不能丟棄。其實學生從學科課程之中可以學到很重要的東西與他應該知道的東西，雖然不需要背一大堆，不過能力的培養還是必須，因此，課程的設計非常重要。

• 潘教授

您贊成有專門的音樂學校？

• 林教授

我贊成，但是配套的課程設計很重要。

四、音樂資優教育的未來展望

• 潘教授

可否請林教授談一談國內音樂資優環境的展望？

• 林教授

我仍然感到樂觀其成，因為這是一定要做的事情，它是屬於音樂教育裡頭最為精緻的一環，而且必須要有這精緻的一環，才有其下廣泛的音樂人口，舞台上必須有人演出，舞台下才會有人欣賞。假如我們沒有訓練音樂資優人才，有一天舞台上演出的人則將全是外國人，看不到自己國家的音樂人演出，那麼就無法發展自己的固有文化。所以，我認為訓練音樂資優人才是滿重要的事情。

五、結語

• 潘教授

感謝林教授今天與我們分享音樂資優人才的培育，讓我們了解體制內音樂教育的情形，也獲得許多提昇音樂素養的方法與知識。的確，如林教授所言，藝術教育的傳承必須持續並且重視，如此才能延續舞台上的薪火、延續舞台下的熱情！

音樂欣賞入門

主持人：潘慧玲（國立台灣師範大學教育學系教授兼教研中心主任）

討論人：林淑真（國立台灣師範大學音樂學系教授）

論壇日期：2003 年 04 月 06 日

✹討論題綱✹

【音樂欣賞入門】

一、前言

二、音樂創作形式

　◆器樂、聲樂與交響樂

三、音樂欣賞入門

　◆ 需要事前準備工作

　◆ 從標題音樂入門

　◆ 從生動簡易的小品著手

　◆ 從器樂與聲樂入門，再進入交響樂的世界

四、古典音樂的派別

　◆ 巴洛克時期以巴哈音樂為首

　◆ 古典時期有貝多芬、莫札特與海頓

　◆ 前浪漫時期有舒伯特、蕭邦等人

　◆ 後浪漫時期為布拉姆斯、拉赫曼尼諾夫等人

　◆ 印象派融入世界各地音樂元素如德布西

五、歌劇欣賞

　◆ 從了解劇情來欣賞歌劇

六、結語

一、前言

• 潘教授

音樂在我們的生活之中非常重要，它能陶冶心性、變化氣質，有人說心情煩悶的時候聽聽音樂，還能將把心中的不高興釋放出來。當我們把音樂當成調劑生活、充實人生的方式時，我們還希望能夠提昇大家欣賞音樂的能力。所以，今天一週教育論壇要跟大家談談如何欣賞音樂作品以及表演活動，請到台灣師範大學音樂系林淑真教授，請她就如何欣賞音樂和大家深入談論。

二、音樂創作形式

◆ 器樂、聲樂與交響樂

• 潘教授

音樂創作有許多不同的形式，台北的聽眾滿幸運的，經常有很多不同的音樂表演活動。這麼多不同的音樂創作形式有沒有什麼特別的分類法？

• 林教授

大致上可以區分為器樂、聲樂還有交響樂，其中聲樂和器樂還可以分成交響樂與獨奏的室內樂，大致上區分為這幾個類別。

三、音樂欣賞入門

◆ 需要事前準備工作

• 潘教授

這麼多不同的音樂作品，到底要如何入門才能真正欣賞音樂之美呢？

● 林教授

　　這真的是一門很大的學問，還好現在資訊發達，坊間有很多這種書籍，還有一些節目，提供很多欣賞的機會。如果一個不是從事音樂專業工作的人，要欣賞音樂、表演活動，或者在家裡欣賞一首曲子時，最主要的是事前的準備工作。例如，如果今天想聽一首交響曲，就必須知道這是哪個作家的作品，可能是貝多芬、莫札特等，並且盡可能把握能夠到音樂廳或公開的場合聽音樂會的機會。如果並非內行者，在聽音樂要前首先會先看這個節目對他有沒有吸引力，如果決定去聽就必須做一點準備工作。譬如今天的節目是演出貝多芬交響曲，貝多芬有九首交響曲，他必須上網查看今晚的節目是演奏哪一首交響曲，有些交響曲具有標題——譬如《英雄》，聽眾便必須做一些功課，稍微有點概念之後，還要知道今天節目上的指揮是哪一位，這也是很重要環節，因為每一位指揮都有他自己的特色，對樂曲的詮釋也都有他獨特的地方。

　　其實，在唱片或 CD 上面通常會有一些介紹，我們可以稍微研讀一下，聽節目的時候才不會覺得太陌生。當然節目的樂器解說也可以看一下，這也是很好的辦法，因此，應該早一點到節目現場，買一本節目單翻閱一下。還有一個方法在國外頗為流行，就是有些音樂節目會有解說時間，在舞台上會有一個扮演「導聆」角色的專業人士，解析這個曲子的特色。對一般民眾而言，這種像「演講音樂會」的方式也是很好入門方法。

　　除此之外，如果有機會也可以轉到古典電台，或者多接觸古典音樂 CD、有聲資料，接觸久了就會慢慢累積自己的經驗，口袋裡面就會有些曲目，開始知道自己比較喜歡浪漫派、古典或後期浪漫的作品，比較喜歡現代或印象派，逐漸便可以區分出自己的喜好。就像每個人穿衣服的品味，有些人喜歡穿套裝，有些人喜歡穿長褲，有些人則喜歡穿牛仔褲等，每個人的品味都不一樣，就跟吃東西的口味一樣，每個人喜歡吃的菜都不一樣。接觸一段時間之後，就會發覺自己

很喜歡後期浪漫的東西，或喜歡古典的東西，古典音樂裡面也許特別偏愛莫札特，特別偏愛貝多芬，或特別偏愛海頓，因為他們的風格、曲風都不一樣，慢慢循序漸進就可以提昇自己欣賞音樂的能力。

- **潘教授**

要提昇自己欣賞音樂的能力要做很多功課。例如剛剛林教授特別提到可以參加導聆來引導我們入門。

◆ 從標題音樂入門

- **潘教授**

另外，您特別提到貝多芬有些曲子有標題，有的曲子沒有標題，事實上，我們接觸到比較耳熟能響的音樂家，像莫札特這些音樂家，有時候他們的曲目會有第幾號，或是 F 大調、什麼小調之類的，就一個閱聽者來講，有沒有必要記這個曲子是哪一個曲子？有些標題比較好記，但如果是編號第幾號之類的曲子，便頗難記得。

- **林教授**

您說到了一個很重要的關鍵性問題，不要說是一般人，就算是專業人士，像是正在音樂領域學習的學生，有的人也不會很認真地背作品號碼，或是背它的曲調，像 B 大調、B 小調等，但我常常會要求他們做這個功課。因為他們既已身為專業人士，總不能聽了第十七首貝多芬奏鳴曲，或者聽了第五首貝多芬奏鳴曲卻不知道。作品號碼是國際性的，只要講作品號碼十之二、十之三，第十七首應該是三十一之二，就是《暴風雨》，不管到哪一個國家，作品號碼大家都很清楚。但對於一般欣賞音樂的人而言，倒不需要這麼辛苦，因為他可以從幾個有標題的樂曲入手，譬如貝多芬有《英雄交響曲》、《命運交響曲》、《月光奏鳴曲》或是《告別奏鳴曲》、《悲愴奏鳴曲》等，至少記得這些有標題的曲子就相當不錯，知道作品號碼已經算是很專業的，如果還能知道調號當然就更好，但我覺得可以先從有標題的、比較知名的曲子接觸起，至少別人知道的這些著名曲子我也知道，不會覺得那麼

門外漢，而且從這方面切入也比較容易。很少有人一開始就從室內樂這類非常難的入門，因為室內樂算是所有音樂裡的最高境界，從這部份切入不容易，能夠這樣的話，則這個人的品味已經相當不錯。因此，我覺得可以從標題音樂先下手，這倒不失為一個好方法。

◆ 從生動簡易的小品著手

• 潘教授

　　學習任何的事物都要由簡單到複雜。就音樂欣賞來講，什麼樣是比較簡單的、比較淺的曲子，林教授建議要先接觸什麼樣的曲子，然後循序漸進呢？

• 林教授

　　所謂的淺易，以作曲家來講，通常一位作曲家早期的作品與中期、晚期的作品都會不太一樣，故並不是早期的作品就比較淺，或者早期的作品結構與曲風就讓人比較容易接受。像貝多芬早期奏鳴曲的形式就讓人可以清楚知道，可是到了後期、晚期的時候，他的人生歷練、經驗與發展等，使得曲子的架構和結構都變得比較複雜，當然早期他不是那麼有名，曲子也沒有那麼廣泛為人所熟知。

　　我覺得不需要找太難的曲子，譬如莫札特有一些小品，像變奏曲，這些都是非常好的入門曲子。為什麼這些曲子很容易被接受，因為他時常拿一些著名的童謠、民謠當做主題，再從中變化曲式，讓人聽起來覺得很有味道、很有趣。譬如《小星星變奏曲》等，我覺得都還不錯。另外，像海頓的《驚愕交響曲》其實相當幽默，因為大家聽他的音樂常常會想睡覺，他感到很生氣，就想給聽眾一個"surprise"，於是，音樂進行中突然很大聲，把大家嚇醒，像這種故事聽眾都很容易記得，聽音樂時就會發現確實在這個地方會有一個很大的擊響聲。我覺得如果曲子有標題再配合一些故事性的東西，會讓人比較容易接近。另外，像《動物狂歡節》則是小朋友是最喜歡的，講的是大象、豹、獅子的描寫性音樂，對一般的聽眾而言也就比較容易接觸它。

◆ 從器樂與聲樂入門，再進入交響樂的世界

• 潘教授

　　如果就音樂的形式來說呢？剛剛提到每一篇協奏曲或交響樂在樂器的複雜度上有很大的不同，是不是也有簡單與複雜的區別？我們要先聽哪一類的曲子？交響樂要遲一點才聽嗎？

• 林教授

　　我曾經碰過這樣的聽眾，他覺得交響樂好厲害、好大聲、很過癮，舞台上有好多人，大概有五、六十個或六、七十個人，而他就是在享受音響，坐在那邊覺得很壯觀，感受很好，這也是一種欣賞，並無不妥。但也有些人覺得交響樂"too much"，我希望一個人獨唱，對於唱歌很容易產生共鳴，尤其是唱一些民謠或是香頌，聽起來不是那麼高深複雜的東西，有人伴奏，又是耳熟能詳的曲調，所以，也有人往獨唱欣賞這個方向走，我覺得都不失為一個好方法。

　　一般來說，如果能夠從最大的角度接受所有的樂器，那麼這個欣賞者多少有音樂基礎了，他對樂器還有點認識。至於對完全不懂的人，我覺得聲樂曲最容易被接受，器樂曲風也較為簡單，像小提琴等弦樂器很容易打動大家。從這種容易與情境配合的樂器入門比較簡單，如果突然聽打擊樂，可能會眼花撩亂，卻無法聽出中間的旋律有什麼不同，不知道為什麼要有這個附點。打擊樂就是要有各種組合才好聽，不過也比較複雜，因此，我認為還是從弦樂器、聲樂曲著手比較容易。當然，鋼琴也是普遍被大家接受的，也比較喜歡聽的樂器，像蕭邦、莫札特等人的作品，不使用高深技巧、不很複雜繁重的作品，不會讓聽者搞不清楚。而像德布西印象樂派作曲家也容易被接受，因為他的作品和我們中國的五聲音階有很多相像的地方，從這邊入門也不錯。像德布西的《老頑固》、《兒童天地》，他很多曲子都有小小標題，聽起來都是如他所說的標題，這種接觸是比較容易的。

• 潘教授

在不同時間點，我會喜歡聽不同的音樂。譬如，晚上我很喜歡聽小喇叭，我覺得聽起來的感覺好像不太一樣，這也滿有趣的。

四、古典音樂的派別

• 潘教授

剛才您談到音樂作品有很多不同風格，浪漫派、古典派、印象派，可不可以請林教授跟我們談一談，這些不同派別的音樂樂風有什麼樣的差異？我們怎麼欣賞？

◆ 巴洛克時期以巴哈音樂為首

• 林教授

巴洛克時期巴哈的音樂離現在大概是三百年前的事情，我們應該將時間倒回去，當時的環境沒有電腦、沒有汽車、沒有電器用品，什麼事情都得靠兩隻腳走路或靠馬車等古老的交通方式，也沒有電燈，巴哈的生活即是他的藝術。他的藝術、他的音樂全部都反映在這裡面，因此，他的東西不會很急，就算快速的東西在走，曲風還是很簡單。是以，欣賞巴洛克時期的音樂，不管是巴哈或是他同時期的史卡拉弟等人的作品，若以現在的時空環境而言會感覺到是很祥和、很平靜的，有時候我覺得自己心情很低落、很悶的時候，聽聽巴哈的音樂，便會覺得馬上讓人寧靜下來，這是心靈上的一種撫慰，所以，我建議大家可以接觸一些巴哈的作品，以現在的時間來看會覺得很新鮮。

◆ 古典時期有貝多芬、莫札特與海頓

• 林教授

在古典音樂裡面的三大主流作曲家，就是貝多芬、莫札特和海頓，三個人各有不同的成長背景。莫札特是「神童」，他從小生活就

非常優裕，沒有遭遇什麼困難，所以，他的音樂充滿純眞，充滿人生一帆風順的感覺，聽起來就像廣告詞中所說的「晶瑩剔透」的感覺。聽莫札特的音樂，會覺得人生好像沒什麼好爭奪的，一切都是美好，都是燦爛的。但是貝多芬則不同，他的成長過程非常辛苦，他酗酒的父親會，從小便當他是搖錢樹。有時候他父親回到家見他已經睡了，還會叫醒他繼續練鋼琴，他仍舊得彈，因此，他的人生非常辛苦，他的音樂也錯綜複雜，再加上他的耳疾與其他困擾，但他都把這些昇華。到最後的〈大合唱〉，以及後期的奏鳴曲，都可以聽出他的人生歷練是非常辛苦、刻骨銘心的。海頓又不一樣，海頓剛好介於這兩個人中間，我覺得他的作品有時候很幽默，但有時候很正典。他其實是一個很有趣的人，加上他又在宮廷裡面擔任樂師，所以他的音樂便是規矩中帶著很多幽默和俏皮。因此，欣賞海頓作品的時候，心情要放鬆，但要注意聽，如果打瞌睡或不注意聽，海頓就會給聽眾很驚訝的震撼，他的〈驚愕交響曲〉便是在這樣的情況下產生的。

◆ 前浪漫時期有舒伯特、蕭邦等人

● 林教授

到了浪漫派時期，最早的是舒伯特，他有很多著名的藝術歌曲。其實舒伯特的曲風非常靠近古典時期，他是「後期古典」，但史學家已經把他列爲最早期的浪漫派作曲家。舒伯特的音樂會讓人覺得很像古典的作品，還是規矩中帶著古典的色彩。接著在前期浪漫裡面還有孟德爾頌、蕭邦、舒曼，他們每個人皆有所不同，尤其是蕭邦，我們稱他爲「鋼琴詩人」。蕭邦因爲祖國戰亂而到巴黎發展，蕭邦之前的音樂作品，多半是要給小型音樂廳、沙龍欣賞的音樂，他的音樂幾乎都是在宮廷裡面，給少數人或沙龍裡的人欣賞的音樂，在法國，沙龍文化是發揮到淋漓盡致的。所以，蕭邦的音樂都不是很大型的、有很大編制的音樂，開始有大型的、給千人以上聽眾欣賞的音樂，大概是從迪瑟兒開始。這兩者的欣賞角度就不一樣，聽眾不能預期蕭邦的音樂會有多麼震撼，有幾支很大的四管編制，這幾乎是沒有的，欣賞蕭

邦的音樂必須瞭解很多他過去的背景，他對祖國的憂慮等。到了迪瑟兒時期，當時大家都說他是一個鬼才，因為他有非常好的鋼琴技巧，所以，他的作品有很多非常高深的技巧，欣賞迪瑟兒的作品就好像在欣賞特技表演。

◆ 後浪漫時期為布拉姆斯、拉赫曼尼諾夫等人

• 林教授

接下來後浪漫時期，像布拉姆斯這些作曲家都錯綜了很多的愛情故事，尤其是休曼·布拉姆斯與他的妻子克拉拉這三者產生的三角關係，至今尚不知如何做歷史的定位，但卻也因而迸發出很多美麗的音樂。其後就散開到各個國家，像拉赫曼尼洛夫晚年到美國定居，他的鋼琴協奏曲第二號即相當著名，其中最後一段可以聽出來便是百老匯的音樂，很清楚可以聽到他把美國二〇年代、三〇年代的素材放到裡面。所以，假如了解他是到哪裡生活，就會發現他已經把當地的素材融入，我每次聽到這邊的時候，就會覺得這就是我在百老匯看秀的音樂。如要這樣子欣賞，則就必須瞭解每一個時段作曲的不同。

◆ 印象派融入世界各地音樂元素如德布西

• 林教授

到了印象樂派，就必須瞭了德布西為什麼從浪漫派跳脫出來，自己創造一個新的樂派。因為當時巴黎舉行萬國博覽會，德布西就接觸到遠東地區去的爪哇音樂和日本的版畫以及服飾等，還有中國的五聲音階。因為絲路的通行，德布西接觸到東方，他才發現人外有人、天外有天，居然還有這麼美的弦外聲，他利用了這麼多的素材獨創一格，創造了一個以色彩來解釋音樂的另外一個門派。德布西與拉斐爾完全不一樣，雖然都是一樣歸在印象樂派裡面，但是拉斐爾還是較為規矩。拉斐爾師承佛瑞，而德布西常常和佛瑞時常爭吵，兩個人永遠都不能妥協，因為他們在音樂上不一樣。像德布西常常令人抓不到他音樂的結束點，他不按牌理出牌，不規定它停在一級、三級或五級上，

他愛在哪個音就在哪個音結束。而佛瑞的音樂一聽就知道是佛瑞的音樂，因為他的終止很規矩，最後的結束一定會在一級或三合弦上面，非常清楚。因此，雖然　布西和拉斐爾一樣是印象派，但是他們曲風還是不一樣。接下來的史克拉賓、洛克戴佛等，或多或少都是受到德布西的影響。換言之，作曲家早期、中期或者晚期的作品，曲風都會不一樣。我們可以發現從以前的保守，到浪漫派早期、後期整個的發展，就好像我們人一樣，生出來是什麼都不懂的小嬰孩，從小學、初中、人生的歷練到晚年的時候，我們將擁有多麼豐富的人生。

五、歌劇欣賞

◆ 從了解劇情來欣賞歌劇

• 潘教授

　　整個樂派的特質一直在改變。謝謝林教授用這麼短的時間把整個樂派的發展做一個簡單的歷史回顧。另外，我們想談談歌劇，我們看到報紙提到美國的"Cat"《貓》要到台灣來演，或者是轟動一時"The Phantom of Opera"《歌劇魅影》以後可能也有機會到台灣來演出，不曉得聽歌劇的時候要怎麼自我準備？

• 林教授

　　最重要的就是要知道劇本、故事在講什麼，很多歌劇都是由故事改編的。諸如於奧斯卡頒獎典禮上非常熱門的《芝加哥》，我在百老匯便聽過此劇，當時我覺得頗為震撼，因為它的音樂和現在非常接近，很貼切人生。不出我所料，它果然被改編成電影，並且加上很多人生的串連。我覺得要欣賞一個歌劇，最簡單的就是一定要知道它在講什麼，每個主角擔綱的是什麼，這齣劇最主要的精神是什麼，才有辦法欣賞它的音樂、服裝、道具、布景等，因為歌劇是各方面的配合。

六、結語

• 潘教授

　　今天非常感謝台灣師大音樂系林淑眞教授來到一週教育論壇，談了這麼多如何欣賞音樂、欣賞歌劇的方法。事實上，音樂素養要提昇，眞的要好好做功課、做準備，希望今天的音樂入門論壇，可以讓大家學習如何入門欣賞音樂，讓生活更加豐富、愉快。

第四篇：

媒體、網絡與

環境教育

國內媒體與媒體教育

主持人：潘慧玲（國立台灣師範大學教育學系教授兼教研中心主任）

討論人：吳翠珍（國立政治大學廣播電視學系副教授）

論壇日期：2002 年 01 月 20 日

✳討論題綱✳

【國內媒體與媒體教育】

一、前言

◆ 進入此研究領之小典故

二、檢討國內媒體與肯認公共電視

◆ 電視兒童的成人菜單

◆ 低成本、單一化卡通節目的戕害

◆ 公共電視的均衡功能與其發展困境

三、媒體教育之背景

四、媒體教育的內涵

◆ 彰顯閱聽人的主體性

◆ 瞭解媒體的商業運作公式

五、媒體教育的對象——閱聽人

六、結語

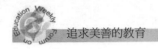

一、前言

• 潘教授

今天想跟大家談談媒體教育的問題，我們特別邀請到政治大學廣電系吳翠珍教授來跟我們談這個問題，請吳教授先自我介紹。

• 吳教授

我畢業於師大社教系，畢業後就讀教育工學，此後再念教育傳播，當時撰寫博士論文的時候即已經是在探討兒童跟電視、錄影帶的關係，說來歲月催人老，那已經是一九八九年的事情。之後回到台灣，我便開始進入兒童跟媒介研究這塊領域。

◆ 進入此研究領域之小典故

• 吳教授

不過，說起來很有趣，為什麼我會進到這個領域，除了自身的博士論文研究之外，其實有一個很有趣的典故。當時我剛回國不久，有次搭國內班機，飛機起飛之前我隔壁坐了一個小女生，大概五到七歲左右，她本來已經綁好安全帶，竟然自己將安全帶解開，跑到前座去。我們前面兩排坐了一個約四十來歲，可能是美國籍的外國女士，這個小女孩就跑到前面去，用國語對她說：「阿姨，妳是我看過全世界最漂亮的阿姨」，然後就回座，很顯然那位女士不懂國語，她旁邊有一個小姐約略向她解釋剛才小女孩說了什麼，女士就回過頭來，堆起了璀璨如花的笑容，像是跟那個小女生致意。我很好奇，我這個阿姨也坐在她旁邊，為什麼就不跟我講，有一點基於民族自尊的心態下我便問她：「妹妹，妳為什麼覺得那個阿姨是全世界最漂亮的阿姨？」，她反問我一個很有趣的問題，她說：「阿姨，妳有看過迪士尼卡通嗎？」，我說：「有啊，滿多的啊！」，她說：「那妳沒有發現嗎？前面那個阿姨金頭髮，又是捲捲的長頭髮，而且她眼睛大大的、鼻子尖尖的，這就是迪士尼卡通裡面的那種阿姨，非常漂亮。」飛機起飛後，我心裡就想這可能是她生平第一次這麼近身的親身體驗，而不是虛擬地接觸

一位國外女士。故事還沒結束,後來飛機降落,她趕快回頭跟我講:
「不過阿姨我告訴妳,迪士尼卡通裡面有一個阿姨不好看」,又考我,
我想半天:迪士尼卡通裡面的阿姨不是都差不多嗎?她露出一副不可
思議的表情說:「就是白雪公主啊!」我說:「白雪公主為什麼比較不
好看?」她說:「因為白雪公主的頭髮是黑色的而且是短的。」不知
道大家有沒有印象,這位小女孩口中的白雪公主是五十多年前所製
作,她的臉形沒有那麼的西方,滿中性的,如果我們從她黑色短髮、
還有眼睛來看的話,甚至有點東方。這給了我很大的啟示,我不斷在
想:我們的孩子看這麼多卡通,他們原來不只在看故事、聽故事,他
們還「吃進去」非常多跟著故事而來的價值,比方美醜、善惡、生活
型態、人生該追求什麼。

● 潘教授

事實上,媒體還會傳達一些性別意識型態,或者文化意識型態,
這就是為什麼妳要特別戮力於研究兒童與媒體的關係。我知道妳過去
也擔任過廣電系的系主任,為台灣的公共電視台努力,也特別保留了
公共電視台,因此,公共電視頻道現在並沒有廢掉。

二、檢討國內媒體與肯認公共電視

● 潘教授

今天請吳教授到節目裡來,最主要是我們看到前一陣子教育部在
報紙上宣佈,在三個月內要研定一個《媒體教育白皮書》,要率先於
亞洲各國變成一個媒體的、教育的國家政策。對於這樣的政策推動,
我覺得要十分肯定民間團體還有學者的努力,而整個政策推動的過程
裡,吳教授著力非常多。剛才從妳介紹自己的過程裡,我們可以了解
妳多年來對於媒體的關心,事實上,您剛才也做了許多引言,即媒體
傳達很多不當的理念、文化價值、意識型態的問題。

◆ 電視兒童的成人菜單

• 吳教授

　　其實那個故事就是讓我踏上媒體教育不歸路的引子。我從那時候就開始做兒童與媒體之間的研究，每次研究的結果都讓人怵目驚心。比方多年來，我們發現台灣國小階段兒童每天看電視的時間平均大概有兩個半小時，一年大概有一千到一千二百個小時，這個時間幾乎等同於他們在學的時間。我以前寫博士論文的時候把電視課程叫做"the second curriculum"，亦即「第二課程」，然回來觀察台灣現象時，我發現電視是台灣兒童的「第一課程」，因為兒童接觸它比接觸學校還要早。在台灣家庭裡，大概一歲半就已經開始接觸電視或者錄影帶，爾後便持續接觸，我常形容電視是：「從搖籃到墳墓」的媒體。

　　小朋友接觸的量這麼多，如果比較其與學校課程有什麼不一樣之後，那更令人覺得害怕：第一，其產量這麼巨大；第二，學校的課程是循序漸進配合身心發展，且有老師教導，基本上，是文字符號的學習，這是我們幾百年來從文字普及之後的傳統，可是電視完全沒有這一套邏輯。我們的研究發現，台灣小孩在電視機前面百分之七十以上的時間是單獨觀看，就算另有百分之三十左右的時間，也是旁邊有大人或兄弟姊妹在，可是基本上，他們並不做內容上的互動，僅是被動的一起觀看。比方說一起看新聞，一起看連續劇，所以，小朋友在媒體前面是在自我解讀，他用他少少的人生經驗，去虛擬電視世界非常多超越他那個年紀的想像，或是他經驗裡的一些人、事、時、地、物，但事實上，很多節目是為大人而做的。

　　很有趣的一個數據是，台灣在某個程度上的確也相當努力地為兒童做所謂的兒童節目或是教育節目，可是研究告訴我們，如果給他十類的節目，包括新聞、連續劇、綜藝等，兒童節目或是所謂的社教節目常常是第九名，只贏過地方戲曲，其它資料也顯示，台灣國小兒童看最多的是卡通，其次是連續劇。另外，台灣長期以來就有「八點檔」這個概念，八點檔是大家吃完晚飯坐在電視前面養成的一個品味，雖

然現在有九十九台，好像有很多選擇，不過八點檔連續劇的品味還是存在，所以，我們的小朋友看非常多的連續劇。接下來，小朋友也常看綜藝節目，綜藝節目是全台灣人民在週末時候的一個消遣。

因此，你會發現，小孩坐在電視機前面是在吃大人食品。我們常常有個概念認為兒童應該吃兒童食品，他應該注意均衡、營養，可是他的電視餐通常是口味非常重，而且是重的不得了的成人品味。即使它的量與世界其它國家差不多，然內涵上卻突顯台灣這一塊土地在電視菜單上的不均衡，而孩子也跟著吃了。

◆ 低成本、單一化卡通節目的戕害

● 潘教授

講到卡通的部分，目前國內有很多卡通節目來自國外，特別以來自日本最多。

● 吳教授

今（民國九十一）年是電視四十週年，我們長久以來的資料都顯示台灣百分之九十以上的卡通節目來自兩個地方，一個是日本，一個則是美國。為什麼不來自歐洲，原因非常簡單，因為它的成本比較高，而日本與美國的卡通節目因為大量全球化之故，故一集才兩萬五、三萬。過去的電視公司很喜歡拿日本、美國的卡通節目來服務兒童，因為自製一集兒童節目可能要二十萬、三十萬，成本很高，然而，我們過去不付出，現在就得付出許多代價，亦即我們的兒童已經接受不了不一樣品味的東西。所以，我覺得應從公共媒體開始耕耘，讓這一代的小朋友開始知道卡通不是只有一個樣子，不是只有打打殺殺，不是只有美少女戰士，卡通還有非常多元的題材以及表現的形式，甚至還有動畫的形式等。我覺得公共媒體事實上是在平衡商業媒體，而且最重要的是它服務了這麼大一群弱勢然卻是非常多數的人，也就是兒童、青少年，他們之所以弱勢是因為他們與大人相較之下還沒有消費能力，因此，廣告商不看好他們，可是這些弱勢卻為數不小，我們有

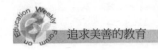

四、五百萬高中以下的學生，每一年花一千個小時在電視上面。

是以，我覺得我們應該從這個議題出發，把媒體教育帶進他們的課程裡面，讓他們了解媒體是如何運作，商業機制又是怎麼影響我們所接觸的媒體內容。我們一定要進入媒體教育的積極行動面上，才能夠真正改善未來的媒體，並且培養兒童未來在資訊社會做一個資訊人。

◆ 公共電視的均衡功能與其發展困境

• 潘教授

剛才講到台灣電視菜單的不均衡，比較國外的話，外國在菜單上比較均衡嗎？可有一個比較的參照點？

• 吳教授

剛剛潘教授也提到公共電視這個問題，其實這是相關的問題。當時我們為什麼要極力主張台灣應該有公共媒體，人家說公共電視在英國、歐洲發展得很好，其實我們不要看太遠，看日本好了，它仍然有強而有力的公共電視體制，全國能夠連播的只有公共電視、公共廣播可以，其它都是地方的媒體。這彰顯什麼意念？彰顯的是我們每一個人上空、頭頂上頂著的電波，比方說大家聽到廣播或是看到電視，事實上在大部分國家都是定為「公共財」，是屬於你我所有的，就像公園一樣，每個人捐出一小塊地，政府來托管，然後人人都可以享受。公共領域因為可以排除商業，也可以排除政治的力量，因此，它可以製作非常多教育文化的節目，故我們想像歐洲小孩或者是日本小孩回到家後，會有一整個頻道是為廣義學習而設計的，而且是製作精良的節目，我很怕大家認為那一定全是那種不太好看的兒童節目或社教節目，其實不然。台灣因為長期不耕耘這一塊，因此，對很多人來說，給小孩子看的我們就用很少的錢、很少的人、很短的時間，反正小孩子嘛，誰沒有當過小孩，因而沒有把它當作一個專業在經營。

- **潘教授**

　　不過這也就連結到您剛剛所說的，爲什麼國內兒童節目收視率最低、偏好最低，這與低成本製作、沒有用心製作等問題有很大的關連。

- **吳教授**

　　自從三年前（民國八十八年）保留公共電視台之後，如果大家有接觸公共電視的話，便可以感覺到它在兒童、青少年這一個區塊的耕耘是比過去商業電視台要好很多，不過它仍然是屬於非常少且弱的媒體，經常收視率很差。因爲我們早期讓小朋友吃慣了很重的口味，比方說他永遠看無敵鐵金剛，所以當他看到歐洲那些速度比較慢、探討的議題比較深一點的卡通就不喜歡。比方說，我常常喜歡舉一個例子，難道看卡通不好嗎？其實也不是，卡通只是一種形態，我在歐洲看到很多公共電視做出來的卡通都跟教育很有關係。例如，我印象非常深刻的是在某一系列的卡通中，有一集名爲〈我家有個自閉妹妹〉，即是一個非常有教育性，但又非常貼近孩子生活的卡通節目。他們透過卡通傳達什麼訊息？第一個，我家如果沒有的話，我的同學家可能有，可是它很可愛地以孩子的觀點來看自閉妹妹，便覺得她好可愛，她跟別的小朋友都不一樣，而且她很珍貴。想想看，如果他長年累月接觸這種多元議題的卡通，那麼小朋友的的品味當然會比較多元，我們現在的問題就是品味太單一化，故媒體教育有其相當重要的意義。

三、媒體教育之背景

- **潘教授**

　　事實上，我們本來就應該要重視媒體教育，可是以前教育部並沒有什麼具體動作，爲什麼最近突然很堅決地要把它變成一個很重要的政策，而且要在很短的時間內（三個月）訂定一個《媒體教育白皮書》，這整個政策的背景是什麼？

• 吳教授

　　媒體教育其實不是個新觀念，特別在歐洲更是早已關注這個問題，以英國為首，一九三〇年代就將媒體教育放到學校裡面。在背景上，媒體教育其實跟大眾媒介的興起有很大的關係。一九三〇年代電影——〈芳心〉使媒體開始普及，廣播亦十分盛行。於是，歐洲國家菁英文化突然發現這種大眾形式的文化的出現，而且這個大眾文化（比方廣播、電影）讓藍領階層的人、沒什麼教育背景的人也可以去欣賞與接收。他們（菁英份子與傳統學校教育）對此感到害怕，害怕整個社會的文化品味會降低（因為過去所謂的文化都是畫廊、藝術院）。因而，那時候便出現媒體教育，其出現之目的其實是要捍衛菁英文化，他們賦與學校老師（尤其是教語言課程的老師）教導學生如何區辨「好」的文化與「不好」的文化、高品味與低品味的任務。故，那時候所謂的媒體教育是抗拒媒體的，希望人們回到莎士比亞、回到藝廊裡去。

　　可是到了六〇年代之後，媒體教育的內容就開始改變，因為電視出現了，甚至老師自己家中也有電視，老師也成為流行文化的擁護者，流行文化成為生活的形式之一，是再無法抗拒的。於是，老師的媒體教育轉變為教導學生如何從電視獲得資訊，電視便被賦與告知、教育及娛樂的功能。在媒體教育課程裡，他們教育學生什麼是好的電視節目，什麼是不好的電視節目，便不再像以前一樣那麼抗拒媒體，不過仍存留非常多品味區辨的學習，他們仍然堅守菁英文化的陣容。

　　而我們開始進入媒體教育是八〇年代以後。八〇年代以後，流行文化更是生活的一部分，無時無刻都會接觸到，它好像變成是我們的陽光、水跟空氣。

四、媒體教育的內涵

• 潘教授

媒體教育的發展是不是也跟整個後現代思潮興起有很大的關連，也就是說「什麼才叫主流文化」、「什麼是菁英文化」，「誰的聲音才是應該被重視」。

• 吳教授

對，從七０年代到八０年代以來，人們開始思考（事實上，乃由批判教育學而來）：誰的品味才是品味？你們老師的品味難道可以代表我的品味嗎？他們不斷地問這些問題。所以，六０年代到七０年代那個區辨什麼是好的電視節目以及雅、俗之別的論調不再穩固而受到挑戰。

◆ 彰顯閱聽人的主體性

• 吳教授

挑戰的結果就是我們現在所接受的，及媒體教育所要教授的─媒體不能只關注於某個單一階層的品味，而且教導人們了解媒體跟自己的關係。因此，它的教學教法都傾向於民主式的、對話式的、價值澄清式的教學教法；換句話說，媒體教育發展到今天，很明顯地跟一般科目的教學（就是有內容，比方說教自然、教歷史、教英文、教國文）有所區隔，因為它不是一個有基本內容的科目，事實上，它是一個思考方法的訓練，所以，它非常強調老師不要給一個大一統的教條，例如「如何看電視的七大守則」，要大家回去背誦，然後明天來考試。它完全跳脫這種權威式的教學，它鼓勵老師能夠在教室裡，甚至回到親子環境裡進行平等對話，希望從平等對話當中了解媒體的幾個面向。

◆ 瞭解媒體的商業運作公式

• 吳教授

首先，了解訊息是如何被建構出來的，瞭解訊息並非透明、自然的。舉例子來講，如果哈利波特明天要上演，而今天晚上新聞報導了，那麼這是一個自然的新聞嗎？從媒體教育的角度來看，它絕對不是一個自然的新聞，因為明天要上演的東西很多，明天要發片的人很多，則為何新聞會播這一個而不播另一個？這中間其實有非常多的商業運作。所以，從而瞭解訊息不是自然天成，而是人為建構的這個面向，進一步了解整個訊息怎麼樣被選擇出來，同時了解有什麼東西不見了？為什麼我們家隔壁昨天發生很嚴重的事情可是媒體上沒有報導，可是明天某位歌星要辦寫真集、要發片，為什麼兩千三百萬人都需要知道，而我們家斷水斷電，為什麼別人不需要知道？所以，我們可以了解什麼是被忽略的？而忽略的原因是什麼？接下來很多議題就都會陸續出現，比方媒體如何呈現性別議題？所以很多人說媒體是一面鏡子，好像反射了現實，其實媒體絕對不是鏡子，它是一個再度呈現的媒介，如性別怎麼被呈現在裡面。

我曾經做一個研究，讓我有很深的感觸。我曾經去了解電視跟兒童之間的關係，而問了小朋友一個開放性的問題：「你願意演好人還是壞人？為什麼？」很意外地，他們很願意演壞人，這跟我們傳統所想像的很不一樣，我很疑惑我們的老師教了什麼？我們的家庭教育做了什麼？可是他的理由非常合邏輯，因為他所接觸的連續劇裡，一百集中有九十九集是壞人作威作福、吃香喝辣、專門欺負別人且都不會被發現，然後到第一百集的時候，人頭點地，很快就結束了，通常我們的文化會要他們悔改，他就要放下屠刀、立地成佛，然後浪子回頭金不換。我問他：「你為什麼不願意當好人？」「因為好人太可憐了，苦九十九集，又遭污衊，要不然就妻離子散，然後有錢變沒錢，反正嘗盡所有千辛萬苦，最後一集更慘，你又不能拿刀把壞人殺了，因為這樣的話你就不是好人，而變成壞人了，所以，那個好人還要強忍他

的不平來原諒壞人。」

• 潘教授

也就是說整個媒體所傳達出來的，是一個很簡單的認知邏輯，所以，孩子們只看到他成功的一面，或者是他在社會上享福的一面，可是不知道過程中他必須付出什麼代價。

• 吳教授

是以，媒體教育的面向之一，是了解所有的媒體都有一個公式。其實孩子不太講究「為什麼」，而是講究「行動」。故我們做很多研究時都會發現"vision memory"也就是「視覺記憶」的重要性，孩子比較能記住的是一些動作。例如和孩子討論一個演了很長的戲劇時，當你問他為什麼壞人最後被懲罰？你會發覺兒童沒辦法把故事基模連結得那麼長，他只記得他刀法怎麼劈，劈到他血濺四方，他會記得那個行動，至於他為什麼被殺？為什麼他最後必須接受懲罰？孩子無法回答，因為相較之下他對這類問題的記憶力沒有那麼強。

五、媒體教育的對象——閱聽人

• 潘教授

事實上，我們談的媒體教育涉及兩個部份，一個部份是製播媒體者，另一個部份是所謂的閱聽者。今天談媒體教育時，您把它鎖定在閱聽者身上嗎？也就是說，焦點在於學生應該具備什麼樣的能力去看廣播電視或報章雜誌？我一直覺得國內的媒體充滿著引誘人或誤導人的陷阱，因為我們並沒有做很好的分級制度，十幾年前我剛從國外回來的時候，我便覺得怵目驚心，因為你從報攤子，一下子就可以看到很多小孩子不應該看到、不合宜看到的色情雜誌等。所以，媒體教育其中一個部份是，製播媒體者應該扮演什麼樣的角色？盡什麼樣的責任？另外一部份是閱聽者，他如何具備選擇的能力？

• 吳教授

媒體教育的確是以學生爲主體，他就是整個教育的對象，他本身也是個訊息的主體。我們在媒體面前（不管是報章雜誌還是電子媒體）常常扮演一個觀眾的角色，就像在球場上，身爲觀眾的你爲甲隊加油，甲隊投籃成功，你就拍手鼓掌，而乙隊投籃成功，你可能就喝倒采。可是媒體教育是讓學生從觀眾變成裁判，所以，他當裁判之前他必需要知道一些規則，比方說球握在手中多少秒必須投，否則就犯規，因此，你可以裁判他犯規。換句話說，媒體教育就是讓我們的學生從一個被動的媒體消費者，變成一個媒體公民。

• 潘教授

若眞如此，幾十年來我們是不是根本沒有關懷這個主題，以前我們談社會教育時，通常都把這個責任放在媒體本身：你這個製播者應該有怎麼樣的角色責任。什麼時候國內才開始主張我們的主體應放在學生身上，我們要讓他們自己本身有判讀的能力呢？

• 吳教授

至少我所了解的九年一貫課程改革中，相當程度是把學生放在一個主體的位置，讓他了解他與社群、環境之間的關係。今天媒體教育聽起來好像很突然，其實是因爲我們社會忽略媒體它有「課程性格」，它就是在教小朋友。

• 潘教授

其實我們一直在討論這個部分，只不過好像以前討論時主體位置放的不一樣。

• 吳教授

對，過去總覺得內容不好的話，應該是製播者要改善，所以，我們都一直強調法律與自律。就傳播上而言，法律的作用在於他播的內容不適當就罰他；另外，媒體要自律，你應該知道什麼可以做、什麼

不能做。然而這樣下來，你可以發覺這兩個管道不通。首先，因為媒體行為通常都是家庭式的，所以，法律不應該介入至家庭；其次，就自律而言，由於台灣媒體過於商業性，一直沒有公共媒體出來平衡，賺錢是他們最重要的考量，根本無法有好的自律。所以，法律、自律都行不通的話，媒體教育就開始嶄露頭角扮演「他律」，他律強，自律部份就會明顯。

六、結語

　　隨著資訊多元化、生活化，媒體在孩子世界中逐漸佔據很大的比例與影響力，是以，媒體教育的重要性已刻不容緩。今天，我們從檢討國內媒體的現況，到深入探究媒體教育的背景與內涵，瞭解媒體教育的重點在於揭露媒體運作的商業公式、培養孩子學會選擇、批判的能力，並期許國內媒體能發揮如公共媒體一樣寓教於樂的功能。下次論壇裡，我們將繼續與吳教授談談媒體教育白皮書的政策內涵，以及媒體教育發展現況與未來展望。

編輯小語

（公視建台歷史）

　　http://www.pts.org.tw/~web01/PTS/about_pts-2.htm

（公視節目規劃理念）

　　http://www.pts.org.tw/~web01/PTS/about_pts-6.htm

　　二〇〇二年十月二十四日，教育部公佈了亞洲第一份的《媒體素養教育政策白皮書》。《媒體素養教育政策白皮書》是由教育部委託富邦文教基金會延攬各界專家、學者討論、規劃、撰寫完成，而且號稱亞洲各國創，有鑑於國內媒體節目以商業利益為前提考量，各電視台陷入惡性競爭，媒體傳送的訊息內容常讓民眾無從分辨真假，白皮書宣示政府將執行媒體素養教育，讓國人成為有品味的媒體公民。

（資料來源：政大媒體素養研究室、財團法人富邦文教基金會）

※媒體素養教育政策白皮書（全文）

http://www.edu.tw/EDU_WEB/EDU_MGT/SOCIETY/EDU8465001/old/report/index1.htm

媒體教育白皮書及國內媒體教育概況

主持人：潘慧玲（國立台灣師範大學教育學系教授學兼教研中心主任）

討論人：吳翠珍（國立政治大學廣播電視學系副教授）

論壇日期：2002 年 01 月 27 日

✹討論題綱✹

【媒體教育白皮書及國內媒體教育概況】

一、前言

二、媒體教育白皮書的政策形成背景

　◆ 亞洲情形

　◆ 國內情形

三、媒體教育白皮書的規劃――合科特質

四、媒體教育在國內的發展情形與未來展望

　◆ 國內發展情形

　◆ 未來推動方向

　◆ 媒體教育教師的培育

　◆ 美國媒體教育之借鏡

　◆ 媒體教育白皮書之發展重點

　◆ 可具體落實的措施――融入九年一貫六大議題

五、結語

一、前言

● 潘教授

　　今天我們再次請到政大廣播電視系吳翠真教授來與我們繼續探討媒體教育白皮書的政策內涵以及媒體教育發展現況。首先，先來探討媒體教育白皮書的政策形成背景。

二、媒體教育白皮書的政策形成背景

● 潘教授

　　前不久我們在報紙上看到教育部要在三個月內擬定一個媒體教育的白皮書，到底整個政策的形成背景是什麼？

◆　亞洲情形

● 吳教授

　　其實媒體教育並不是一個新名詞，不過在亞洲還算是相當新。就我了解，亞洲國家除菲律賓以天主教為主的國家，曾經透過教會斷斷續續地推展之外，其他國家便比較少，而菲律賓也是因為受到聯合國教科文組織的鼓勵才推展。其實聯合國從六０年代便不斷主張電視甚為重要，呼籲學校及老師不要僅停留在告訴孩子說電視很壞、電視有很多你不該看的，如果只停留在免疫、打預防針的階段，就會忽視媒體在孩子資訊取得方面所扮演的角色。因此，日本於一九九八年在他們的國家教育政策的研究院裡成立一個研究小組，花四年的時間研擬媒體教育政策，打算從幼稚園、小學、國中、高中、成人終身教育做起，今（民國九十一）年他們應該會提出一個媒體教育政策白皮書。而我們只花三個月，那是因為幾年前我們就已經從地方到中央開始耕耘這個議題了。

◆ 國內情形

• 吳教授

　　至於國內媒體教育的發展，從學界、傳播到社團（比方文教基金會）單位，大致發展了十年，但積極進行的時間大概有五年。這段期間我們在北、中、南區辦過種子教師研習，我們也辦過學術研討會，也出版刊物——《向媒體試試看雙月刊》，但基本上，都是以地方形式呈現，因為尚未發展到教育政策階段。不過，我們到教育部溝通這樣的想法時，教育部從來沒有說不，也從沒表現出不重視的態度，只是很可惜當時媒體教育沒有搭上九年一貫列車。

　　不過，我們還是很高興終於有機會讓教育部看到這個高度需求。其實不瞞大家，這些需求竟然是來自最近的璩美鳳光碟事件。在傳播界，我們曾經討論過一個很嚴肅的問題：這些光碟流傳得這麼廣，有非常多學生看到光碟，我甚至聽說有高中學生是在視聽教室放，甚至是好幾班學生一起去看。當然有人會從性教育的角度看這件事，但無論如何，我們都擔憂學生在看的過程中沒有一點點思考，他們是否跟自己掙扎過、質疑過道德上的問題？後來我們回到媒體教育裡，訂定了一個很重要的目標，就是在接觸資訊的時候必須有思考過程。首先，要知道怎麼尋找資訊，知道怎麼應用資訊，還要知道如何評估資訊，這個評估包括道德層面的、認知的、美學的。我們從最近的光碟事件看到的一個很嚴重的議題是，學生也許在科技上、在資訊的技巧上，已經有能力可以下載、複製、燒光碟，但是卻缺少使用資訊所必需的人文思考；換句話說，在媒體教育上，我們忽略的是不斷讓學生去反省。

三、媒體教育白皮書的規劃——合科特質

• 潘教授

　　從您的談論可以知道，今天要養成孩子的媒體教育基本素養，不

只是在教導如何獲取媒體資訊，還要進一步思考所謂基本人文素養的養成，例如是不是有一些基本的倫理道德應該遵守？或者是否具備批判的能力，來判讀所傳達的多元意識形態或文化價值？這是一個基本能力的養成，但是否一定要界定它是獨屬於媒體的素養教育呢？

• 吳教授

我同意您的看法，事實上，媒體教育在世界各國都不是單科教學，它融入到社會、健康、語文之中，融合有一個好處，因為它跟得上目前學生所接觸的文化形式，並用這個文化形式來教導批判思考、思辨的能力。加拿大在一九九九年年底，全國每一個省份都把媒體教育變成其語文教育的必修，且不得少於四分之一學分。而澳洲是全國都有媒體教育，從 K（幼稚園）到十二年級，但他們於高中階段即已有單科的選修課，可能叫稱為「媒體研究」，或是「了解媒體」這樣的科目。故很顯然地，媒體教育不以單科的方式出現，它是跟其他科目做課程整合的，所有的教育也許都會回到一個原點，亦即對資訊的選取、評估、運用、思辯與再反思的過程。

不過，媒體教育也有其特質。在台灣，我們的教育還是比較著重文字符號的訓練，但是現在小孩子多半從圖像、聲音得到資訊，其量可能多過，或者至少是與文字符號資訊齊頭等量，而我們卻不太訓練他們怎麼看圖像、怎麼聽聲音。前面我們談到所有的訊息都是人為建構的，文字當然也是人為所建構，可是當你從電視上看到一則新聞或是一齣戲劇，其人文建構的過程比單純文字經過更多重的包裝：例如攝影記者到現場要拍哪一個景？回來說什麼話？編輯、剪掉什麼東西？應該放最後一條還是放頭條？放在頭條的原因可能是那個老闆跟某個立法委員有關係等，這些都經過重重的包裝。媒體教育裡所強調的是：媒體是「再現」真實，而非「反應」真實；媒體具有商業意圖，也有政治意涵、意識形態；媒體有它獨特的美學形式、有它獨特的語言；最重要的是，我們每一個閱聽人事實上都是經由接觸這樣的媒介形式，而與它「意義協商」，換句話說，今天播出一個什麼節目

或是一則什麼新聞，我們每個人接收的都是不同的訊息。

● 潘教授

您的意思是現在的孩子接觸的媒介已經跟以前不太一樣了，過去大部份是以文字為媒介，現在事實上都是影音圖片等。對此我深有同感，因為每一屆大學生進來時我就發現：奇怪！以前講抽象概念他們很容易就能接受，現在卻要花許多功夫引導他們進行抽象思考。

四、媒體教育在國內的發展情形與未來展望

◆ 國內發展情形

● 潘教授

剛剛吳教授也談到你們在過去四、五年的推展過程中，曾舉辦有一些種子班等，過去幾年媒體教育在國內的推展狀況如何？

● 吳教授

過去我們曾經辦過好幾次的種子教師培訓，是兩天一夜的研習，參與的老師大概有兩百個，有國小、國中，也有高中。其中所談的議題大概是剛剛講的那幾個面向：比方從卡通看性別；從廣告看閱聽人，其實在媒體眼中觀眾是「肥羊」，我們以為我們是在家裡看電視，跟他們無關。事實上，你每次看電視都會被算成收視率，而收視率是賣給廣告商的價錢，我們便從這幾個面向來探討。至於推展得如何，很不幸地，過去尚未形成教育政策之前，老師會有兩天的熱情，但就僅止於那兩天。以前如果小孩的媒體行為帶到學校裡來（比方某綜藝節目很紅的時候，學生會把綜藝節目裡的遊戲帶到教室裡來），老師基本上會說不可以、這如何不好，然後就結束對話，然而兩天培訓後老師對這個議題會變得無限地熱情。可是我們後來追縱這一百八十個老師，發現他們回去學校之後所做的事情其實非常有限，首先是因為學校沒有鼓勵，因為媒體教育並未出現在任何教育政策裡面；第二，

他的時間也非常有限；第三，他不覺得有能力可以作這件事情，他認為概念還不夠普及。

◆　未來推動方向

• 吳教授

我們很希望未來在政策白皮書上能顯現這幾個面向：第一個面向是，當國家推向新世紀全球化的思考時，國家教育研究院應該要有一個部門成立一個研究小組，專門研究所謂「素養」的問題，因為我們的素養已經超越文字了，而且是一個多媒體的整合，而素養恐怕也還要回到文字，現在的文字意義跟過去不一樣了，所以，這個素養的研究部門其實很重要，很多國家都有一個素養概念的研究小組；另外，我們當然希望從所謂的「教師」——就是從師範體系著手。比如香港的媒體教育進程其實與我們差不多，但他們在師範教育上，例如香港大學的課程研究系裡，開設了一個媒體教育的學程，所以，即使未來是任職數學老師或生物老師，他同時也可以當媒體教育老師。香港目前雖然還沒有進展到教育部的層級，但他們現在正在做課程改革，成立了一個優質教育基金，大量鼓勵學校參與，因此，香港非常多學校或多或少都在推展媒體教育。

◆　媒體教育教師的培育

• 潘教授

關於您說的媒體教育教師，他怎麼去扮演這個角色呢？是不是還要考慮到您剛剛提的，將媒體教育融入各科的教育裡頭？

• 吳教授

成為媒體教育教師其中一個軌道是鼓勵在職老師來修三十個小時的課，甚至是到大學裡修習一個學程，他就能變成一個媒體教育老師。那麼這有什麼作用呢？合科教學的緣故，因而一個學校不會配置很多，不過恐怕也要有一、兩個這樣的老師，他會從一年級規劃到六

年級,設定在這個學期裡一年級可以達到哪些教育目標,他也會擔任這個科目的召集人,然後其它老師便可以從他這邊得到知識、資訊還有活動單。至於國外,因為大都具有學區的概念,故學區內某一、兩個學校裡會設置資源中心,這一、兩個學校就會有專任的媒體教師專門推廣這個學區本學期的教材、教法、進修、演講,亦即他們是以學區的概念來成立資源中心,進而支援這個學區的媒體教授或是教師成長。而澳洲的媒體教育最為成功,如果你得到媒體教師的執照(他們用證照制)就會增加薪水,英國也是,加拿大也相同。

◆ 美國媒體教育之借鏡

另外,尚有美國。我剛提到那麼多國家而沒有提到美國,是因為美國很容易被了解,大家都知道他們出產非常多垃圾影視文化而被全世界唾棄,其實加拿大之所以會那麼成功,是因為他們抵抗美國的文化霸權。加、美兩國比鄰,美國所釋放的任何東西,加國的人民都會馬上接收到。因此,加拿大捍衛自己的文化,要讓人民從媒體教育中知道,全世界的文化品味或者電影品味不是只有好萊塢。

美國很有趣,媒體教育一直推動不起來,這是因為地方分權的關係。不過,從一九九二年開始,美國也大力推動媒體教育,他們的重點跟其它國家略為不同,可是跟台灣卻很相似——他們把媒體教育放在「健康」這個議題上面。為什麼?理由很簡單,例如媒體裡大量出現(台灣也大量出現)早發性性行為,與任意發生性行為而沒有安全措施的劇情,你只要看美國那些情境喜劇或是影集就會發現這個情形;另外,濫用藥物也是一個問題,比方在一個 party 或很多故事裡,就用藥當作一種社會性的鼓勵;還有他們非常流行不正常的飲食,例如雜誌模特兒、演員都強調要非常瘦,「瘦」成為高中女生唯一追求的標準,這樣的問題也同樣發生在台灣。而我們發現健康上的這些問題就是從媒體裡散播出來的,而且是大量地散播,每天都在散播。

所以,美國的媒體教育就從這些地方著手:煙、酒、藥物、早發性性行為,還有非意願的懷孕,他們讓學生了解電視上或影像文本中

出現的這些東西，其實與現實生活有非常大的差距，年輕學生不要讓媒體單一的價值所迷惑，不管是飲食的、美的、身體的價值，或者是以為不嗑藥就表示不酷、不抽煙就表示不夠憂愁等，不要為這些所迷惑。所以，他們目前的媒體教育是往這方面來發展。有沒有用呢？其實有相當程度的成效，因為他們是從各個面向進行的，他們甚至有法務部的媒體教育列車到校園裡宣導，車子裡會有一些電視的簡介，當青少年上了這一部車，就會了解故事是怎麼建構的。另外，也會告訴青少年媒體上的故事通常是不會呈現真實後果的，比如故事中的人物嗑了藥、喝醉了之後，第二天他竟然就生龍活虎，而沒有呈現出在真實狀況下他可能頭非常痛，他可能因為喝醉酒或是吃了藥而出現一些不當的行為，最後的結果是他進了法院或是被警察逮走。總之，我認為美國媒體教育的方式非常值得我們參考，因為台灣還沒有人會到學校裡教導小朋友說，媒體裡呈現的價值會影響我們的健康。

◆　媒體教育白皮書之發展重點

• 潘教授

　　從我們談論的過程裡，大概瞭解到好幾個國家的作法，加拿大的、澳洲的、香港的、美國的情形。如果針對台灣目前要研擬一個媒體教育的白皮書，您有沒有預期會著重哪幾個重點呢？

• 吳教授

　　因為我們起步得很晚，好像必需要快馬加鞭，所以，教育部便宣佈三個月要出一個白皮書。不過要有一個共識，也就是在大學裡媒體素養應該是一個通識，目前有這樣在做的如政大，已經開設兩年的「媒體素養概論」，每一年大概有三千多個學生要選，我們現在已經把它放到非同步教學。另外還有慈濟大學，它把媒體素養當成是通識。總之，我們認為大學生也應該在媒體素養上做一個反思。

　　另外，很高興聽到高中開始開設選修課，在高中的選修課中「媒體素養」或是「媒體研究」、「了解媒體」等這類課程應該放進去。九

年一貫當然是我們目前看到最應該著力的領域，而未來幼稚園大班也會納入。對於九年一貫這個領域，我們現在的確還缺乏教材、師資及支援的系統（比方資訊平台），但過去五、六年我們也累積了一些成果。例如公共電視製播了一個「別小看我」節目，於禮拜六晚上及禮拜天早上播出，是針對國小四、五、六年級以及國一製播的媒體素養節目，節目設計是以兒童的觀點來看他們自己的媒介行為，然後從中探索意義。第一集討論「上電視秀自己」，當時流行讓小朋友上綜藝節目，在節目中搖頭晃腦地唱歌，針對這個現象我們一層一層來討論兒童上電視秀自己有什麼意義，我覺得那個節目已經累積了一些影視文本，很適合讓老師在教室裡用作教學的材料，也編輯了一些教師手冊，還有親職手冊。

　　未來希望有幾個面向可以盡快進行，比方週三下午老師的進修，重點在於讓老師認知什麼是媒體教育，並體悟到其重要性。我們也希望透過教師研習，讓校長（也就是教育主政者）瞭解媒體教育與其教育其實是可以結合的，它所傳遞的不是一個非常新的、好像融不進我們學校裡面的概念。

　　最後是社會教育這一環，因為看電視的情境大多都是在家庭裡，因此，要讓家長瞭解不可小覷看電視的行為，這個概念非常重要。家長必需了解我的孩子在看什麼，孩子在看的過程中家長必需及早介入，以後就比較輕鬆。若讓孩子從小覺得看電視沒什麼，反正我忙那麼你就盡管看，孩子內化電視傳達的價值後，後面可能要付出很多代價。諸如此類我們都希望能夠在白皮書裡展現與落實。

◆　可具體落實的措施——融入九年一貫六大議題

• 潘教授

　　就國內整個教育推展的狀況，我有一個蠻深的感概是，我們經常會在某一段時間對某一個議題加以權力運作，就像我們說並不是媒體教育議題不重要所以現在才出現，但為什麼現在才變成一個比較熱門

的議題？就像性別教育也是經過好幾十年的努力，現在才變成一個熱門的議題。另外，還有一個問題是，那麼多不同的議題都有其重要性，也都應該放到學校教育裡，但到底如何才能夠真正落實呢？就像九年一貫課程裡，性別是一個議題、人權是一個議題，還有很多如環保等的議題需要融入，而雖然當時媒體教育沒有搭上這個列車，以後說不定也變成一個議題，因為這些都是融入式的教學。可是，一放到學校現實環境裡的時候，事實上，老師們是很慌亂的，因為太多的議題要他去做。

● 吳教授

　　其實媒體教育非常希望能夠真正融入現在既有的議題中。最簡單的例子如兩性，媒體中兩性不平衡的報導非常之多，所以，我們可以跟兩性議題結合，探討媒體中的兩性，還有環保議題，我們可以探討電視中出現環保議題的頻率是多還是少？為什麼政治新聞那麼多，而環保新聞那麼少？難道環保不比政治在我們生命中更重要嗎？所以，不是「多一個議題」，而是多了一個包容性比較大的議題。我並非主張要將媒體教育獨立設議題，其實我們非常希望能夠真正將媒體教育融入現在已有的議題中，如資訊、藝術人文、兩性、人權（像兒童的傳播權）等。因此，我認為媒體教育政策應該要掌握這一個見縫插針的點，而不是再去挖出一塊來增加教學內容。

五、結語

● 潘教授

　　謝謝政治大學廣電系的吳翠珍教授跟我們談了很多，在這兩次論壇中，我們深入探討整個媒體教育的意涵、媒體教育發展的過程、媒體教育在國內推動的情形，以及未來媒體教育白皮書的內容應該朝哪些方向進行，甚至是各國目前推動媒體教育的做法。當然，媒體教育並不僅止於是學校教育的任務，也需要家庭教育及社會教育共同努

力，培養具媒體鑑賞力的個體。媒體教育不只是教孩子如何使用媒體資訊，特別是媒體包含的意識型態與價值觀的傳播，更是需要有具有批判性思維及媒體素養的個體來加以檢視篩選，才不致迷失在資訊爆炸的今日。

電玩小子

主持人：潘慧玲（國立台灣師範大學教育學系教授兼教研中心主任）

討論人：何榮桂（國立台灣師範大學資訊教育學系教授兼電子計算機中心主任）

論壇日期：2002 年 02 月 03 日

❋討論題綱❋

【電玩小子】

一、前言

二、何謂電玩？

三、如何輔導孩子玩電玩

四、電玩的正面效益

五、網咖的正用與誤用

六、結語

一、前言

● 潘教授

今天我們很高興請到台灣師大資訊教育系何榮桂教授來與我們談談目前正熱門的電玩小子話題。何教授曾經擔任台灣師大資訊教育系的系主任，也曾帶團出國參加許多國際性資訊教育比賽，獲得許多佳績。

● 何教授

我主要是帶高中生參加奧林匹亞資訊程式受訓，目前將近有 70 個國家參加競賽，這次已經是第八屆。

二、何謂電玩？

● 潘教授

前陣子電玩小子曾政承獲得南韓電玩大賽的世界帝國遊戲項目冠軍，而台北市也擬定網咖條例，國內亦舉辦了第一屆中華盃遊戲軟體創作大賽。這樣一連串事件究竟是怎麼回事呢？我們該用什麼態度去看待它？該鼓勵學生去玩？或是禁止學生玩呢？究竟什麼是電玩呢？

● 何教授

早期電玩就是指電動玩具或是電子遊戲，或許不純粹和電腦有關係，但大多是以電腦所控制，不過和現在的網路遊戲相差很多。現在很多軟體純粹是為電腦設計的，在網路進步下也有網咖出現，但事實上，其中是變化無窮的，而它們的共同特徵是相當迷人，一旦玩下去就無法制止。

那位南韓比賽的世界冠軍我們報以樂觀其成的態度，但以教育的觀點來看，未必鼓勵，只可以看成個案，這個比賽雖名為世界競賽，

但參與者不一定網羅世界各國好手，有可能只是遊戲軟體業者的噱頭。因此，這裡出現一個兩難的問題：畢竟太過抑制會影響軟體業的發展，而軟體業的發展又跟經濟有關；但太過鼓勵，我不確定是否可以對教育有正面意義，我是持比較保留的態度。我雖不反對玩電玩，不過還是要適可而止。我常鼓勵學生去設計電玩，而非去玩電玩。

三、如何輔導孩子玩電玩

• 潘教授

現在有兩個思考層次，首先是就整體國家社會經濟發展來看，電玩是否是一個產業，是否值得去發展它？誠如何教授所說的，利用設計電玩軟體來打造經濟、發展經濟，南韓即是一個相當成功的例子。但相對以學生、小朋友而言，電玩對學生、小朋友的意義爲何？隨著城市的大量出現，現在的遊戲種類都已有所不同，以前都是在野外玩，但現在必須設計一些適合室內的遊戲讓小朋友來玩，電玩就是這樣的產物。由於電玩可能會使人著迷，無可否認這是有利於遊戲設計者，但就教育的觀點來看，我們是否該讓孩子玩電玩？以及應該怎麼輔導孩子玩電玩呢？

• 何教授

就某一角度來看，其實它可以激發學生的創造力。電玩的內容之廣，實在無法加以界定也無法想像，而就是因爲其中的場景、內容變化實在太多，因而電玩才能吸引玩家。是以，就教育的角度而言，電玩並不全都是負面的，玩電玩其實也是一種放鬆，"relax"！不管是工作繁忙，或者是功課壓力太大，電玩都可以當作是一種良好的調劑，也可以激發學生的創造力。

• 潘教授

電玩到底有哪些種類？因爲它的空間之大、變化之大，需不需要

像電影一樣設分類制度呢？

• 何教授

要分類是很困難的，畢竟它比電影多很多種類，只要你想像的到的幾乎什麼都有。也正因爲它的多變化，才能吸引玩家玩上癮。

• 潘教授

我們經常說對一件事情不投入、不沈迷是很難對一件事情有眞正的瞭解，像是畫畫的人就是要天天畫、時時刻刻畫，唯有眞正投入才可能在某個專業裡展現他的才能。像曾政承每天一定也是花很多時間在電玩上，才能在比賽中獲得冠軍。因此，作父母的或作老師的應該用什麼態度去輔導孩子？如何看待我們的孩子玩電玩呢？

• 何教授

電玩小子曾政承其實只能看做是一種特例，值得給予掌聲，但不適合太過鼓勵。他受教的過程中有中輟的現象，因此，若從教育的立場上我比較持保守的態度，因爲就一個學生的發展階段而言，每一個時間都有學生應該要做的事，不是只有玩電玩而已。所以我認爲曾政承的例子並不是一個好的示範，社會不宜太鼓勵。

• 潘教授

我想這是相當兩難的，我們一方面希望電玩能發揮激發創造力的正面功能，或是可以"relax"，但是因爲玩電玩又容易著迷，到底我們應該如何衡量、怎麼做呢？

• 何教授

我認爲這和個人特質有關，其實不論大人小孩都有可能沉迷。但是我們教小孩時眞的是很困難，畢竟小孩比成人的控制力差，常常一玩就到三更半夜。因而必須給予適當的限制。

- 潘教授

連成人也會沈迷，表示電玩眞的有它吸引人之處，現在眞的很難禁止小孩不玩電玩，但孩子如果眞的很想玩，那麼就很容易和家長、老師產生衝突，請何教授給予教育工作者及父母親一些策略或具體做法？

- 何教授

我想現在老師、父母眞的被科技所打敗。因爲即使你花很多心血但仍舊敵不過吸引人的聲光音效，「代溝」也不適合用來形容現在的年輕人和父母之間的差距了，因此，我覺得適度的管制是必要的。

有些學校因爲怕學生到外面學壞而設置網咖，我個人覺得是不切實際的。因爲，首先，我認爲並不是學生喜歡什麼就要給他們什麼；第二，有那麼多時間讓學生去玩嗎？如果要設置網咖也要有充足的設備，不論在硬體或軟體，都要有一套完善的制度來管理，否則怎麼和外面商業導向的網咖競爭。談到如何防止學生太沈迷的問題是需要大人一起來想辦法的。

而得到電玩冠軍的曾政承究竟對這個社會有何貢獻呢？他的貢獻一定比不上設計軟體的人，更比不上那些在台面下推動經濟效益的人。因此，不應該對他報導太多。但另方面，我敢預測那些參加奧林匹亞大賽的學生，一定可以在資訊界中大放異采。

四、電玩的正面效益

- 潘教授

在曾政承的事件上我們可以發現一個問題，即該怎麼正用電玩？例如該如何激發學生創造力等。例如《魔界首部曲》的小說翻譯者朱學恆，其本身就是讀電機，但因爲他喜歡打電玩，因而學到許多英文字彙，故這對他未來有許多正面功能。然另方面玩電玩會造成沈迷，

因此，我們應該如何發揮電玩的正面效益呢？

- **何教授**

　　我認為這是個別差異的關係。以前在沒有科技輔助下也有教學成功的例子，因此，就教學而言大概不會有太大的改變，因為人的個別差異是很大的，但一些有關教育意義的電玩倒是可以好好推廣。可是另方面因為電玩的種類實在太多，加上電玩本身其實是具有相當難度，因此，這方面的能力是否可以遷移到別的地方來，我還是持保留的態度。

- **潘教授**

　　怎樣才能知道玩電玩不只是「玩」，還必須知道自己是在學習很多東西，知道裡面還有許多教育的功能，這是相當重要的一點。

- **何教授**

　　其實也不是所有的電玩都需要有教育意義的，只要裡面不要有太負面的東西都是好的，像是"relax"一下都可以。

- **潘教授**

　　問題在是於否沈迷其實很難區分，因為很容易就無法自己控制自己。

- **何教授**

　　因為人本身很複雜，故不可能有人可以提出一套有效的管教學生玩電玩的方法。

- **潘教授**

　　如果將電玩當成一種休閒娛樂的話比較沒關係，但是有些休閒娛樂是不會成癮的，而電玩不同，因此，玩電玩的人必須知道自己到底要些什麼。我了解目前有些學校也引進了一些網路遊戲，請何教授談一談這個問題。

● 何教授

　　我在學校中並沒有實際看過網路遊戲，因此，可能不是特別引進。在私立學校確實打算設置網咖，但我想學校網咖是不可能打得過具商業行為的網咖。因為他所花的錢、提供的環境、設備都比學校好太多。因此，學校網咖是不太可能吸引學生的。我所關心的問題是「是不是學生喜歡就一定要給他呢？」我想學校應該作一些判斷才能應付學生。

五、網咖的正用與誤用

● 潘教授

　　以前在學校周圍有許多電動店，現在隨著科技發達取而代之的是網咖。是否請何教授談一談網咖設在學校附近的意義？

● 何教授

　　因為交通如此方便，所以，對於談論網咖設在學校附近幾公尺是沒意義的。相反的，有些老師認為網咖如果設在學校附近，學生不見了其實要找比較方便。設網咖其實並非不行，只是學校附近的生意人有沒有職業道德，因為有些網咖是 24 小時開放，對於學生來說，哪些時間比較不方便開放就不該開放給學生，而對成人則無影響。以前電動玩具本來是非常中性的東西，現在卻變成很負面的東西，我覺得很可惜。

● 潘教授

　　其實網咖有很多正面功能，像是現在多元教學常常有很多作業、學習單是需要上網去查詢的，若學生家裡不能上網，網咖就可以提供一個公共的空間提供學生使用，這是相當好的。但是台灣社會相當奇怪，因為某些部份的負面因素，使得網咖變成一個賭博性網路競賽的地方。

● 何教授

　　我倒覺得一些公家的機構、官方或半官方的地方，像是救國團、學生育樂中心等，有相當的財力負荷及管理，但若是學校設置網咖，我則覺得不切實際。而外面設置的網咖較令人擔心的地方是，他們是否具職業道德。

六、結語

● 潘教授

　　今天我們很開心與何教授從電玩小子曾政承的新聞，談到學校設置網咖與網咖的正用誤用，看到社會變遷下，孩子們玩的東西有很大的不同，但也同時擔憂沉迷逸樂帶來的代價。下次論壇中，我們將繼續深入這個話題，來看一九九０年代開始大量蔓延的網際網路，如何能有益於教育，我們要談網路教學的議題，歡迎大家繼續參與！

編輯小語

※曾政承於二〇〇一年十二月九日於韓國首爾所舉行的「WCG 世界電玩大賽」榮獲「世紀帝國組」（AOC）冠軍。WCG 世界電玩大賽為南韓三星集團主導的國際性遊戲賽事活動，旗下組織有 ICM 國際網路行銷負責推動和邀請外國選手參與，另有 Battletop 賽事組織協助比賽部分。

（資料來源：自由時報 2002/9/30）

※《台北市資訊休閒服務業管理自治條例》（俗稱『網咖條例』）全文
http://www.orgsoft.com.tw/coffeelaw.htm

※《魔戒首部曲》譯者朱學恆，中央大學電機系畢。因喜愛電玩、科幻、奇幻故事，而一腳踏入奇幻文學的引介與翻譯。1992 年於《軟體世界雜誌》開設「奇幻圖書館」（Fantasy Library）專欄，介紹科幻(Science-Fiction)和奇幻(Fantasy)類型作品，為期一年半，之後曾在《聯合報》和《台灣日報》、《中市青年》上刊登評介遊戲的長期專欄。1998 年起密集翻譯英美奇幻文學作品：《龍槍編年史》三部曲，《龍槍傳奇》、《龍槍傳承》、《黑暗精靈三部曲》、《夏焰之巨龍》（以上皆為第三波資訊出版），2001 年翻譯聯經年度大作《魔戒三部曲》、《魔戒前傳：哈比人歷險記》。其它翻譯作品尚有奇幻或科幻類型的遊戲說明書「無聲狂嘯」、「凶兆」(Ripper)、「冰風之谷」（IceWind Dale）、「魔法門七」、「魔法門八」等數十種。

（資料來源：博克來網路書店）

網路教學

主持人：潘慧玲（國立台灣師範大教育學系教授兼教研中心主任）

討論人：何榮桂（國立台灣師範大學資訊教育學系教授兼電子計算機中心主任）

論壇日期：2002 年 02 月 10 日

❈討論題綱❈

【網路教學】

一、前言

二、網路教學的意義

三、網路教學對教育的衝擊與影響

四、網路教學在大學與中小學的應用

五、網路世界對真實人生的影響

六、結語

一、前言

• 潘教授

　　接續上次論壇我們討論的電玩小子議題，這個禮拜我們要來探討網路教學。究竟網路教學的意義為何？它對教育而言是正面影響亦或負面衝擊？我們在實際教育場域中又是如何運用它？最後，它對我們的真實人生是否帶來什麼影響？今天仍邀請國立台灣師範大學資訊教育系何榮桂教授來談這個問題。

二、網路教學的意義

• 潘教授

　　隨著科技發展，以前只在傳統的教室上課，目前的教學已經可以透過電腦網路裡的虛擬環境來上課。論壇一開始我們先請何教授來談談網路教學的定義。

• 何教授

　　網路教學名思義就是透過網路進行教學行為。但是在科技影響下變化非常多元，現在有人提遠距教學，有人做同步或非同步的教學，因此，是相當多樣化、多管道的。

三、網路教學對教育的衝擊與影響

• 潘教授

　　這幾年台灣網路教學發展得相當蓬勃，不管是大學還是中、小學都有。但我發現，現在的年輕人因為經常上網、看網路文章等，因此，比起以前受書本文字刺激的我們，他們較傾向於以圖片思考，像我們很容易以文字思考，但現在的年輕人必須用一些相當具體實象的東西

才能思考。因此，想請問何教授網路教學是否會對教育造成衝擊和影響呢？

● 何教授

　　我想網路教學是一定會繼續發展下去，因此，對傳統的課程教學也一定會造成影響，但絕不會被取代。我也發現像我們這一代很習慣將網路上的東西印下來閱讀，但是相當多年輕人不會把網路上的文字列印下來，各有其優點。但舉例來說，學生交作業時，常常只是利用網路做一些「複製」、「貼上」的動作來寫作業。因此，網路教學還是會造成一些負面的影響，但這和電玩不同，它是可以防範的。網路教學在國內是相當受重視的，但在國中、小裡發展還不是非常成熟，因為國中小排的課程是比較固定的，而在大學裡就有相當多的空間。基本上，網路教學對主動求知的學生是相當有效的，我們願意讓這種教學型態和傳統教學同時存在，然而仍沒辦法取代的傳統教學。

四、網路教學在大學與中小學的應用

● 潘教授

　　請何教授談談網路教學在大學和中、小學中是如何來運用它？像是哪些課程及如何設計呢？

● 何教授

　　國內有一些收費的網站，像是中山大學、中央、高師大、台灣師大，我發現他們所建構的學習環境是相當多樣化的，像是 HTML、影音（VCD）下載的影音聊天室、以及其他學生的作品分享、學習記錄，這些只是比較一般性的，像台師大就是特殊教育導論、高師大是教程式語言、作業系統與電腦網路通訊。對於這些網站我比較持保留態度，因為我認為網路教學不容易呈現程式語言的教學。但在大學中，有許多通識課程就滿適合網路教學，因較具彈性，而比較專業的

課程，像微積分、統計等，我認為會有其限制。

而沒有收費的網站就滿多樣化的，我想這是未來相當重要的教學趨勢，但我還是認為網路教學不可能取代傳統教學。在美國已有規模相當大的網路教學大學，它沒有限制幾年要畢業，可以提供給想進修的人、想終身學習的人作為相當好的教學方式。可是若要在學校大力提倡網路教學其實我並不贊成，因為學校就是要執行傳統的教學。

● 潘教授

何教授是認為成人教育、終身教育、通識等，它們的上課內容比較彈性，因而較適合網路教學。然而對於某些課程的老師，若是想要進行網路教學應該怎麼去準備呢？

● 何教授

網路教學在技術上是容易克服的，但是教材若要放到網路上，就必須遵守某一個標準，將教材放在網路上不代表就是網路教學，若只是運用網路技術的話，其實它的意義較小。網路教學應該是充分運用網路的特有功能，來展現你的教材，這樣會比較有意義，而那些要實驗、要當場練習的課程則比較困難。由於過去都是用傳統方式來展現教材，現在網路突飛猛進，因此，網路教學應該是滿有前景的，不過說會取代傳統教學的話，我仍不以為然，但若是我們把網路教學當成終身學習的管道，這將會是一個相當好的學習環境。

● 潘教授

若要設在中、小學中來推動網路教學，又該怎麼著手？

● 何教授

其實教育部對此有相當的規畫，如學習加油站，還有去年規畫的六大學習網，它是比較靜化的型態，即把許多老師的教材、概念都放到網路上，讓其他老師有很多共享的資源可以運用。不過，對中、小學我比較持保留態度，因為中、小學和大學不相同，就中、小學學生

的發展而言，需要和老師有相當多的互動，這不表示一定不可以用網路教學，只是網路教學可以提供許多學習的資源，像是老師教材的資源或是學生學習的資源，但若是因為被當，而在暑假以網路教學的方式來補修學分，我想並不妥，因為連正課都學不好，更何況是網路教學呢？

• 潘教授

　　網路教學在什麼樣的情境空間比較適用呢？像是終身學習、或是與地理環境各方面有何相關性？

• 何教授

　　網路教學在美國、英國、日本等科技比較先進的國家中較為發達，但乃屬於一種社會學習、成人教育的部份，因此，是較無限制的，只有一個下限，如有最低受教年限幾歲以上，但並沒有畢業年限。對有興趣、主動的人是一種有效的受教環境，不過成效上無法和大學比較，因為大學有輔導教授。雖然網路教學一段時間後會有面談，但是就像空大一樣管制較鬆，因此，跟課堂的教學在學習成效上，還是有所差別。

• 潘教授

　　網路教學在技能上的操作是否可以發揮比較大的功能，像是我們在訓練飛行員時的情境模擬，網路教學是否在虛擬上可以發揮比較大的功能呢？

• 何教授

　　其實這種模擬的成效不錯，在以前的單機時就有了，因此，是屬於一種程序性，它是讓人在電腦上去熟悉一些程序，雖然說很多東西還是沒辦法完全呈現出來，因為虛擬就是假的，但像是開飛機的模擬至少耗資便宜，既經濟又可重複好幾次，可以在虛擬的環境中熟悉一切，對後來上機有很大的幫助。以前也有很多自然科學專題在談這部

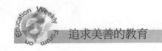

份。

- **潘教授**

   這樣是否就是在網路教學上互動的部份呢？

- **何教授**

   以目前的技術，要作這樣的互動其實還是有點難，不過是可以克服的。我想電腦愈來愈發達，人想要什麼就會達成的。

五、網路世界對真實人生的影響

- **潘教授**

   現在的孩子接觸大量的網路世界，而網路代表的就是一種虛擬世界，中間有許多虛假的訊息，不知到這些真真假假是否會對真實的人生造成影響？

- **何教授**

   雖然說有影響，但這與一個人的人格特質有關，我曾聽過學生說電玩有何缺點，電玩把一個人殺了再"reset"就好了，如果用在真實的情境是不是可以"reset"就可以把命撿回來？這種想法是很可怕，不過我認為不至於會這麼嚴重。

- **潘教授**

   正因某些科技促使我們發生許多這類的事，如美國，有一位高中生槍殺老師及學生，聽說原因是他曾在家裡做過很多的電腦模擬遊戲，因其在遊戲中達到了一些練習的效果；再者，他在遊戲中殺了一些人，但是在下一場又有一些人出現，使他無法感受到人死亡的情形。因此，這種虛幻世界的事情使孩子無法真實瞭解真實的人生。

- 何教授

這種情形確實是存在的，因此，我們更應該多多實施所謂的人性教育，我想這樣的案例只是一個特例，科技的影響不會這麼大，但還是要多加注意。網路世界多少會有影響，至於影響程度我就不敢說了。

- 潘教授

我們常說許多學生天天接觸的都是一些冷冰冰的電腦，而不是一個真實的實體，那麼這也會慢慢影響孩子，像是孩子的媒介物、思考模式都不再一樣，像是從以前的文字思考轉變成圖片思考。因此，我認為這也是科技發展後對教育的大衝擊。

- 何教授

所以我才說現代的老師和家長都被科技所打敗，因為問題實在太多令人束手無策。不過，雖說電腦一直介入我們的教育環境，會有某一種程度的影響，但不至於會顛覆我們的傳統教學。

六、結語

- 潘教授

真的很感謝何教授教授來到我們的論壇，我們從網路教學的意涵，到中小學的運用情形和它的利弊得失以及未來發展、從電玩談到網路教學、從虛擬人生到真實人生到底該分離，我們談了許多問題，而這些都是值得我們教育人士作進一步反思的。另外，對於網路教學這個議題，我們還必須深入思考知識經濟中「數位落差」問題，亦即是不是有些孩子會因為物質條件之故無法運用網路資訊，而造成學習上的機會不平等？這種階級差異恐怕也會發生在成人的終身學習上。諸此，均是我們該關心的課題。

環境教育的意涵演變與教育推動

主持人：潘慧玲（國立台灣師範大學教育學系教授兼教研中心主任）

討論人：張子超（國立台灣師範大學環境教育研究所副教授）

論壇日期：2003 年 12 月 07 日

✳討論題綱✳

【環境教育的意涵演變與教育推動】

一、前言

二、環境教育的意義與目標

◆ 環境教育：從具體行為展現到認知情意涵養

◆ 五個目標：覺知環境、吸收知識、澄清價值觀、學習技能、採取行動

三、環境教育的意涵轉變

◆ 從自然環境轉變為對社會人文的關懷

◆ 從社會人文關懷到主張永續發展

◆ 南非「永續發展高峰會」強調協助弱勢

四、環境教育的弱勢關懷

◆ 在維護生態環境與社會文化經濟的前提下追求經濟發展

◆ 企業發展與生態環境維護、社會文化促進乃相輔相成

五、環境教育的推動

◆ 九年一貫課程融入環境教育議題

◆ 國外推動環境教育的作法

六、結語

一、前言

● 潘教授

今天要談的主題是環境教育。在西方人定勝天的理性思維下，自然環境被過度開發，環境污染的問題亦日趨嚴重，然而地球只有一個，要如何讓我們的孩子擁有良善的生活環境並學習與自然相處，這是環境教育需要處理的重要議題。今天請到台灣師範大學環境教育所張子超教授來到一週教育論壇，張教授長期關心環境教育，對九年一貫課程融入環境教育也有很多想法，所以特別邀請張教授來和聽眾朋友談一談環境教育的相關意涵與理念。首先請教張教授，環境教育的意涵是不是涉及隨著整個環境典範的轉移而有所不同呢？

二、環境教育的意義與目標

◆ 環境教育：從具體行為展現到認知情意涵養

● 張教授

我投入環境教育確實已有一段很長的時間，台灣很多老師會認為他們已經做了很久的環境教育工作，只不過以前的環境教育內涵都是放在垃圾分類與資源回收，於是，便把這兩者當作環境教育的全部。然而如果從聯合國或世界的定義來看，環境教育絕對不是只有垃圾分類與資源回收，當時我們在推動環境教育的時候，希望它有更深刻的意涵。簡單而言，就是希望環境教育可以教導我們的孩子如何感受自然、體驗自然，從自然中獲得相關的知識，願意為維護環境而奉獻。

◆ 五個目標：覺知環境、吸收知識、澄清價值觀、學習技能、採取行動

● 張教授

環境教育有五個目標，第一個目標是對環境的敏感度。譬如看到

一棵樹，他知道這棵樹叫什麼名字，還知道這棵樹在什麼季節開花，會有什麼不同型態的轉變。第二個目標，有了敏感度之後，還希望他具備環境、自然的相關知識，知道為什麼會有季節的轉變、樹葉為什麼會變紅或變黃等相關知識。第三，除了知識之外，相對於其他學科，環境教育非常強調環境的價值觀，因此，如何從知識提升到對環境抱持正面的態度，並且願意關心環境、愛護環境，這就是第三個目標。有了環境價值觀還不夠，環境教育另外兩個層次的目標也很重要，故第四個目標是技能，即是希望他能夠保護環境或關心環境，願意學一些相關的技巧或技能，願意為環境做些事情，故第五個目標更為重要，我們希望他能採取行動。總之，九年一貫課程環境教育有五個層次的目標，從覺知、敏感度、知識、價值觀、態度的養成以及技能的培養，一直到最後我們希望在環境教育的推動中，每個孩子都有機會為環境採取行動，擁有行動的經驗，最後才是垃圾分類與資源回收。其實從環境的敏感度到對污染的覺知、價值觀的建立以及技能的培養，它是一套非常完整的教學理念與策略，這才是環境教育的本質。

• 潘教授

環境教育的目標有不同的層次，故要孩子能夠垃圾分類、資源回收，已經是行動的層次，如果他沒有覺知，就沒有辦法立即展現這個行動，因此這是有層次性的。

三、環境教育的意涵轉變

• 潘教授

另外，我想請教林教授，環境教育的意涵是不是已經從自然環境的關懷轉變為對社會制度與環境的關懷呢？

◆ 從自然環境轉變為對社會人文的關懷

• 張教授

我認為在其他基礎學科裡面，很少有學科像環境教育這樣，是由聯合國把世界各國的學者找來共同訂定教育目標、教育方法與教育內涵。這是因為在七、八〇年代，聯合國看到環境遭受嚴重的破壞，在思考人類發展的方向時，發現如果不教導一般大眾了解環境保護的重要，那麼人類可能會走向滅亡。所以，聯合國便把各國學者找來共同訂定環境教育的目標、內涵，甚至討論環境教育要如何推動。

• 張教授

剛剛您問環境教育的內涵會不會改變？確實有在改變，由於一九七二年聯合國開了人類環境會議，打破了人類中心主義，讓全世界共同感受到人類必須關心環境，要與環境和諧相處。一九七二年正好是民國六十一年，那時候台灣正在進行十項建設，完全是經濟掛帥，但聯合國當時已經昭告世人「人要和環境和諧相處」。到了八〇年代，除了關心環境以外，亦關懷社會弱勢。因為那時候南北貧國與富國對抗，很多環境問題便是因為貧困而產生，亦即他們並沒有合理地消耗資源，故資源的耗盡對環境的傷害很嚴重。當時簡單地認為關心環境的首要任務，就是幫忙弱勢與貧困，如果能夠提升經濟到某種層次，就有能力可以照顧環境。因此，從人定勝天的人類中心主義，到七〇年代轉成人與環境的和諧相處，一直到八〇年代認為只有關心自然環境是不夠的，還要對社會弱勢關懷，因此，婦女議題、貧窮議題、老人議題，都是從環境教育裡而逐漸擴充，從自然環境轉變為社會人文的關懷。

◆ 從社會人文關懷到主張永續發展

• 張教授

到了一九九二年就更有趣了。一九九二年地球高峰會有一百八十個國家元首聚集在巴西里約，思考人類雖然開始關心環境與社會弱

勢，可是大家的生活型態沒有改變，仍舊消耗這麼多地球資源，我們下一代將會成為最弱勢的一代。因此，一九九二年時認為要有「永續發展」的想法，不要想這一代過得好不好，而要考慮到下一代。如果這一代消耗過多，下一代有條件可以支撐生活嗎？所以一九九二年的地球高峰會，宣導一個重要的理念，就是「永續發展」。從一九七二年到一九九二年短短二十年間，環境教育從打破人類中心到環境關懷，再到弱勢關懷與社區共同營造，最後為下一代的資源環境努力，這二十年間就有三個層次的轉變。

◆ 南非「永續發展高峰會」強調協助弱勢

• 張教授

二○○二年的時候，聯合國又把一百七十多個國家的元首找到南非約翰尼斯堡開會，稱為「永續發展高峰會」，檢討這十年來我們到底有沒有做好，然而大家共同認為這十年來並沒有做得很好，故提出了很多批評。不過，南非「永續發展高峰會」有五個更為切身的主軸（五個主要的論題）：讓大家有乾淨的水資源可以用、有足夠的食物可以吃、有基本的能源以及基本的健康與衛生條件。二○○二年是更走向社會弱勢關懷。我記得當時南非總統發表了一篇文章，標題是〈貧窮如海，富貴如島〉，他告訴大家要追求永續發展有多困難，全世界的富貴國家就像汪洋大海中的幾個島，其餘國家都在貧窮的大海中，那麼我們究竟該如何追求「永續發展」？

簡言之，環境教育的內涵一直在改變，人類從關心自然環境到關懷社會環境，從弱勢關懷到對未來環境的關懷，以及強調協助弱勢的協助，認為這樣做才有可能達到永續發展。這些到底與環境有沒有關係呢？當然是有關係的。其實，追求永續發展就是把環境資源作有效的、永續的使用。所以，永續發展的歷程從環保開始，而環境教育也是從環境保護開始，從環境的角度思考如何讓人與環境達到永續的互動與發展，因此，環境教育的內涵是逐年提升與改變。近來教育部也在推動「永續效益」，我們可以把這個理念推廣到學校裡面，從環境

開始擴充到社會人文，再到社會弱勢的關懷。

● 潘教授

　　環境教育的內涵越來越充實，面向也越擴越大，三十年來可以看到它努力的軌跡，只是還不夠滿意，還有許多地方需要我們去努力。

四、環境教育的弱勢關懷

● 潘教授

　　您提到環境教育的意涵從環保、自然環境的議題，一直到弱勢族群、永續發展的，這就已經是人文關懷、社會關懷的部分。雖然我們說對弱勢族群的關懷也是在保護自然環境，但您們的核心概念還是在「自然環境」。我想問的是，當我們談關心弱勢團體時，環境教育應該如何切入，使它與其他議題（人權議題或其他社會議題）談關心弱勢族群的面向有所差異？

◆ 在維護生態環境與社會文化經濟的前提下追求經濟發展

● 張教授

　　基本上，時代的發展就像一個擺槌，整個地球、宇宙的知識是統整在一起的，為了研究方便才分成各個領域，並朝專業發展；但最近的趨勢又擺盪了回來，朝向社會人文的統整與社會科學的統整發展，因此，這個擺槌的活動是時時震盪的。對環境教育來說，我們剛開始也是偏向生態與環保，然後來發現在解決生態環保問題時，一定會碰觸一個非常核心的問題，就是人與環境要如何互動。探討人與環境的互動就一定要探討人的問題，否則就無法解決人與環境的問題。至於環境教育為什麼談到弱勢的關懷呢？因為我們看到很多環境的破壞來自於弱勢地區，他們為了吃飽，只能不擇手段，能吃就吃；為了取暖，便把樹都砍了。在先進的地方講環保很容易，在落後地方講環保很困難，這個問題不在於環保，而是經濟問題、發展問題。

　　「永續發展」為什麼會有「發展」兩個字？其實，就環保來看，

我們覺得環境是優先於經濟的。之所以有環境問題是由於人類過度發展，環境問題的提出就在於反制經濟的發展，使得許多環保團體會被大家認為是激進的、反經濟發展的。因此，八０年代時我們考慮到如果反對經濟發展，同時也會讓弱勢受到傷害，所以才會在一九九二年時主張永續發展。但是為什麼要把「發展」放上來呢？因為我們期待的是永續發展的三個主軸：永續發展是對生態環境的保護，是社會文化的維護或發揚，同時也是產業經濟的促進方式。在一個經濟掛帥的時代，談的絕對都是經濟發展，至於生態環境、社會文化都是後來才會被考量到，是以，在世界大量且快速成長的同時，我們發現社會文化遭到破壞，我們看到生態環境遭到破壞，因此，我們今天談永續發展，希望的是能把經濟發展界定在生態環境的維護下、社會文化的發展下，才來追求經濟發展。

易言之，我們希望經濟發展有兩個條件，即同時照顧生態環境與促進社區總體營造。我們認為經濟發展的前提應在於如何照顧生態環境、如何和社會文化同時發展。環境問題是全世界共同的問題，不能夠把它切割處理，因為它不是實驗室，而是一個人類社會要共同解決的問題，故需進行跨科技的整合。因此，我們要解決人與環境的問題，就要探討人的問題以及人與環境的互動。從世界趨勢來看，我們發現要解決人的問題，就要從貧困、弱勢的角度來解決，要將眼光放得更遠，才會珍惜所擁有的資源。

◆ 企業發展與生態環境維護、社會文化促進乃相輔相成

• 潘教授

永續發展是一個核心概念，不過這便涉及到是否能夠在顧及生態環境與社會文化的前提下來談經濟發展，因為有時候兩者是相互衝突的：當我們顧及生態環境、社會文化的發展時，經常會與經濟發展互相衝突，就像一個國家的經濟發展還沒有具備很好的條件時，存活都極為不易，如何有餘力照顧生態？兩者該如何權衡？

● 張教授

　　一般而言，大家都會認為環境與企業發展好像是相互衝突的，我們可以從很多報導看到台灣時常都有圍廠、抗議設廠的事情發生。其實這是因為在傳統反經濟發展與反資本主義制度下，常認為只要從事企業與產業發展，就一定要以環境破壞作為前提。不過，整個經濟發展趨勢已經改變，傳統觀念認為設廠的老闆如果要降低成本，只要把垃圾或廢料直接排到水裡、流到海裡，即可賺到錢。可是當老闆賺到錢的同時，他也把污染的東西排到河川裡，河川裡的魚就會受到污染，人吃了這個魚就會生病，事實上，他經營工廠的成本是丟給全民、丟給環境來負擔的。如果從整體考量，這樣的經營方式其實並不好，利益被企業主賺走，但是成本卻由全民分擔，而現在新的經營方式是利益與成本都要由老闆負擔，故並無衝突。

　　換言之，以往企業界吸收了利潤，而把成本交由全民幫他分擔。現在我們發現只要嚴格要求環境保護，基本上，對整體國家、全體人民來說絕對是有利的。為什麼很多先進國家會把產業移到其他地方去？因為他們計算過如果這些產業留在本國，對環境造成的傷害與所獲得的利益比較起來，還不如送到其他國家，乃是這樣比較有利潤。反過來看，一般人也許會認為如果不管環境問題，自然賺的錢就多，但整體來說是沒有獲利的。因此，環境與經濟兩者的衝突要看從什麼角度來看，如果從企業的角度來看是有衝突的，而就整體環境或整個國家來看就沒有衝突。當我們將環保、生態，社會文化等成本合算起來，就會發現永續發展是有道理的。企業發展一定要在生態環境照護的前提下、一定要在不破壞社會文化的前提下，才能有助於整體國家的永續發展，所以，兩者不見得會有衝突。以往發生衝突是因為傳統企業觀念認為環境投資、社會文化投資會消耗成本，而任何人做生意都希望成本壓低，因而忽略了這兩方面的關懷與投資。不過，我覺得滿高興的是現在發展中國家中，有很多企業越來越有良知，知道必須肩負起社會成本、環境成本，很多企業除了照顧環保以外，還希望因

爲他對環保的照顧而提升企業形象，因此，企業也關懷社會弱勢，他知道這樣可以提升企業形象。如果我們從更高的位階來看，我認爲企業的發展與生態環境的維護、社會文化的促進是一體的，而且是相輔相成的。

五、環境教育的推動

• 潘教授

以往我們可能會認爲如果企業主犧牲部分的環境保護，就賺比較多的利潤，便可以帶動整體的經濟發展。不過，就像張教授所講的，我們不能從經濟效益來評估，還要考量企業對環境、社會的影響。因此，環保教育既然如此重要，九年一貫課程就把環境教育當成一個議題來融入教育。然而，究竟是因爲國內環境成熟了，而把環境議題放進來，還是因爲我們以前本來就陸陸續續進行環境教育的工作呢？

◆ 九年一貫課程融入環境教育議題

• 張教授

之前台灣的垃圾分類、資源回收做得很成功，從這個角度來看，我們已經在學校推動了二、三十年的環境教育，也頗有成效。其實學生是最懂得如何做垃圾分類與資源回收的族群，也很少有學校不做垃圾分類與資源回收，故不是因爲環境教育融入九年一貫課程之後，學校才開始做環保，而是各級學校本來就在做環境教育。當時九年一貫課程編纂綱要與重新調整綱要的時候，中華民國環境教育協會剛好召開大會，有人就建議在九年一貫課程中納入環境教育相關題材。於是，我們行文給教育部，表示如果沒有把環保放進課程裡面，這套課程就不夠現代化、不夠國際觀。因爲從國際角度來看，在一九七二、一九九二、二○○二年聯合國的高峰會議上，談的都是環保議題，因此，如果課程不談環保、沒有環保的觀念，課程就不夠現代化，甚至沒有國際觀。是以，教育部把我們當初的觀點推薦給課程發展委員

會，並請我們幾位老師在開會時提供協助與想法，也因而才有所謂的環境教育議題。所以，環境教育議題融入九年一貫課程乃是由我們主動爭取來的，當然也可以從另一個角度來看，因為時機也成熟了。從七〇年代開始，我們就在做環境教育，所以，融入環境教育基本上對學校而言並不會太唐突，它本來就是理所當然。不過，我們也很感激自從環境教育融入九年一貫重大議題之後，這幾年可以看到學校對環境教育的重視與在乎，尤其是我們在校園推動的「綠色學校」，以及「永續校園的改造」，獲得了很大的回應，我認為很多老師和校長其實都蠻有心的，大家共同為環境努力的心力讓我蠻感動的。

◆ 國外推動環境教育的作法

‧ 潘教授

　　相較於國內把環境教育議題融入國民中小學課程之中，國外的作法如何？他們怎麼推動環境教育？

‧ 張教授

　　我們有很多學者從美國回來，而且在聯合國在環境教育目標、內涵、策略的訂定上，美國學者亦扮演了頗為重要的角色，故我們受到美國的影響很大。其實美國和台灣的做法一樣，是將環境教育融入教學裡。例如，我們現在講統整教學或學校本位課程發展時，環境其實就是一個很棒的主題，比如學校旁邊有一條河川或溪流，就可以把溪流當主題。溪流有很多特色，就物理、化學等自然科來說，水、溪流、生態、水質監測、水裡面的植物、生物、魚類，這些在自然科裡頭就可以做很多觀察，甚至可以檢測有沒有污染。至於社會科也可以瞭解這條溪流與當地的發展有何關連，如果有污染，污染源在哪裡，說不定查到最後會發現污染源就在自己家裡，因為自己把家裡的廢棄物直接排進水裡，或者是附近的工廠排放廢料到水裡。另外，語文科也可以做融入教學，很多寫得很棒的文章或詩詞其實都與河川有關。因此，可以把環境當作一個大主題，融合各個領域來發展課程。美國在

這方面做得不錯，美國有好幾州都參與了這個計畫。我想強調的是，在台灣或其他國家的做法其實都一樣，我們並沒有特別要求要有一個環境教育的課程，因為假使有環境教育課程，其他科則好像都不用教環境了，這樣也不太好，因此，應該要把它加以統整，把環境當作融入的議題、統整的主題，例如河川、氣候等主題都很適合做課程發展。

六、結語

• 潘教授

今天張教授談了許多有關環境教育的意涵、環境教育的理念、目標，甚至美國也可以提供借鏡的作法。而台灣從民國七十年就開始推動垃圾分類、資源回收，九年一貫課程更把環境教育當作一項議題融入學習領域，究竟環境教育應該如何從整體學校教育的角度切入，以系統的方式來實施，乃至於環境議題融入課程，應該有什麼具體的作法，這些都是我們下次要繼續討論的重點。

營造美麗境界——環境教育在校園裡的落實

主持人：潘慧玲（國立台灣師範大學教育系學教授兼教研中心主任）

討論人：張子超（國立台灣師範大學環境教育研究所副教授）

論壇日期：2003 年 12 月 14 日

❋討論題綱❋

〔營造美麗境界——環境教育在校園裡的落實〕

一、前言

二、環境教育的學校推展層面

◆ 環境教育並非僅是技能或知識的學習

◆ 營造一個美麗境界——「綠色學校」

◆「綠色學校」的四個執行面：政策、教學、生活與校園規劃

◆ 綠色學校網站提供實務經驗與心得分享

三、校園環境的境教規劃

◆ 從政策、生活、教學、校園層面整體規劃

四、環境議題融入九年一貫課程的具體作法

◆ 議題的融入需要打破考試引導教學的傳統

◆ 五個步驟：覺知環境、吸收知識、澄清價值觀、學習技能、採取行動

◆ 跳脫升學導向侷限，給予教師更多的發揮空間

五、環境教育的核心與階段發展

◆ 認知與感受是環境教育的核心

◆ 每個教育階段皆重視覺知到行動

六、結語

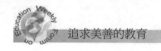

一、前言

• 潘教授

上次一週教育論壇談了許多有關環境教育的意涵、理念與目標的議題,今天我們很高興仍舊邀請到台灣師範大學環境教育所張子超教授繼續來談這個議題。接下我們要著力於如何實踐的具體層面。首先,想請教張教授,學校要如何系統地、全面地落實環保教育理念?

二、環境教育的學校推展層面

◆ 環境教育並非僅是技能或知識的學習

• 張教授

最近我們也很努力想從這個角度來推動環境教育,因為台灣從民國七十年開始做垃圾分類與資源回收,所以大家會以為環境教育是一種活動、一種運動,像是垃圾分類與資源回收,或者校外教學等,甚至就是衛生股長的工作,好像其他人都不需做環境教育。因此,我們最近在思考應該如何推動環境教育。另一方面,雖然說環境教育變成議題融入九年一貫課程,但是把它當作一個知識來學習,或者僅在課堂上來教導環境教育,並非是我們的理想,也不是我們的目標。上次論壇中我們提到環境教育有五個層次,從覺知、敏感度一直到知識,最後如果沒有行動的話,我們不認為這樣的環境教育是成功的。因此,這幾年來我們企圖從更宏高、更有系統的角度來思考學校應該如何推動環境教育。

◆ 營造一個美麗境界——「綠色學校」

• 張教授

過去五年來,我們一直在推動「綠色學校」的觀念,這個觀念是從國外引進來的,叫做"Green School"或"Ecological School"(生態

學校）。對學校來說，任何校長在經營一個學校時，一定有他的理念和想法，我們期待校長經營學校時，應該把對環境的關懷、對環境的影響納入他經營學校的理念。很多校長可能會覺得環境和我沒有關係，其實不然。舉例來說，曾經有一位校長看到學校的老樹被水泥圍起來，一點呼吸空間都沒有，他覺得這樣不好，就帶著學生一起把老樹底下的水泥挖開，留給老樹一些呼吸的空間，這是對樹、對生命的一種關懷。

● 潘教授

談到這個，我們看到很多學校為了方便照顧校園，樹的周圍都用水泥鋪起來，連學校老師、行政人員都這樣做，我們又怎麼期望孩子能夠覺知到環保的重要？所以，應該如何讓老師們真正感受到環保的重要性？

● 張教授

台灣過去這幾十年來有個習慣，只要有空間就上水泥，因為上水泥感覺比較乾淨。其實上水泥是最不環保的，上水泥的時候會覺得熱，會覺得身處於灰色的水泥叢林。所以，我們鼓勵換成這些會呼吸的、有滲透性的地板，這些都是我們推動綠色學校的觀念。

◆「綠色學校」的四個執行面：政策、教學、生活與校園規劃

● 張教授

這個系統有四個層面，第一個層面是政策。從政策層面來說，讓校園裡面的樹有一點呼吸的空間對校長而言是很簡單的政策，而且這只是對生命最基本的關懷與尊重。整個學校就是一個很好的環境，要讓學生在學校裡面感受到生態、感受到舒服，他才會想到學校來；而老師在學校工作才會感覺到這是一個舒服的環境，很安靜、有綠化感，覺得像在度假，老師在裡面教書就會心情愉快，覺得教書不累，因此，校園的環境生態在校長經營學校的政策上是非常重要的。所

以，我們希望校長在整體規劃學校經營時，可以思考如何照顧環境，這是第一個政策面。

第二個層面是教學。我們談環境教育的時候，如果把它當成活動來推動，就會變成訓導處的工作，例如訓導處過去就在作垃圾分類、資源回收。然而，只有活動是不夠深刻的，應該還要建立價值觀。而要建立價值觀就必須有知識的傳遞，這要由老師的教學來實踐。因此，在教學上，我們希望學校老師能配合九年一貫議題的融入，把環境與教學結合在一起。以美國為例，他們會把環境當成主軸，然後與各科結合做課程設計和統整的課程發展。這就是第二個教學層面，我們期待教務處能扮演重要的角色，在教學上結合環境與環保。

除了教學之外，剛才談到生活面，也就是傳統訓導處的工作。生活面是指垃圾分類與資源回收，但這仍不夠。事實上，一個關心環境的小孩氣質是不錯的，因為他如果能感受到季節的變化，他會去關心一棵樹、一枝草，關心校園裡的一個生物，包括一隻蝴蝶，試想這樣的孩子會去打架，會去欺負別人嗎？如果孩子可以關心環境，他的氣質一定是很好的。所以，我覺得從生活面來說，就一個環保生活來講，這也是學校可以努力加強的重點，不應該只有垃圾分類、資源回收，還包括如何儉樸、如何節約用水用電、如何減少對環境與地球資源的消耗，這是一種負責任的環境態度或環境行為，也是我們在學校裡可以追求的生活層面。

最後一個層面是校園的經營規劃。除了生活面、教學面、校長政策、學校政策之外，最後一個層次不只是學校和教室，還包括整個校園。校園對學生的影響很大，如果我們問學生對學校印象最深刻的是什麼，除了老師之外，大概就是校園了。所以，綠色學校的第四個層次，就是要好好經營與規劃校園，它是教學的，也是生活的，更是學生記憶中最重要的要素。

◆ 綠色學校網站提供實務經驗與心得分享

• 張教授

　　當時我們提了綠色學校，是期待全台灣的學校在談環保、環境教育時，能從學校的政策、教學、生活，還有校園如何應用、經營、規劃這四個層面來看。各級學校如果願意，可以登入師範大學「綠色學校」網站，登錄之後第一件事就是要我們回到學校體檢我們的校園如何？是否進行環境教學？是否有環境政策？校長關不關心環境？校園空間有沒有好好規劃？透水率高不高？綠覆率高不高？所謂的「透水率」指的是，如果校園都是水泥，水就無法到地下，如果把水泥打掉，換作透水磚或泥土，讓水直接流到土裡，土壤就可以呼吸了，這便稱為透水率，我們期待學校的透水率很高。而「綠覆率」則是學校空間有多少是被綠色植物所覆蓋。檢查透水率高不高、綠覆率高不高，是最基本的體檢，體檢之後，就可以思考再來要怎麼做。大家可以把作法分享在網站上，這個網站沒有任何圖利性質，只是要讓對環境教育很用心的學校或老師，得以彼此分享經驗。最近，這個網站的成效不錯，已經有一千三、四百所學校加入綠色學校，而有關環境教育的作法和分享的經驗，大概也有將近四千筆的資料，所以，如果連結這個網頁，只要輸入想知道的主題，譬如學校如何留給老樹一點空間，就會發現許多學校會告訴我們可以怎麼做。

• 潘教授

　　他們把各種不同的作法都分享在網站裡頭？

• 張教授

　　對，它是一個很不錯的資料庫。

三、校園環境的境教規劃

● 潘教授

　　如您所言，如果我們要系統地來經營學校的環境教育，則要透過政策、教學、生活與校園等層面來落實。其中，我們要如何利用、布置綠化、美化的校園環境，使它能夠眞正發揮境教的功能？換言之，我看到有些學校佈置了一些環境教學的步道，這樣的安排是不是就能夠發揮境教的功能？

◆ 從政策、生活、教學、校園層面整體規劃

● 張教授

　　這兩年教育部認爲永續發展很重要，我們就鼓勵學校針對這四個層面來規劃、營建或執行。但是應該怎麼達到境教的目的呢？又該如何利用校園來達到教學的目的？如果學校眞的有心，會不會想要一個生態水池呢？會不會想要在學校裡面種些本土植物？其實只要有心，學校自然而然就會想要佈置校園，來達到教學的目的和教育的效果。如果我們更有次序地思考，如何從四個層面來營建或改造？其實我們可以做一個生態水池，可以佈置一個多層次的綠化空間。由於永續發展很在乎資源的利用，因此，也可以思考如何把雨水回收之後再使用，或者如何減低能源的使用，或者可不可以用替代能源的方式。這些都是可以鼓勵學校做的主題。

　　總而言之，我認爲要達到境教，眞的只要學校有心，朝著永續發展的角度來思考，並且從四個層面來著手校園佈置即可。更積極一點來說，如果今天給學生一個生態水池，只要學生能夠感受到生態水池的水與空間的美，就已經達到境教了。如果老師有興趣的話，可以將生態水池裡的植物與自然科學的教學相互配合，除了感受這樣的美之外，進一步在知識上也可以讓學生知道什麼叫作本土性的水生植物以及本土性的生物。總之，如果學校有心營造，便可與教學結合，同時也可以與生活結合、與校園決策結合，這就是我們最近在推動的。我

們希望校長可以在這樣的系統下，來經營一所有特色的學校、與別人不同的學校，發展出學校的特色，而教育部對於綠色學校的推動，也規劃了經費補助。

很多校長問我經費該怎麼申請，其實我考量的不是他們要申請經費來建造什麼，而是考量學校老師願意做什麼教學規劃。如果老師想做生態與水生植物的觀察教學，為了配合環境，我當然會建議學校建造一個生態水池，由老師來種一些與課程相關的植物；如果老師對多層次的綠化空間有興趣，他們就可以在校園裡面規劃一個多層次的綠化空間；如果老師對能源教育有興趣，就可以規劃如何在校園裡面推動能源教育，包括相關替代能源的發展，例如風力、水力或太陽能。所以，在推行綠色學校之後，我們會希望可以多給學校一點空間，讓校長、老師可以發揮和實踐他們的理想來營造一個校園空間。其實營造空間不只是具體的硬體建設而已，我還希望結合教學、老師的研究、學生的學習和生活，並配合行政單位來運作，這樣當然可以達到境教，而且不只是境教，在教學效果上，也能夠使學生獲得一定的知識。

• 潘教授

我聽著就彷彿走在一個綠樹如蔭的校園之中了，慢慢地有股清涼的感覺，而且還有小橋、流水，真的是一個非常美麗且綠化的校園。

四、環境議題融入九年一貫課程的具體作法

• 潘教授

談了這麼多環境教育，也結合了教學的部分，如果我們把焦點放在課堂裡，便會涉及到環境議題融入九年一貫課程的部分。現在老師都很關心如何能夠做到將環境議題融入九年一貫課程，事實上，談議題融入的時候，我很害怕泡沫化的問題，不過張教授分享的心得好像

滿樂觀的，老師們好像都做得不錯，是不是請張教授跟我們仔細說明一下？

◆ 議題的融入需要打破考試引導教學的傳統

• 張教授

我們在推動的時候一向很樂觀，因爲很多老師眞的都很有心。至於議題教學會不會泡沫化，這牽涉到如果我們很重視考試引導教學的話，那麼它一定會泡沫化。我們深刻感受到如果我們讓孩子這樣學習，也許他們的考試成績不見得比別人好，但是整個學習過程卻是非常深刻的。舉例來說，國外常常做議題教學，而且台灣也已經流行好一陣子了，譬如假使我們把河川當成一個議題來思考，其實有很多科目都和河川有關。以環境教育的模式來講，第一個步驟就是敏感度與體會，老師可以問孩子：「我們和河川有沒有關係？」小時候我們常和河川玩在一塊兒，但現在的孩子有這樣做嗎？我們可以帶孩子到學校附近的溪流或是比較有名的河川進行戶外教學，讓孩子接觸大自然，讓孩子把鞋子、襪子脫掉，踩在溪流裡面感受人與雨水的關係、人與河川的關係，這是一種「敏感度」或所謂的「感受」，是一種覺知，去接受大自然、愛護大自然，感受人與大自然的關係，感受愉快的感覺。

• 潘教授

甚至感受到河川非常髒。

◆ 五個步驟：覺知環境、吸收知識、澄清價值觀、學習技能、採取行動

• 張教授

我不希望讓孩子從小就感覺什麼都很髒，我們要讓他感覺很乾淨的溪流，感受到那種美。我們也可以讓孩子看看幾條污染嚴重的河川，看看他們有什麼感覺，是不是很有衝擊，明白人與河川的關係竟然有這樣的轉變，這是第一步。第二步，在感受河川的污染、河川的

乾淨，以及人與河川的關係之後，我們可以配合課程來教學。如果是自然科，可以教水的密度；如果是語文科，可以讀一讀歌詠河川美的文章；如果是社會科，可以瞭解河川與人類社會發展及經濟發展的關係。第三步是要建立價值觀，有了知識之後，要讓孩子「價值澄清」，也就是辦教學活動的時候，要讓孩子想想如果自己是河川裡面的魚蝦，他的感覺是什麼？會不會覺得人很自私？如果是河川附近的居民，感覺又是什麼，會不會想到為什麼這麼乾淨的河川會被污染成這樣？如果是一般民眾的感覺又會是什麼，我們讓孩子實際角色扮演，深刻感受到河川污染對人的影響，這即為價值澄清。第四步，技能的學習，這是推動環境教育最重要的部份。我們讓孩子實際做調查，如果河川有污染，就先學習如何監測一條河川，監測它是否有污染，再來檢查它污染的來源在哪裡，然後做調查、訪談，甚至瞭解這條河川和社會脈絡的關係，了解當地文化與產業的結合，並探討河川的歷史發展，這是社會科的部分。從開始覺知、敏感度，一直到知識、價值觀澄清以及學習技能調查出這麼多資料以後，我們最後會問他一個很簡單的觀念，就是我們要做些什麼？我們能為河川做些什麼？這時候就可以加上一些對環境的行動。

其實任何議題都可以這樣執行，任何一個教學主題都可以這麼活潑化，能夠以一個完整課程教學模式來發展。如果不談河川，全球暖化現象也是一個很好的議題。我們可以問孩子們，有沒有覺得溫度越來越升高了？溫度升高的感覺是什麼？對人的生活有什麼影響？溫度升高以後，就是全球暖化，全球暖化即為知識層面的問題。那麼要如何解決全球暖化？這就必須思考轉變生活形態，例如不要排放那麼多二氧化碳，不要製造那麼多的車，要多利用大眾捷運系統、騎腳踏車，這時候便形成一個價值：要不要為人類環境問題來調整自己的生活步驟或形式呢？最後，再做調查，看看我們能做些什麼，讓我們的孩子為了全球暖化想想他可以做些什麼，而且真的去執行。

◆ 跳脫升學導向侷限，給予教師更多的發揮空間

• 張教授

　　談議題探索或議題教學的時候，從覺知到感受議題的存在，到最後直接行動，都有一些反省或檢討，知道能夠做些什麼事情，這些議題教學滿有趣、滿活潑的，而且對學校本位課程發展來說，我們認為這樣的教學設計是很不錯的。但如果我們是以成績或升學為導向，那麼這樣的東西對老師來說則會太多，一學期說不定只談三個議題就結束了。其實，我們真的期待每個小孩都有價值澄清的機會，有調查能力提升的機會，還有實際操作的機會，我覺得這樣的學習歷程對孩子而言是比較深刻的，對他的影響也是比較大的，這是我們的理念，所以，我們在課程教學上也是如此推動。

五、環境教育的核心與階段發展

• 潘教授

　　我們從覺知問題、知道很多河川污染或是暖化現象的嚴重性，到擁有這些相關知識，並進一步願意面對這個問題，甚至協助解決環保問題，一直到真正落實行動之間，還是存在著差距，這是為什麼呢？換句話說，如果孩子沒有真正體會到我們做的這些事情其實會直接回饋到自己身上，那麼他可能在行動的展現上就會暫緩。例如，雖然孩子們知道每天上學坐的公車，或者爸媽開的車會造成暖化現象，但是卻可能沒有那麼深刻的感受，故沒有什麼具體的行動，那麼我們要如何深化孩子的感受呢？

◆ 認知與感受是環境教育的核心

• 張教授

　　您問了一個核心問題，一般的教育都不太強調孩子們對問題的認知或感受，所以，孩子沒有認知、沒有感受，如此學習到的知識是膚

淺的，因此，我們才強調議題探索教學，特別是其中的議題選擇、感受議題，以及體驗議題。有了這樣的感受之後，到了第三個價值觀澄清與建立的部份，才能夠讓孩子感受到自己真的必須為這世界做些事情。很多孩子雖然在學校會做垃圾分類、資源回收，可是很多孩子到大學就不再做垃圾分類、資源回收，因為他們只知道該應做這些事情，可是不知道做的理念為何？重要性何在？如果我們教導孩子們知道環保的重要性，那麼他們到老都不會隨便丟掉一個資源。

因此，其實在「覺知」階段就要感受到這個問題和他的生活關聯性。其實，在整個過程中，為什麼我們要做價值觀的澄清，因為我們希望他能夠設身處地想這個事情，所以，前面的過程必須深化，讓他深刻感受到這個問題的嚴重性，他才願意在第四與第五個步驟採取某種行動。關於行動的部份，我們也了解每個學生的年級層次、發展層次不同，因而我們不期待每個學生都要示威遊行，只要在能力範圍之內，大家一起來思考我們能做些什麼，共同討論策略、方案是什麼，然後再去執行，檢核效果如何，這樣就可以了。

◆ 每個教育階段皆重視覺知到行動

• 潘教授

如果從孩子的全程教育來說，不曉得張教授是否做過相關的研究？或者您們對於不同教育階段的教育重點有什麼看法？

• 張教授

基本上，我們把每個教育過程當作一個完整的教學模式，所以，我們認為任何一次教學都應該從覺知到行動。因為從小學到國中、高中，孩子所關切的議題不同，所採取的行動複雜度與深淺也不同，故課程發展就會依各階段而有不同的重點。例如，小學一年級偏重覺知，年級逐漸大了以後，開始重視探索技能、行動採取。但我們不希望大家誤會小學就是教導知識、技能，國中、高中、大學就教導行動，如此便不符合我們在環境教育裡所談的五個目標的統整。

六、結語

• 潘教授

今天非常感謝張教授來到一週教育論壇，談了很多關於環境教育的重要議題與具體作法，希望大家聽了以後，都能夠覺知到環境教育的重要性，並且能夠付諸行動，愛護我們的地球。

 編輯小語

台灣綠色學校伙伴網路：

http://www.greenschool.org.tw/index.htm

國立台灣師範大學環境教育中心：

http://www.ntnu.edu.tw/ecc/index1.htm

第五篇：
生命、人權與
法治教育

生命教育的意義探究概覽

主持人：潘慧玲（國立台灣師範大學教育系教授兼教研中心主任）

討論人：孫效智（國立台灣大學哲學系副教授、教育部生命委員會委員）

論壇日期：2002 年 02 月 17 日

❀討論題綱❀

【生命教育的意義探究】

一、前言

二、推動生命教育的緣起與過程

◆ 緣起――曉明女中之「倫理教育」

◆「生死教育」、「死亡教育」、「心教育」與「生命教育」

三、生命教育之意義與內涵

◆ 體會生命的意義、豐富生命的內涵、綻放生命的光輝

四、生命教育之特質

◆ 身心統整的「全人」

五、結語

一、前言

● 潘教授

　　今天的一週教育論壇特別請到台大哲學系孫效智教授來跟大家談談生命教育的議題。孫教授在教育部的生命教育委員會擔任重要的工作,也是課程教學組的召集人。我們先請您來談談您是在何種機緣下接觸生命教育的。

二、推動生命教育的緣起與過程

● 孫教授

　　其實生命教育的推動是靠一群人。我們的社會長時間只重視經濟發展,在重理工而輕人文的社會脈絡下,很多人開始意識到我們的教育應該在價值面、生命意義及理想面有一些作為或改革。在這樣的契機,以及一些主客觀因素的影響下,我們在教育廳時代,也就是民國八十六年開始推動生命教育。

● 潘教授

　　孫教授提到在民國八十六年的教育廳時代,即已開始推動生命教育計畫。我們知道曉明女中推動生命教育也已有幾十年的經驗,曉明並於民國八十六年年底成立「生命教育推廣中心」,而在各縣市也設立了「中心學校」。生命教育推動至今大約已有四年多的時間,到底生命教育的基本訴求和理念是什麼?首先,請孫教授先談一談推動生命教育四年光陰的緣起與過程。

◆ 緣起——曉明女中之「倫理教育」

● 孫教授

　　四年的過程有很多內外因素。就整個社會來說,解嚴後各種價值失序、社會亂象、校園暴力頻仍、學生自殺等情形,均令人感到十分

憂慮。前教育廳廳長陳英豪先生，特別希望能夠針對這個議題有所作為，他在任職廳長之前因緣際會看到了曉明女中的「倫理教育」。曉明女中本來是以「倫理教育」的概念來從事——我們今天用的新名詞——「生命教育」的概念。曉明女中倫理教育的概念，其實在很多私立學校裡面都流行著，或許名稱不同，有的學校可能是用「人生哲學」，有的學校可能因為其宗教因素，故便用「宗教課」，曉明女中則是用「倫理課」。這些學校可能較重視屬於生命價值觀的論點，所以，就用這幾個名詞來涵蓋或稱呼這方面的教育。前廳長陳英豪先生乃希望用比較讓人耳目一新的名詞。其實「生命教育」（life education）在西方已流傳了相當久的一段時間，因此，他便決定用「生命教育」來推動一個涉及人生理念、宗教關懷、倫理實踐以及整個人格發展成長的教育，它是關於全人教育的提升。

◆「生死教育」、「死亡教育」、「心教育」與「生命教育」

• 孫教授

一開始民國八十六年到民國八十八年，生命教育在全省各地非常熱烈地推展開來，在各級學校都設置中心學校以及種子教師的培訓，並且也特別重視學校的行政主管——校長及主任們的訓練。因為我們認為，如果校長——特別是一個學校的龍頭一動起來，那麼風行草偃，對學校整個風氣都會形成決定性的影響。這兩年的推動影響了北、高兩市，高雄以「生死教育」或是「死亡教育」，比較偏向生死學的概念以作為他們推動生命教育的主軸；台北市則是用「心教育」及「生命教育」這兩個概念。「心教育」基本上是對「老師」進行生命教育，給予老師一顆不一樣的心，使他們從「教書匠」能夠提升轉化成為教「人」的「人師」，這是從事生命教育時，在師資培訓上不可或缺的基礎。所以，台北市透過心教育對老師進行生命教育，再透過生命教育，輔以學校課程裡顯著、或潛在的課程，來對學生進行生命教育的推動。

● 潘教授

　　各個縣市在推動上，其著重點有些不一樣。剛提及從省教育廳時代，慢慢地推展到部裡，那麼教育部裡真正進行生命教育的推廣是哪一年開始的？

● 孫教授

　　八十八年以後精省，因緣際會由當時顧問室的顧問曾志朗先生，負責規劃及思考如何把教育廳裡有關人文社會方面的重要教改議案，排定優先次序由教育部來承接統整。他當時對於教育廳推動生命教育的情形還不是十分了解，但他以院士的身分在報紙上寫了一篇文章——〈生命教育是教改不可或缺的一環〉。這篇文章意識到，過去這幾年的教改似乎比較偏重技術制度面，比如說多元入學方案或是聯考廢除等，在價值理念面比較少著墨，而他即是用生命教育的概念來強調這一面的重要性。他之後隨著兩黨的輪替，內閣改組而成為教育部部長，成為部長後，便大力推動生命教育作為他的三大施政理念之一，並且成立了生命教育推動委員會，把九十年命為「生命教育年」，希望能從此開啟推動生命教育永續發展的列車。

三、生命教育之意義與內涵

◆ 體會生命的意義、豐富生命的內涵、綻放生命的光輝

● 潘教授

　　生命教育從八十六年推動到現在四年多，在過程中有很多學校或多或少參與了生命教育推動的工作，今天又特別把這個議題挑出來談，也是鑒於近兩年台灣社會產生的巨大變化，有一部分是經濟因素造成自殺率的提高，或者說世界因素的變化，譬如美國九一一的攻擊事件。我認為這一連串的事件都在不斷地提醒我們重新審視生命的意義何在、生命的價值為何。

就我個人而言，生命教育的意義和內涵有三個層面：第一個部分，是要讓個體去體會生命的意義；第二個部分為豐富生命的內涵；第三個部分是綻放生命的光輝。之所以這麼主張，是因為我認為一個人活在世界上，應該去感受能活在世界上是多麼美好的一件事，所以，體會生命的價值及意義是滿重要的，若能如此，那麼他就能進一步充實自我、豐富自己的生命，最後更希望能實踐生命的價值，充分發揮人生活在這世界上的潛能。我認為生命教育至少要讓孩子們能夠從這三方面來體認，也請孫教授談談實施了這麼多年的生命教育，其基本理念及內涵為何？

● **孫教授**

雖然我們沒有就這個議題事先討論過，不過聽潘教授的說明讓我感覺到，我們在思想上對生命教育內涵的理解是不謀而合的！這可能也充分說明了，其實論及人的生命，「人同此心，心同此理」，是有其共通性。因此，當我們思考生命的議題時，會發現思想上很容易產生共鳴。

首先，來看生命教育的內涵，其基本上是從大家對於生命的共鳴、對於人性的體認等一些共通點來著手。我個人認為，雖然「生命教育」基本上是一個新的名詞，但是它所涉及到的議題卻是亙古常新的，而要如何去界定它的內容確實也是很重要事。因為，如果我們不清楚地了解生命教育的內涵，我們便不曉得要多重視它，我們也不知道是否需要生命教育，甚至於我們缺乏一種比較的基礎，來檢視現在的學校教育、家庭教育、社會教育是否缺乏生命教育？在哪些幅度、因素上需要生命教育？所以，如果我們不掌握生命教育的內涵，我們也就不曉得該從哪方面來推動及促進，是融入學校的各個課程裡？還是有自己獨立的課程？或是注重老師的身教、環境教育？還是其他等？

因此，如何透過共識，由開放教育的過程來定出一個適切的、符合我們時代的生命教育內涵是很重要的。剛才潘教授提到九一一，以

及各種因素的自殺案件，甚至現在還有很多價值扭曲的現象，如黃顯洲、璩美鳳等這些事件，我們如何回應時代的訊號，同時去答覆這些議題所需求的價值觀反省，然後再根據學者們學理上相關的系統思考，來界定一個踏實、有學理基礎、符合需求、能答覆時代訊號的一個生命教育內涵？一旦這些內涵確定了，我相信在這樣一個具共識且踏實的基礎上，不是說從此就很順利，但至少它是一個很穩固的基礎，讓我們能夠向前推展生命教育。

● **潘教授**

就生命教育的內涵而言，孫教授認為應包含哪幾個部分？

● **孫教授**

我個人在這幾年的努力，以及和很多重視生命教育的夥伴們、各學校的校長、老師、教授、專家學者們，大家集思廣益討論發現，生命教育的內涵如同潘教授所提到的三點：第一點是體認生命的意義，第二點是豐富生命的內涵，第三點是綻放生命的光輝。這三點大致上也對應到我個人對於生命教育內涵的一個粗淺體認。

第一部份提到關於生命的意義，若比較通泛地說，我們可把它稱之為「人生哲學」，是有關宗教教育、生死學。換言之，是有關於人生終極關懷的省思，它提供我們一個有關生命意義的思考基礎。如同方才潘教授所言，體認生命的意義是非常重要的，因為一個人生觀不清楚的人，他即使知道什麼是對的，什麼是錯的，也無法堅持是非善惡、堅持道德原則等基礎生命能力。第二是提到豐富生命內涵，這便牽扯到如何去實踐、如何去生活，如何活得像一個「人」，活的有人的味道。如何活出一個有著豐富生命的人生，是屬於人在實踐方面的省思，在學理方面我們稱之為「有關生命實踐的倫理反省」。這部分涉及一些較為抽象的、人生道德價值體系的建構，這個價值體系是我們對善惡是非理解的基礎。爾後，再勾勒如何在各個實踐領域裡慎思明辨、擇善固執，來豐富我們的生命。第三個層次是綻放生命的光輝。

前面兩個層次我把它理解為知性的、人生觀裡的終極安頓，同時在實踐內涵上建立價值體系，但這基本上還是屬於知性的。我們如何能夠把這種知性上的認知內在化？這是我們整個身心靈的核心極重要的基礎，我們把它稱之為古人所謂的「成於中」，這其實是「行於外」，外在的一個基礎，也就是我們以深厚的人生觀作基礎，並加以豐厚的內涵，如此來綻放生命的光輝。因此，我基本上也是從這三個角度來思考生命教育的內涵。

四、生命教育之特質

• 潘教授

如此說來，生命教育的內涵非常廣，是一個人生存在這世界上，有關價值哲學的問題。也難怪我們剛剛談到，教育改革有許多結構技術面的改革，但支撐著中心的那個精神層面的部分，如同孫教授所談到的，生命教育便是很重要的一環。但很多中小學老師感到困惑的是，我們目前的教育改革推出很多不同的口號，生命教育即是一個，以前有人文教育，現在還有法治教育、價值教育、兩性教育等層出不窮，當要落實到學校時，老師們面對這麼多不同的外加式教育訴求，就會覺得眼花撩亂。可否請孫教授先就本質上生命教育和其它不同訴求的教育相較，其內涵有何殊異？

◆ 身心統整的「全人」

• 孫教授

這是一個非常好、也值得大家很嚴肅地去思考及面對的問題。我個人雖然參與生命教育的推動，但並不執著生命教育這個名詞，對我而言，更為關切的是從一個身心都統整的「全人」的角度，來看他需要具備什麼樣的成熟與內涵？具備什麼樣的價值理念？所以，不管它以什麼名稱出現，主要便是讓這樣一個「全人」的價值貫徹到學校裡，這才是值得我們關切的重點。

今天，我認為在台灣教改中，那些提出不同價值理念的學者都有他們的善意，我相信他們都是意識到我們的教育問題，也意識到教育問題不是一下子即可改善，改革並非一蹴可及。於是，他們在其所思考到的範圍內努力，當然也連結了一些政治影響力，或多或少貫徹或者延伸到各個學校裡。但這種延伸到各別學校裡的教改，很容易如您所說的對學生造成負擔，且倘若這不是從學校教育出發，推動一個顯著課程或潛在課程之整體改革，我們該如何重新去思考其內涵？如果我們認為教育本質已經遭到扭曲、偏頗（譬如方才談的重理工輕人文、我們只是在培養會投票的驢子等，這是愛因斯坦對於專家的一種諷刺說法，我們的教育卻好像呈現了這種現象），如果我們已經體認到了，那麼是否要想一想，如何讓這種失衡導正？

此導正應該是一種統整的、以全人的角度思考，並且是需要很大的決心及耐心作全盤思考，針對學校教育裡的潛在課程、顯著課程，及顯著課程中的正式與非正式課程等做一個全盤的考慮，才可能讓這些個別的善意和教改理念能夠真正的落實。否則，若只是以打游擊戰的方式各自為政，那學校一方面可能認同理念，但另一方面可能會覺得在時數上、或學校的行政上以及現實環境面，譬如說升學主義，而有很多其它的顧慮、現實的壓力等，這些都會使教改美意與價值打了折扣。

五、結語

今天，我們從生命教育推展的緣起與過程，接著釐清生命教育與其他相關概念如「生死教育」、「死亡教育」、「心教育」之間的關係，再進一步探討了生命教育的三大意涵：體會生命的意義、豐富生命的內涵、綻放生命的光輝，以及其培育全人的教育特質或稱目的，深入了解生命教育的理論概念層面。在下次的論壇中，我們還要邀請孫教授繼續與我們來談生命教育的實踐面，看看生命教育推動四年的成效

如何、遇到了什麼困難，以及如何在教學中落實。

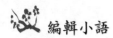 編輯小語

生命教育的沿革

http://gigabyte.fxsh.tyc.edu.tw/lifehistory.htm

教育部推動生命教育委員會暨生命教育全球資訊網

http://gigabyte.fxsh.tyc.edu.tw/life2000/

生命教育的實踐

主持人：潘慧玲（國立台灣師範大學教育學系教授兼教研中心主任）

討論人：孫效智（國立台灣大學哲學系副教授、教育部生命教育委員會委員）

論壇日期：2002 年 02 月 24 日

✻討論題綱✻

【生命教育的實踐】

一、前言

二、回顧生命教育的推展成效

三、推動生命教育所遇到的困難

　　◆ 政局劇變破壞教育政策的連續性

　　◆ 生命教育內涵缺乏共識

　　◆ 師資培育之缺乏

　　◆ 課程定位曖昧不明

　　◆ 政治力量與資源的薄弱

　　◆ 小結

四、生命教育的落實

　　◆ 社會空間、硬體環境的配套

　　◆ 融入各科教學

　　◆「人與自然」關係之反思

五、生命教育在課程與教學上的作法

　　◆體驗活動

六、結語

一、前言

• 潘教授

今天我們要接續上次論壇的議題，邀請台大哲學系孫效智教授來與我們談生命教育的實踐面。首先，我們先回顧生命教育的推展成效如何。

二、回顧生命教育的推展成效

• 潘教授

孫教授基本上是從「全人教育」的角度來看生命教育。如果我們看今天台灣教育的發展，可以發現「知識」的部分談了很多，但有關「價值哲學」的教育卻付之闕如，這是目前我們極需去推動、改進的地方，不管它用的是什麼名詞。可否回顧生命教育在這幾年的推展情形？

• 孫教授

這幾年鑽研這個議題的老師、教授或專家教授們，都具有相當的熱誠，當然也包含了行政層級在行政上的配合，這些年來雖然很多困難與衝擊，但我們也看到生命教育在台灣已經成為一種普遍的「認識」，雖不敢說「認同」，但也算是某種熱門話題或重要議題。

前面提及北、高兩市非常積極地推動生命教育，教育部也隨著地方而開始設立一些委員會來擬定四年中程計畫，思考如何推動生命教育使之制度化、永續化，而不要只是一種新的、有一時沒一時的活動。如果論及推展成果，則包含很多方面，例如宣導達到普遍性；另外，在師資培育上，全國各地（北、高兩市及其他縣市）曾舉辦過有關生命教育的研習，應該能以「百」為單位來計算，這非常地驚人，而且老師、校長們的參與也非常的踴躍；在教材的研擬方面我們也發現，除了教育廳為國中及高中的生命教育擬了十二個單元外，北、高兩市

也有行動，譬如高雄市針對「死亡教育」擬出的國小教案，台北市則更普遍地針對國小及高中高職研擬教材，而且也跟著課程教改的步伐（例如根據國中小的「九年一貫」），針對「領域」的融入式生命教育，研擬教材教案。

● 潘教授

此意謂只有中心學校在推展，還是其它學校也有？

● 孫教授

台北市有一個總召集學校，下面分了國小、國中組與高中、高職組。國小、國中組的負責學校就負責研擬如何把生命教育的教材以領域學習的方式融入，好比融入歷史學科，甚至融入數學學習領域中，有一些 idea 是相當令人耳目一新的。所以，台北市做了很多，如師資的培育、教材的研擬。我覺得他們最可喜的是，教材研擬是配合現在教改在課程上的步伐。另一方面，就我所知，民間基金會已經有一個以生命教育為名、國家級的基金會，即「生命教育基金會」，它是由八個原本重視生命教育的私立學校董事長，集資建構的一個基金會，其主要宗旨是推動生命教育。此外，還有如泰山文教基金會、大塊文教基金會、德榮基金會、中華民國得勝者協會等，這些民間團體也以各自的方式及努力，在不同的角落裡匯聚一種力量，以民間的方式來推動生命教育課程的研發，教材的研擬等。

三、推動生命教育所遇到的困難

● 潘教授

看起來做了很多的事情，其中有沒有碰到什麼困難呢？

◆ 政局劇變破壞教育政策的連續性

• 孫教授

　　不諱言的，雖然我並不想說主要的困難是整個政治上層結構的變化，但這幾年變化實在太迅速，而這些因素的確使這些「看不到業績」、也無法求一時績效的、屬於價值理念的教改運動受到影響。這四年來發生很多事情，尤其是精省，省教育廳不復存在，皆下來是政黨輪替，而部長也在上禮拜再次內閣改組等。從整個上層結構來看，整個政治是劇烈變化的，故導致這些教育改革的工作受到阻礙。不過，當然也有很多其它的議題、困難，是值得進一步思考及反省的。

　　大陸有句順口溜是「計畫永遠趕不上變化」。這幾年政治的變化當然也是民主發展必然的過程，可是這樣的情形使得政策連續性上出現問題。這是「外在因素」──「政治因素」，也有「內在因素」，屬於生命教育推動的因素。

◆ 生命教育內涵缺乏共識

　　首先我們提到，生命教育的內涵需要經由較具共識、較開放的過程來獲得，但目前這個過程尚未有一個清楚的機制。或者說，在達到內涵統整或共識的過程中，其共識是有其歷史辯證性，並非有效力、有影響力地呈現。不過，共識會在過程中慢慢建立起來，只是目前還沒有建立一個成熟、周延的生命教育的共識，所以，會有各種亂象產生。此亂象如每個人對於「生命教育」有他自己的定義，發展教材時，這個基金會可能特別關懷「死亡」的概念，故比較注重這方面的發展；另一個單位可能比較關注「自我效能」的提升、比較重視人格的成長、自信心的培育等這類教材或課程的規劃。因為內涵欠缺統整的共識，因而在各自推動生命教育時，其著重點、教材的研發就會出現片面性。

◆ 師資培育之缺乏

　　另方面，不管是各大學的教育學程或師範院校，在師資的培育上可能比較欠缺生命教育中重視的價值，比如人生哲學、宗教教育、生

死學及倫理學——基本倫理學、應用倫理學等，欠缺這些議題的薰陶及訓練，使得目前在職的老師，在生命教育的學理基礎上似乎有些薄弱。我們在推動的過程中所舉辦的各種師資研習會，最長一個禮拜，大部分是三天兩夜或兩天一夜，相當的零星而不是一個非常周全的培訓。

◆ 課程定位曖昧不明

當然，另方面是「生命教育作為一種教育」時，其內涵、在學校課程中的定位等，還未經過通盤的思考及考慮，也還未有明確的討論，這使得生命教育在推動上就顯得妾身不明。到底要以什麼方式融入學校？也許有人會覺得這是一個不需要具體實質內涵的教育，反而比較需要教師的身教或言教；也有人覺得，既然生命教育不是一個正式的課程，那我們就設法把它融滲到各個學科裡。其實，生命教育的議題（好比「生死學」、「應用倫理學」等就很複雜）就像各種實踐領域的議題一樣（兩性亦為一種倫理議題——兩性倫理；工作也有工作倫理；生命有生命倫理的議題），有它自身的體系性，很難喧賓奪主地融入語文教育或其它教育，因為它自己有其自身的體系性，需要做獨立的考慮。正因為目前生命教育的課程定位不明，因此，有關如何去落實的問題，也變得模稜兩可。

◆ 政治力量與資源的薄弱

最後一個困難就是政治的力量、政治的資源。政治需要對於選票以外的這種「看不見」，但又攸關整個國家社會文化、國民生命素養、素質提升的教育問題，保持一種觀念——即使它跟選票無關，但它是我們國家永續發展的根本。政治人物應該給自己這樣深切的體認，而且能夠有貫徹的決心，來進行相關的統整，而非只是片面的努力而已。在目前政治的惡質環境下，這方面還有很大的努力空間，而這也是我們目前在推動生命教育時，遇到的較大困難。

◆ 小結

• 潘教授

　　孫教授提到幾個重點，包括在推動生命教育時沒有建立共識、師資培育的問題、在推動過程中如何去定位課程，或者有關政治因素的問題，政治若是良善的，應該如何持續統整？針對這些，首先我有個問題想與孫教授討論：如果將教育分為兩部分來看，一個是「知識教育」，一個是「價值教育」。而整個台灣教育過程中，由於受到升學主義影響、士太夫心態作祟，台灣的學生每天都為了升學而背著沈重的書包，在學校努力唸書，放學回家還得繼續 K 書，如此一來，「教育」好像在學校裡消失了，今天我們就是要把消失的這一塊補起來。所以，不管是用什麼詞，很重要的一點是如何讓我們的孩子擁有安身立命、為人處事的人生哲學？我覺得這是很重要的一環，如果今天能做到這一點，那麼生命教育的意義將可以更加擴大。

　　生命教育的內涵非常的廣，廣泛地來說，我個人認為就等於「價值教育」這一環。但在執行面上，每個人的解讀都不一樣，我所解讀的生命教育可能只是一個生命教育、死亡教育而已，你解讀的可能是整個人生哲學的問題，這恐怕是當事者、或推動生命教育的有心人士都會遇到的問題。我想可以重新作界定、澄清生命教育的意涵是什麼？而這也涉及到很多正在進行的零碎教育工程，如前面所提的法治教育、兩性教育等，各種教育通通要來，的確是需要作一個很好的統整。

　　再者，我認為教育要做的是全面性的，今天教改要做、要改，我們說「叫了才改」，的確「不叫還不改」。但是「叫了才改」就做的非常片段零碎。剛剛孫教授所談的，師資根本還沒有完全準備好能夠推動良好的生命教育，生命教育就要推動了，所以，就有很多臨時的研習班出現。這也引發我們國內教育的問題，真正要推動的時候，怎麼樣才能夠全面性的，而不是局部、零碎的做？這也是生命教育的一個困難點。

四、生命教育的落實

• 潘教授

可否請教孫教授，如果今天生命教育要在學校推動，就實際面向而言，課程設計有些什麼作法呢？

◆ 社會空間、硬體環境的配套

• 孫教授

關於生命教育該怎麼落實是一個很重要的問題。我們可能無法一下子拉到課程來看，應該先從整個學校的環境來著眼。我們談學校教育首先包含潛在課程以及顯著課程，顯著課程又可分為正式與非正式課程，這兩個課程構成學校教育的整體內涵。外緣來講，就是整個學校的環境、制度或教師團隊，例如老師們是一個勾心鬥角的教師團隊？或是一個相親相愛的教師團隊？校長和老師之間的關係是尊重的、愛護的、做為他們的後勤支援、幫助他們成為一個自尊尊人的人師？還是比較傾向於權力關係？要落實生命教育可能得從整個潛在環境，或者說從整個學校存在的目標及理念上，提供一種價值的「點醒」，而非只是知識的來源。亦即，學校不應只提供「知識」，更應提供「智慧」，來作為其辦學的整體目標，換言之，應提供的是生命的自覺、價值的覺醒，當然其中也包含了知識素養，這樣一個全人的涵養才是學校不容置疑、不容折扣的目標。當然在現實環境中，我們打了很多折扣，但我認為方向比距離重要，我們不能忘記目標。這樣亦步亦趨雖然辛苦，但還是要一直往著這方向前進，否則容易本末倒置。例如很多教育和現實做了妥協，以致於教育走的方向根本不是一個真正的全人教育目標，而是越走越背道而馳了，這樣就會導致各種社會亂象。我想這是一個遠因。

所以，我認為學校的目標之一是要建立一個環境，所謂的「境教」應該是以培養生命的自覺、生命的智慧為主，來作為它的目標，當中也包含硬體的環境。前一陣子我看到宜蘭的國小設計，連柱子的收邊

都注意到學童的安全，他們不但沒有官商勾結等見不得人的事情，而是把錢用在如何讓環境安全及美化。充滿創意的環境，孩子生活在其中當然比較有機會培養出一種恢弘悠遊的氣度。很多學校的廁所可能亂七八糟、臭氣薰天，門或木頭受到破壞，小孩子在這種硬體環境不好的情況下，相信是不容易培養出一個比較有美感的、正向的人格氣質，因此，我想整個境教是需要配合的。

◆ 融入各科教學

再者，我認為所有的科目都要融滲生命教育的精神。我不是說所有的科目都要樣樣提到生命教育，譬如說教數學，不是講一講課，然後就說我們來談生命教育，我們來談談怎樣尊重生命。我不是這個意思，我認為我們都應該重視每個科目獨立的專業性，基本上，這就是一種生命教育。一個物理或數學老師很認真的去看待他自己的專業，即使是我們傳統偏頗的價值觀視為所謂次要的人文社會學科，都需要有這樣熱情的去傳授自己的專業科目，我相信這就是一種生命教育的精神，而且也不以學生的外表績效、成績高低，來決定老師對學生的態度。故生命教育的精神應該融入到各科目，另外還有一種「融入」，是生命教育的「內涵」的確也需要融入各個科目裡頭。譬如，家政教育可能不只講縫縫補補、烹飪、教孩子煮飯，他可能需要教孩子談「家庭經營」，談親子、夫妻關係的經營，談婚姻的意義等，我想這樣子的家政就不只是技術層次，還包括生命素養的層次。其他各個領域如自然科技，我認為是一個很需要融入生命教育的一個領域，特別是有關於科技與人文的對話、科技與倫理的反省。我們與科技該有什麼樣的關係？要作科技的奴隸還是主人？該怎樣培養孩子義務的精神？我認為這是我們從事科技教育時所應該融入的思考。

最近教育部的計算機中心主任陳景章博士，他跟我談到教育部最近正在思考《資訊教育白皮書》，他也提到資訊教育應該要融入生命教育，我覺得很好奇為何他會有這樣的想法，他便提到我們每年花費大筆金錢去提高台灣 telnet 學術網路的頻寬，都是以「億」作為單位，

這麼多人民納稅的錢建構我們的網路硬體，但我們發現頻寬不夠用！可能的原因是許多比率是用來點選色情網站，所以，教育部的電算中心就反省，如果我們只著重在物質的建設而非人文建設，那麼物質建設便會失去存在的意義，反而造成本末倒置的效果。因此，生命教育若干重要的內涵，應該以適切的方式在必要的地方融入各個科目裡，以達到統整教學的目標。另外，有一些議題在高中、高職特別需要注意，原因之一是因為國中、國小現在已經是領域學習，本來就不適合用分科的方式來從事正式課程的建構；而最主要原因是，高中、職的年齡是十五到十八歲，已經到了追尋"self-identity"（自我認同）的「前成人期」，他們需要追求一種自我定位，建構一個清楚的人生觀、價值理念，他們有一定的成熟度，理論的抽象性也達到一定的程度，如何給這些孩子一個有體系的、完整而周延的整體人生觀的建構，倫理價值的建構，人格情緒的統整思考，我想這是非常必要的。

◆「人與自然」關係之反思

• 潘教授

　　到底我們該如何落實生命教育？孫教授認為基本上境教的部分非常重要，另一個部分就是生命教育如何融入到不同科目裡。譬如說，自然科技裡生命教育的題材就非常重要，這也讓我們去反思人與物、人與自然的關係。今天受到西方哲學的影響認為「人定勝天」，這與我們古時所談「天人合一」的基本哲學理念有所不同，所以，今天我們看到許多過度開發的狀況，如土石流的問題就是我們過度開發山坡地。孫教授可否就像「人與自然」這類因認知模式的不同而影響到我們待人方式有所不同，談談老師們如何在教學裡把這樣的理念，慢慢的放到教育裡？

• 孫教授

　　西方的思想史裡，「人與自然」的關係的確存有某種辯證性，從一個以神為中心的時代中，「天是重心」，人乃附屬於天。啟蒙運動之

後，看到人文思想、人本主義抬頭，人好像變成了宇宙的中心，以「人」為中心的思想開展了，後來整個物質科技的文明也開始了，強調人能夠勝天。這種強調科學萬能的理念在十幾世紀中葉稱為「現代思潮」，現在又受到了後現代的批判，所以，其實歷史上在人與物的關係上，有一種辯證的關係。我們今天站在後現代的中間時期，在二十一世紀的初期，應該是從一個「見山是山，見山不是山，再見山是山」的想法來思考「天人」或「人物」的關係。不管是教導人文社會科目或自然方面的科目，學校的教師應該以統整的方式在各個不同的領域裡，以不同的角度切入議題。好比語文科目，我們小時都讀過「愚公移山」，可能只注重愚公堅強的意志，但是今天我們從後現代的環保思想來想：是否山移了之後會對整個環境、對天地之間的平衡會形成一種負面或正面的影響？這需要大家來思考。所以，人物或人天的關係應該以多元、多角度的方式來思考。某些單元可以以顯題的方式成為一個議題來討論，有些可能是以統整的方式附隨在其他的議題之下，應該讓學生有統整的學習能力。所以我想應該是以這樣多元的方式提供這些議題來刺激學生多方的思考。

五、生命教育在課程與教學上的作法

• 潘教授

這個部分就涉及到在教學過程裡，如何讓孩子們真正有效的學習。我們談到生命教育中重要的一環是價值上的認知、以及實踐的過程，通常我們看到孩子們講是一套，做又是一套，那如何讓孩子真正體認到這件事，而且也願意服膺這個原則？在教學課程上，生命教育是不是有一套這樣的作法？

• 孫教授

我不敢說生命教育已拿出一套獨特的教育方法理論，我想是還沒有。我相信這是很多伙伴們要去思考的，教育學程的各個學者們在這

方面的思考，應該是大家要彼此幫忙的。因為關懷生命教育的學者不一定懂得教育理論；有教育理念的專家不一定懂著生死學。這是在合作中的一個共識。這幾年來推動生命教育有一個很可喜的現象，好比潘教授您就注意到生命教育的重要性，其實我們在過程中一直和很多的教育學者們合作，包含師大體系以及彰化師大、台南、高雄等，有很多教授和我們一起努力。這樣跨領域的一群人所設計出來有關生命教育的課程可以分幾類：第一類，可能是傳統的，比較屬於平常老師講授的，這也是很正常的傳統科目。不過，講生命教育的人自己也包含了熱情，就察覺到生命教育的無形性，是需要由生命去體認生命，由心去帶心，所以，我們觀察到一些生命教育的講授者，譬如生命教育的講師團，他們就帶著生命的一股熱情去講授。他們表面上看起來是老師在講，但我們可以看到其中眼神與眼神的交流，是"dialogue"（對話）而不是"monologue"（獨白），是有"interchange"（交換的）。

◆ 體驗活動

除了這個形式外，生命教育這幾年的發展，例如以曉明女中為例，他們發展出一種「體驗活動」——能夠體驗生命教育的內涵，進而打動孩子的心，這是很重要的一種形式。體驗活動就是讓學生在某種情境下，能夠按照課程設計，而在某個特定的單元讓孩子們去碰觸價值理念、某種生命議題，那是課程設計的目標。按照這樣的目標讓孩子暴露在某種情境之中，讓他在那個情境裡對那個議題或價值理念產生一種內在的感動。這種感動有時就比聽講來得主動，這種體驗活動是讓孩子主動去經驗、碰觸。好比曉明女中會進行如「飢餓體驗」的活動，透過讓學生體驗不是每個中午都有午餐，讓孩子獲得飢餓的經驗、或停水的體驗，而發現資源的重要性。或者讓他們參觀垃圾場。其實，就我個人體驗，這倒是對老師有了相當大的幫助，老師到垃圾場發現污染對地球的破壞，是自己本身要對環境的整潔負起責任，支援垃圾分類，不要讓垃圾擴張等的體驗。再如曉明女中或其他學校有時帶著學生去參觀安寧病房或者是喪葬的過程，讓孩子對生命、生死

有很深的悸動。透過生命議題的體驗，他們再分組討論，作一些總結。

六、結語

● 潘教授

　　非常感謝台大哲學系孫教授今天和我們分享生命教育整個推動過程裡的問題，進而談到生命教育中的課程定位要如何做，以及如何有效地讓孩子體認到生命的意義，而能夠發揮我愛人人、人人愛我的情懷。

 編輯小語

泰山文教基金會

　http://www.taisun.org.tw/

德榮社會福利基金會

　http://www.glory.org.tw/findex.asp

得勝者教育協會

　http://www.tw-champ.org/xoops/

人權的意義與人權教育初探

主持人：潘慧玲（國立台灣師範大學教育學系教授兼教研中心主任）

討論人：湯梅英（臺北市立師範學院初等教育學系教授）

論壇日期：2003 年 12 月 21 日

❋討論題綱❋

【人權的意義與人權教育初探】

一、前言

二、國內外人權教育的發展

◆ 國內人權教育整合型計畫

◆ 世界主要國家推動人權教育的背景

三、人權的意義

◆ 人權的概念不斷演化，從自由權、工作權、受教權到
發展權、和平權與環境權

四、權利的衝突與調解

◆ 人與人之間的份際如何拿捏？

◆ 發展權與環境權何者為先？

◆ 老師有沒有搜學生書包的權力？

五、結語

一、前言

● 潘教授

今天節目所要談的主題是人權教育。人生而平等，不因宗教、種族、性別、階級而有所差異，這是人類從十八世紀倡導天賦人權說以來所做的努力。然而近代的人權理念強調的不只是一種人道關懷，更重視個人自我實現的自由與自主性，以及個人的獨特性。台灣從民國七十六年解嚴之後，開始邁入實現民主的新階段，可是人民對於權力的觀念還有待教育和啓蒙，而學校更是肩負教育責任的重要場域，所以，今天要和大家談談人權教育的理念與作法，請到的來賓是台北市立師範學院初等教育系湯梅英教授，湯教授從民國八十七年開始，便相當關懷人權教育，而且也帶領老師做工作坊，可不可以談一談當時您們做這些事的動機？

二、國內外人權教育的發展

◆ 國內人權教育整合型計畫

● 湯教授

人權概念已經是世界性的理念，您也提到由於台灣有解嚴的背景，故會認爲人權是一個政治議題，和教育、生活比較沒有關連，甚至還會存有恐懼感。我當時之所以會從事人權教育工作，是因爲當時東吳大學張佛全人權研究中心主任黃默教授剛從國外回來的時候，覺得國內對這個議題還普遍缺乏正確的認識，還有許多有待耕耘的地方，於是便提了一個國科會整合型計畫。當時我們認爲這個議題應該先從學校做起，因爲人權教育有很多廣義涵意，和社會大眾、媒體有關，可是我們沒有辦法顧全這麼多層面，所以，剛開始比較偏向從學校著手。

我們的整合型計畫分爲大學、中學、小學、幼兒四組，包括臺北

市立師範學院幼教系和初教系老師，以及陽明大學公衛所周碧瑟老師。周老師同時也是人權基金會執行長，她負責中學的部份，而黃默教授則負責大學組的部份。總之，當初我們純粹是因為國內缺乏這部分的認識，故先從教材著手，先看人權教育要如何落實到教學上，讓教材能夠比較貼近本土經驗（雖然我們可以參考國外的做法，但我們還是要落實到本土）。

在這個計畫中，我們一方面討論人權最基本的概念，一方面從政治、哲學、法律、心理學、社會學等各種不同層面來探討，尤其是研究不同階段的學生，應該用什麼觀點切入比較好。在討論的過程中，我們發現要做人權教學就必須讓老師知道人權的概念，而且要有意願落實在教學和生活中，才不會讓人權概念成為「死知識」。我們希望學生能夠內化人權概念成為內在價值，因為人權教育、兩性教育或道德教育，其實都屬於「價值教育」。價值教育不是純粹知識性的，而是必須要去實踐、要在生活中敏感地察覺問題，所以，我們必須讓老師知道其實人權是在生活當中經歷的，而且人權議題不見得只有政治受難者才會經歷到。因此，人權教育中很重要的部份就是藉著教育來推展、散播人權概念，讓大家知道如何保障、爭取自己的權益，或者是如何才不會侵害他人的權利。所以，我們認為必須辦理一些教師工作坊，讓老師和我們一起來探討這個議題。我們也希望從老師身上學到許多現場經驗，了解如何設計教材教法，才能讓課程真正落實在教學中。因此，我們認為人權教育的教學應該要和老師們一起成長，才能夠真正設計出在實際教學上可以應用的課程與教學設計。

• 潘教授

您們是一群關心人權教育的學者，透過國科會的計畫讓您們集結了起來。然而要實行人權教育，老師是關鍵角色，唯有老師擁有人權概念，具有實踐能力，才能真正把人權教育的種子播到學生身上。

◆ 世界主要國家推動人權教育的背景

• 潘教授

如果我們進一步把人權教育放在廣泛的世界脈絡來看,您會怎麼分析世界上主要國家推動人權教育的背景?

• 湯教授

第二次世界大戰之後,大家覺得兩次戰爭帶給人類很大的災難,因而出現了「聯合國」,聯合國經過好幾次會議討論,才產生了《世界人權宣言》以及相關的經濟文化公約。在《世界人權宣言》中揭示人權教育是很重要的,而且如果不藉著教育管道來提倡宣揚人權理念,則無法保障自己的權益。因為不管是國家的憲法、法律或行政命令,都是因應制訂法律者的需求,而不是考慮人的尊嚴需求,所以,很可能假借法律或憲法來箝制人權,甚至違反了基本人權,很多國家都曾經有過這樣的經歷。因此,我們可以推論人權概念在十七、十八世紀時就已經有很多哲學討論,如果再往前推,其實很多哲學思想或道德觀念都在討論人的價值尊嚴議題。在人的社會中,就人權來看有所謂的「道德人權」或「法律人權」,然而,只有在法律層次上才有可能真正保障我們的基本權利。前面提到的《世界人權宣言》只是一個宣言而不是法律,而且聯合國沒有軍隊,也沒有執法單位,因此,聯合國宣言也較不具法律上的約束力量。不過,一九四五年前後十年間,有很多國家在法院判決中仍是會引用世界人權宣言,因此,就某種程度而言《世界人權宣言》已具有法律效力。

在這樣的背景下,《世界人權宣言》十分強調教育。一九九三年維也納聯合國人權大會中,與會人士發生了很多衝突,因為對於人權究竟是不是世界普遍性的價值而各持己見,那時候還有所謂的「亞洲價值論」提出。經過很多的討論之後,現在大家都認為人權的普遍性和不可分離性是確定的,但仍舊要尊重各國不同的文化歷史背景。簡單來說,人的價值與人的尊嚴是普遍性的價值,不會因為他是非洲

人、中國人、台灣人或歐洲人而有所不同，每個人都是平等的，也都應該平等對待其他人。人權概念超越了文化、族群、種族、階級的差異，是多元社會中共同的人際互動法則。一般人對於歐洲的印象，總是認為他們有許多共同性，其實歐洲各國之間也有很大的歧異性，包括宗教信仰、語言、文化、血統都有不同之處。然而，歐盟各國在探討從兩次世界大戰以來，有什麼價值是可以超越不同的地域、國家、族群和文化語言，成為大家可以遵循的共同準則時，人的價值就是他們最後的共識。

三、人權的意義

• 潘教授

　　如剛才所說的，人的價值是大家所共同認可、一致重視的，人的基本生活權利也是大家普遍認同的價值，只是在權利的行使方式、分際的拿捏上可能會因應不同的文化情境而有所不同。不過，您剛才提到人權教育要讓孩子們知道人有基本的權利以及不侵害他人的權利，但是到底什麼叫做人應該有的基本權利呢？

◆ 人權的概念不斷演化，從自由權、工作權、受教權到發展權、和平權與環境權

• 湯教授

　　基本人權的概念其實一直在演化，剛開始大家注重的是公民與政治的權益，也就是消極的自由權：你不要妨礙我，我有言論的自由，我有集會結社、宗教的自由，不應該被干預，這是最初的人的基本權利。後來，我們發現如果只有消極或比較傳統的基本自由權，其實是不足以保障十九世紀工業革命之後勞工階級受到剝削的權利，也就是經濟社會權利的部份，因此，才會發展出工作的權利、教育的權利、受教的權利。總而言之，如果吃不飽，經濟權利的訴求沒有被照顧到，人們沒有工作權、受教權，那麼即使有自由權也都是空的。所以，在

十九世紀資本主義剝削勞工的情況下，這個時期的訴求是工作權、教育權等屬於經濟社會權利的要求，到了二十世紀又有新的權利，像發展權、和平權和環境權。是以，從權利的概念來看，它是不斷演化的；換言之，就是對於「人活得像人」這個問題的思考。

十七世紀末、十八世紀時，最初可能因為政府限制人民太多的自由，所以，爭取的就是對抗專制政府的權利，法國大革命就是一個最顯著的歷史例子，它要爭取的就是與專制政府或君權政府抗衡的權利，因此揭櫫了自由、平等、博愛等基本天賦人權的概念，這是有其時代背景的。後來，人民知道徒有這樣的自由權其實不足以保障人活得像人，才會有經濟社會權利的爭取。到了現代社會，我們知道有關環境保護、族群文化的概念，知道有所謂的集體權利，而不只是自己個人的權利而已。

• 潘教授

依據時代脈絡的演進，基本人權有其不同的定義。以世界發展脈絡來看，人權的概念從自由權到工作權、受教權的爭取，二十世紀談的則是發展權、和平權與環境權。

四、權利的衝突與調解

◆ 人與人之間的份際如何拿捏？

• 潘教授

我們進一步要談的是，人與人之間要如何互動才不會侵犯到他人的權利呢？

• 湯教授

大家對於民主法治教育都有一點概念，可是卻不知道在生活中民主法治教育其實是和人權有關的，基本上這些權利都是要透過法律來保障。當然，權利與權利之間會有所衝突，衝突是人際關係中不可避

免的，但如何解決衝突卻有很多策略，譬如我和你碰撞一下，大概不會訴諸法律途徑，這是屬於一般人際關係的處理。然而，有些權利與權利之間的衝突就必須透過司法程序來解決。從巴西小男孩吳憶樺的事件中可以看到，有很多親子之間的衝突還是需要司法解決，尤其是離婚事件中孩子要歸誰撫養、監護權屬於哪方，都必須經由司法途徑來解決。我國經濟的發展以及環境的保護也時常會面臨抗爭事件，這類衝突很多時候也都必須透過司法程序來解決。

◆ 發展權與環境權何者為先？

• 潘教授

然有時候是很困難的，就像發展權與環境權到底何者為先？

• 湯教授

在不同的國家、不同的經濟情況，就會有非常不一樣的結果，當然政府司法單位也必須有一個中立的判斷。其實很多國家的環境保護權都是從對少數人的團體抗爭中爭取到的，經濟發展雖然很重要，但是並不完全凌駕於環境權之上，環境權的重要性會隨著議題而逐漸凸顯，慢慢得到社會大眾的認可之後，環境保護的觀念就會變成是「我們活得像人」中最基本的權利了，而不再認為環保不重要，填飽肚子才重要。

隨著權利不斷地演化或擴張，有些權利在某些國家的某個環境時空中可能不被重視，但是別的國家的例子還是可以讓我們借鏡。我國很多環保人士其實也是從國外的例子得到反省之後，才開始在國內推動，然後有愈來愈多的人認可這樣的價值，並逐漸得到大家的重視。也許在十幾、二十年前，大家會覺得環保權可以被犧牲，但現在大部分的人都不會同意這個觀點。那麼權利與權利產生衝突時該怎麼解決呢？可能無法順利地迎刃而解，往往需要慢慢地找出一個折衷點。其實一些權利保障做得比較好的西方國家，還是不時會有族群衝突或環保與經濟發展的衝突。

我們從電影中可以看到環保議題的題材，像小人物抵抗大財團這樣的電影情節時常都可以看到。另外，對於同性戀的概念也慢慢改變了，過去可能會覺得這些人和我們不一樣，他們沒有資格爭取某些權利，但是國外許多例子或經驗卻讓我們逐漸開展視野。人的權利概念成為世界性的普遍概念有一個非常大的優點，就是當我們的國籍、文化還沒有發展到這個階段時，別的國家、文化的例子可以給我們參考。

◆ 老師有沒有搜學生書包的權力？

• 潘教授

事實上，如果人權教育讓我們能夠尊重他人的價值，我們就可以開放的心胸看待別人，就會尊重同性戀是個人生活方式的選擇，而不會再以過去的主流價值來判斷他人。如果我們把這個場域拉到學校裡頭來看，學校裡頭也有不同的權力競逐和權利相衝突。舉例來講，老師發揮管教權的分寸在哪裡？如果他要瞭解孩子有沒有帶不安全或不好的物品到學校，究竟有沒有搜書包的權力呢？

• 湯教授

每一次教師工作坊都會有老師提到這個問題。在學校中與人權連結的，都是有關學校管理措施的部份，像教育部的管教辦法等，不過通常都只是一種「辦法」而不是《憲法》或像《世界人權宣言》這樣的層次。因此，就像我們到大賣場時，如果出來時包包引起警報器嗶嗶叫，可能是因為條碼沒有刷好，而店員就會要求搜包包。同樣地，學校也會有類似的形式，老師會告訴學生這是為了大家好，而學生究竟有沒有感受到什麼叫做為我們好，就是剛才談的「尊重」，這也是最基本的人權原則。

五、結語

• 潘教授

不侵犯他人的權利的前提,就是要尊重他人。台灣的民主法治已有幾十年的發展軌跡,然而,也許因為政治因素與國情文化,致使我們的人權概念未臻成熟,許多有關人權的議題似乎仍舊處於討論批判的階段,不過這是個好現象。今天很感謝湯教授來到一週教育論壇,談了有關人權的意義,國內外人權教育的發展等等,下次論壇我們要針對國內人權教育的實施情形作詳細的探討,並且看看人權教育要如何融入九年一貫課程中。

追求美善的教育

編輯小語

人權基金會
http://www.href.org.tw/intro/brief.html

《世界人權宣言》
The Universal Declaration of Human Right

聯合國大會一九四八年十二月十日 第217A(III)號決議通過並宣佈

序言

　　鑒於對人類家庭所有成員的固有尊嚴及其平等的和不移的權利的承認，乃是世界自由、正義與和平的基礎，鑒於對人權的無視和侮蔑已發展爲野蠻暴行，這些暴行玷污了人類的良心，而一個人人享有言論和信仰自由並免予恐懼和匱乏的世界的來臨，已被宣佈爲普遍人民的最高願望，鑒於爲使人類不致迫不得已鋌而走險對暴政和壓迫進行反叛，有必要使人權受法治的保護，鑒於有必要促進各國間友好關係的發展，鑒於各聯合國國家人民已在《聯合國憲章》中重申他們對基本人權、人格尊嚴和價值以及男女平等權利的信念，並決心促成較大自由中的社會進步和生活水平的改善，鑒於各會員國並已誓願同聯合國合作以促進對人權和基本自由的普遍尊重和遵行，鑒於這些權利和自由的普遍了解對于這個誓願的充分實現具有很大的重要性，因此現在，大會，發佈這一《世界人權宣言》，作爲所有人民和所有國家努力實現的共同標準，以期每一個人和社會機構經常銘念本宣言，努力通過教誨和教育促進對權利和自由的尊重，並通過國家的和國際的漸進措施，使這些權利和自由在各會員國本身人民及在其管轄下領

446

土的人民中得到普遍和有效的承認和遵行。

主體思想

第一條

人人生而自由，在尊嚴和權利上一律平等。他們賦有理性和良心，並應以兄弟關係的精神相對待。

平等原則

第二條

人人有資格享受本宣言所載的一切權利和自由，不分種族、膚色、性別、語言、宗教、政治或其他見解、國籍或社會出身、財產、出生或其他身分等任何區別。並且不得因一人所屬的國家或領土的政治的、行政的或者國際的地位之不同而有所區別，無論該領土是獨立領土、托管領土、非自治領土或者處於其他任何主權受限制的情況之下。

公民、政治、權利

第三條

人人有權享有生命、自由和人身安全。

第四條

任何人不得使為奴隸或奴役；一切形式的奴隸制度和奴隸買賣，均應予以禁止。

第五條

任何人不得加以酷刑，或施以殘忍的、不人道的或侮辱性的待遇或刑罰。

第六條

人人在任何地方有權被承認在法律前的人格。

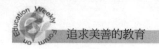

第七條

法律之前人人平等，並有權享受法律的平等保護，不受任何歧視。人人有權享受平等保護，以免受違反本宣言的任何歧視行為以及煽動這種歧視的任何行為之害。

第八條

任何人當憲法或法律所賦予他的基本權利遭受侵害時，有權由合格的國家法庭對這種侵害行為作有效的補救。

第九條

任何人不得加以任意逮捕、拘禁或放逐。

第十條

人人完全平等地有權由一個獨立而無偏倚的法庭進行公正和公開的審訊，以確定他的權利和義務並判定對他提出的任何刑事指控。

第十一條

1. 凡受刑事控制者，有未經獲得辯護上所需的一切保證的公開審判而依法證實有罪以前，有權被視為無罪。

2. 任何人的任何行為或不行為，在其發生時依國家法或國際法均不構成刑事罪者，不得被判為犯有刑事罪。刑罰不得重於犯罪時適用的法律規定。

第十二條

任何人的私生活、家庭、住宅和通信不得任意干涉，他的榮譽和名譽不得加以攻擊。人人有權享受法律保護，以免受這種干涉或攻擊。

第十三條

1. 人人在各國境內有權自由遷徙和居住。

2. 人人有權離開任何國家,包括其本國在內,並有權返回他的國家。

第十四條

1. 人人有權在其他國家尋求和享受庇護以避免迫害。

2. 在真正由於非政治性的罪行或違背聯合國的宗旨和原則的行為而被起訴的情況下,不得援用此種權利。

第十五條

1. 人人有權享有國籍。

2. 任何人的國籍不得任意剝奪,亦不得否認其改變國籍的權利。

第十六條

1. 成年男女,不受種族、國籍或宗教的任何限制,有權婚嫁和成立家庭。他們在婚姻方面,在結婚期間和在解除婚約時,應有平等的權利。

2. 只有經男女雙方的自由的和完全的同意,才能締結婚姻。

3. 家庭是天然的和基本的社會單元,並應受社會和國家的保護。

第十七條

1. 人人得有單獨的財產所有權以及同他人合有的所有權。

2. 任何人的財產不得任意剝奪。

第十八條

人人有思想、良心和宗教自由的權利；此項權利包括改變他的宗教或信仰的自由，以及單獨或集體、公開或祕密地以教義、實踐、禮拜和戒律表示他的宗教或信仰的自由。

第十九條

人人有權享受主張和發表意見的自由；此項權利包括持有主張而不受干涉的自由，和通過任何媒介和不論國界尋求、接受和傳遞消息和思想的自由。

第二十條

1. 人人有權享有和平集會和結社的自由。

2. 任何人不得迫使隸屬於某一團體。

第二十一條

1. 人人有直接或通過自由選擇的代表參與治理本國的權利。

2. 人人有平等機會參加本國公務的權利。

3. 人民的意志是政府權力的基礎；這一意志應以定期的和真正的選舉予以表現，而選舉應依據普遍和平等的投票權，並以不記名投票或相當的自由投標程序進行。

經濟、社會、文化的權利

第二十二條

每個人，作為社會的一員，有權享受社會保障，並有權享受他的個人尊嚴和人格的自由發展所必需的經濟、社會和文化方面各種權利的實現，這種實現是通過國家努力和國際合作並依照各國的組織和資源情況。

第二十三條

1. 人人有權工作，自由選擇職業、並受公正和合適的工作條件並享受免於失業的保障。

2. 人人有同工同酬的權利，不受任何歧視。

3. 每一個工作的人，有權享受公正和合適的報酬，保證使他本人和家屬有一個符合人的尊嚴的生活條件，必要時並輔以其他方式的社會保障。

4. 人人有為維護其利益而組織和參加工會的權利。

第二十四條

人人有享受休息和閒暇的權利，包括工作時間有合理限制和定期給薪休假的權利。

第二十五條

1. 人人有權享受為維持他本人和家屬的健康和福利所需的生活水準，包括食物、衣著、住房、醫療和必要的社會服務；在遭到失業、疾病、殘廢、守寡、衰老或在其他不能控制的情況下喪失謀生能力時，有權享受保障。

2. 母親和兒童有權享受特別照顧和協助。一切兒童，無論婚生或非婚生，都應享受同樣的社會保護。

第二十六條

1. 人人都有受教育的權利，教育應當免費，至少在初級和基本階段應如此。初級教育應屬義務性質。技術和職業教育應普遍設立。高等教育應根據成績而對一切人平等開放。

2. 教育的目的在於充分發展人的個性並加強對人權和基本自由的尊重。教育應促進各國、各種族或各宗教集團間的了解、容忍和友誼，並應促進

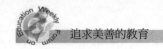

聯合國維護和平的各項活動。

3. 父母對其子女所應受的教育的種類,有優先選擇的權利。

第二十七條

1. 人人有權自由參加社會的文化生活,享受藝術,並分享科學進步及其產生的福利。

2. 人人對由於他所創作的任何科學、文學或美術作品而產生的精神的和物質的利益,有享受保護的權利。

第二十八條

人人有權有要求一種社會和國際的秩序,在這種秩序中,本宣言所載的權利和自由能獲得充分實現。

第二十九條

1. 人人對社會負有義務,因為只有在社會中他的個性才可能得到自由和充分的發展。

2. 人人在行使他的權利和自由時,只受法律所確定的限制,確定此種限制的唯一目的在於保證對旁人的權利和自由給予應有的承認和尊重,並在一個民主的社會中適應道德、公共秩序和普遍福利的正當需要。

3. 這些權利和自由的行使,無論在任何情形下均不得違背聯合國的宗旨和原則。

第三十條

本宣言的任何條文,不得解釋為默許任何國家、集團或個人有權進行任何旨在破壞本宣言所載的任何權利和自由的活動或行為。

人權教育與九年一貫課程

主持人：潘慧玲（國立台灣師範大學教育學系教授兼教研中心主任）

討論人：湯梅英（臺北市立師範學院初等教育學系教授）

論壇日期：2003 年 12 月 28 日

❀討論題綱❀

【人權教育與九年一貫課程】

一、前言

二、國內推動人權教育的情形

◆ 人權教育委員會設立四個組別各司其職

◆ 期待自發性種子學校、種子教師加入

三、人權教育議題融入九年一貫課程

◆ 議題的融入重視價值教導的課程設計

四、人權教育的意涵

◆ 人權教育包含人權價值實踐與人權內容

◆ 人權教育兼重權利與義務的學習

五、結語

一、前言

● 潘教授

　　教育部從民國九十年成立了人權教育委員會，而九年一貫課程也把人權教育作為融入學習領域的一項議題，究竟近幾年國內對於人權教育的推動情形如何？人權教育實施時有什麼具體的作法？人權教育委員會有些什麼建樹？今天很開心仍舊邀請到台北市立師範學院初等教育系湯梅英教授來到一週教育論壇談論這個議題。首先，要請問湯教授有關人權教育委員會的工作情形。

二、國內推動人權教育的情形

◆ 人權教育委員會設立四個組別各司其職

● 湯教授

　　人權教育委員會成立之前，很多活動都是由民間團體推動的，委員會成立之後，就由部長擔任主任委員，由學術界或民間團體擔任委員。目前人權教育委員會設立了四個組，各自負責研究發展、師資與課程規劃，另外還有宣導推廣和營造人權文化的校園人權環境組。四組的工作重點各有不同，研究組提供大家網路資訊，也就是建立了人權教育資料庫和網站，過去我們推動的活動或者是研討會訊息，甚至是課程與教學的資料，都可以在人權教育網站中找到。而師資人力和課程教學組則偏重國中小人權教師工作坊的培育，他們在台北、台中、台南、高雄、金門都陸續舉辦了工作坊。宣導推廣組比較偏向社會教育，他們協助新聞局推動台灣人權，以及舉辦人權婚禮。最後，校園人權環境組則希望在軟體、硬體上能夠建立一個比較符合人權文化發展的校園空間，並且也辦了教育部管教輔導辦法的討論活動。今（民國九十二）年十二月，中國人權協會承辦校園人權，其中有一些議題（包括中學組、小學組）就是談論學生的自主權、遊戲權、受教

權，而每一個權利都請專家學者和學校老師來討論，希望藉著這樣的座談、對話，可以讓學校老師和行政單位發展出一個比較符合人權文化發展的校園。

以上這些就是這兩、三年來人權教育委員會推動的工作重點，委員會是以較有系統、有組織的方式來推動，但因為它只是一個委員會，只能扮演一個諮詢的角色，而且各縣市也還沒有成立委員會，還沒有實際執行的組織，因此，它和兩性教育的發展不太一樣，它還有很大的發展空間，目前各縣市各個學校還是以自願性、自發性的方式參與，教育部尚未有控管權利，故委員會今後發展的重點就是思考如何讓學校能夠更自主地來推動人權教育工作。

◆ 期待自發性種子學校、種子教師加入

• 潘教授

另外，想要請教的是在推動人權教育的過程中，您們有沒有網絡組織？換句話說，有沒有很多學校一起加入？之前我們訪問張子超教授時，談到環境教育有一個「綠色學校資源網」，提供一千多所學校上網分享他們做環境教育的心得，而兩性教育也有種子學校來推動，不曉得人權教育是否也有這樣的網路組織？

• 湯教授

其實我們在早期的國科會研究時，也想過不只要做種子老師，還要有種子學校。不過，我們比較擔心的是因為人權議題面向較廣，老師爭取老師的權利，學生有學生的權利，行政單位也有其權利，因此，我們比較偏重藉由教育學習的管道來散播人權的概念，偏重於學生學習的部分。如果我們設立種子學校，就會有一種標籤效應，大家都要來看這個學校是不是真的面面俱到。其實，對於人的權利議題時常會有衝突，就像很多私立學校向我反映他們非常重視學生的權利，也非常尊重學生，但反過來這些私立學校可能也剝奪了老師的權利。所以，當時對於是否要推動中心學校有很多的顧慮，再加上人權議題也

比較敏感，因此有意願的學校其實也不是很多。

不過，今（民國九十二）年台權會（台灣人權促進會）承辦「發現校園人權」活動，希望藉著這樣的活動來發現許多默默耕耘人權教育的學校。其實，還是有很多老師願意付出心力來爭取學生的權利，只是可能仍有一些附帶的效應不是我們所樂見的，譬如很多學生會反映學校仍有髮禁，怎麼可以說是一所推動人權的學校，由此可見這個議題確實是比較敏感的。然而，就像兩性教育或環境教育已經徵召很多學校來從事這樣的工作，未來我們推動的時候也會參考。

其實我們在推動種子學校的時候，當然是希望學校是自發性的，而不是透過行政單位的力量來做這件事。基本上，我覺得教育部設立人權委員會是一件很好的事，但不論推動任何的措施，如兩性教育或環境教育，都很重視「自發性」，而人權教育因為是關於權利與權利之間的衝突，所以，更強調自發性，不應該是由上而下的。因此，雖然目前中心學校或網絡還未建立得很健全，但是今（民國九十二）年十二月開始由師大公訓系（現易名為「公民教育與活動領導學系」）林佳範老師來負責第三期計畫，便會比較偏重互動式的方式進行，亦即採用電子報的方式，藉由一些議題的討論讓老師們分享他們在現場教學的體驗或發現，網路上也會有法律顧問來支援這樣的討論。

- **潘教授**

　　在此之前，老師們都是以個別的方式來分享？

- **湯教授**

　　對，目前還沒有建立網路。

三、人權教育議題融入九年一貫課程

• 潘教授

我們知道人權教育是九年一貫課程的六大議題之一，然而，每次談到議題融入總是不免令人有點憂心。「融入」雖然是一個很好的作法，因為學校不可能專科設置人權教育課或性別教育課，但是融入也很容易造成邊緣化。換句話說，學校如果不重視它，可能就不會做這些議題。針對這個部份您們認為應該要如何來克服？如何融入？

◆ 議題的融入重視價值教導的課程設計

• 湯教授

我曾寫過一篇文章，提到「融入」可能就會「消融不見」，也就是您剛才提到的邊緣化問題。雖然現在是以學習領域的方式規劃教育，沒有那麼多單獨科目，然實際上，還是有知識的部份，而且考試領導教學還是無法避免。因此，剛才講到六大議題的融入要如何落實，我的體會是我們既然實施九年一貫課程，就必須放下人權教育專家、性別教育專家或環境教育專家的這種專家看法，而從教育的面向來看，其實很多議題的核心價值即是要「尊重、包容」，尤其是環境權、人權、性別平等權的爭取都是相同的價值，而這種價值的教導是適合融入進行的。大家常說現在已經沒有倫理道德的教育，在九年一貫課程中也看不到道德的蹤影。談到「道德」，也許大家都會想到傳統的道德觀念，其實大部分國家是以人格、價值的教育來包括，而我們也可以從很多地方看到九年一貫課程裡頭有價值教育的蹤影。

至於要如何融入？我認為除了六大議題中可以將價值教育融入之外，還有一些不是很固定的知識領域，例如綜合活動領域、語文學習領域等都可以去做。例如，雖然語文領域是以語文的學習為主，可是老師要選什麼內容來讓學生學習並沒有固定。就像環境教育也有很多文章可以拿來做為語文領域的學習內容，像〈寂靜的春天〉這樣的文章就相當好。又如，在人權教育上，美國民權運動金恩博士的 "I

Have A Dream"，就可以作爲英語課的教材。再看社會學習領域，它原本就有許多教學主題可以融入人權議題，例如全球觀點與人權這樣的主軸，當然可以放入人權教育。甚至我們還看到很多數學老師以探討各國分配資源的不一，來引進人權議題的討論，讓學生意識到世界上有很多不平等的現象發生，還可以設計一些教材教法或者活動，讓學生從扮演的國籍不同，分配到不同資源的實際活動中，體會基本人權的意義。

四、人權教育的意涵

• 潘教授

湯教授談到其實許多學習領域裡的教材，自然就涉及人權議題的討論和觀點的啓發，也談到如何把人權教育議題融入九年一貫課程的具體作法。然而，究竟人權教育的內容要如何規範？包括哪些部分呢？

◆ 人權教育包含人權價值實踐與人權內容

• 湯教授

以九年一貫課程而不以專家角度來看，九年一貫課程可以分成兩大塊，一個是人權價值與實踐，另一個是人權的內容。在價值實踐部份，其實人權教育可以是生活化的價值教育：自由平等、避免歧視、消除偏見，也就是對於生命差異、人性尊嚴的基本學習。我們可以藉由日常生活的例子來瞭解人權存在的事實，也可以透過很多體驗活動，如互動式和參與式的活動來營造人權文化，建立人權價值，從這當中就可以學習瞭解到其實人權是天生的、普遍的。在人權內容部份，我們可以按照學生的認知發展，在不同階段、不同學習領域中置入人權教育的內容。舉個具體的例子來說，在人權發展的歷史中，我們都知道世界歷史、西方歷史一定會談到法國大革命，這是非常重要的一個歷史事件，可是過去我們的學習可能都只把它當作歷史事件，

其實它也是一個相當重要的人權發展歷史事件。

• **潘教授**

可是孩子們可能只把它當成知識來學習？

• **湯教授**

故我們需要老師的帶領，在師生的討論中了解為什麼這些人要反動、要爭取人權，為什麼法國大革命要揭櫫「自由、平等、博愛」這樣的理念，這些都是與民主思潮、人權有關。

• **潘教授**

人權內容會不會與人權的價值與實踐重疊？

• **湯教授**

確有其重疊性，不過內容部份是具體的人權發展，我們利用這樣的歷史事件讓學生認識雖然權利是天生的、與生俱來的、每一個人都有，可是在不同時空中，有時候需要爭取才能夠獲得，而唯有意識、覺知到自己應該有的權利，才可能進一步去爭取或突破既有的結構性限制。法國大革命即是一個很著名的例子，他們的人民覺醒了，爭相爭取他們天賦的權利，這些主要是屬於內容上的學習。那麼為什麼人權教育會分成兩個區塊呢？因為價值可以在生活當中習得，不一定要透過學習領域，也可以從人我互動、師生互動中學會人與人之間的尊重。例如，在搜書包的事件中，老師有沒有做到尊重學生的主體性。換言之，人權教育不必然得在學習領域安排固定的學習時數，而這就是所謂融入的重要性，不再設科的原因。

其實，不管是人權教育、環境教育或性別教育，都有一些基本的學習內容。剛剛所舉的人權發展歷史的例子，或者諸如國內或世界著名的人權鬥士都可以設計在社會領域、語文領域來學習。此外，如人權宣言或世界公約，也可以當作人權教育的內容，例如《兒童權利宣言》、《世界人權宣言》，語文領域也可以學習這樣的宣言，不管是英

文或中文，都可以學習不一樣的意涵，其實「宣言」使用的文字都滿特別的，和一般日常生活用法很不一樣，所以，如果可以藉著語文的學習，不僅可以實質學到權利宣言的內容，還可以學到文字的藝術。另外，不管是全球關連或公民政治權、經濟文化權、環境文化發展權，都可以擺在社會領域許多主軸之中來談，都能夠以具體的權利內容作為教材。總之，有關實質的權利、人權發展的歷史，或是權利的宣言、公約的認識，甚至是民間或聯合國政府的人權組織，都需要透過實質領域的學習，但價值的部份則可在生活當中或者班級經營中讓學生體會價值的重要性。

◆ 人權教育兼重權利與義務的學習

• 潘教授

　　爭取權利是人權教育之中非常重要的議題，讓孩子認知到他應該享有什麼樣的權利，讓他們主動爭取都是相當重要的教育課題。可是，從另一個角度來看，老師們也會害怕孩子們過度爭取權力而不知道自己應該盡的責任，關於這個部分您們如何與老師說明？

• 湯教授

　　基本上，權利與權利之間會有衝突存在，而爭取權利當然就會有衝突發生，但也不是如大家所擔心的，小孩就會無法無天，反而從人權的學習與教學過程當中，可以讓學生知道應該透過合法的管道來爭取權力，知道爭取權力的同時，也將伴隨著義務的履行。

五、結語

• 潘教授

　　非常感謝湯教授來到我們節目談了很多目前人權教育推動的情形，以及在學校裡頭怎麼樣把人權教育融入九年一貫課程的規劃細節。人權教育再台灣剛起步不久，尚待許多有心的學校與教師一同來

參與，甚至建立一個類似種子學苑的學術網路資源，讓人權教育發展
更健全。

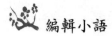編輯小語

教育部教育人權資訊網

http://www.hre.edu.tw/report/

《兒童人權宣言》

聯合國大會於一九五九年十一月二十日
第 1386(XIV)號決議宣布

兒童權利宣言在一九五九年十一月二十日，第十四屆聯合國大會通過。 聯合國的各國國民再次肯定基於聯合國憲章的基本人權和人性尊嚴的重要性，決心促使人類在自由的環境中，獲得提昇生活水準，並使社會更加進步。 聯合國在世界人權宣言中強調，所有的人類，不應該由種族、膚色、性別、語言、宗教、政治或其他信念、國籍、出身、財富、家世及其他與地位等相類似的是由受到差別的待遇，使每個人均能共同享受本宣言所列舉的各項權利和自由。 由於兒童的身心未臻成熟階段，因此無論在出生之前或出生之後，均應受到包括法律的各種適當的特別保護。

此種特別保護的需要，早在一九二四年的日內瓦兒童權利宣言就有規定，而世界人權宣言，以及與兒童福利有關的專門機構和國際機構的規約中，也承認此種保護的必要。同時更應瞭解人類有給兒童最佳利益之義務。 因此，聯合國大會為使兒童能夠有幸福的生活，並顧及個人與社會的福利，以及兒童能夠享受本宣言所列舉的權利與自由，公布兒童權利宣言。務期各國的父母親，每個男女，各慈善團體，地方行政機關和政府均應承認這些權利，遵行下列原則，並以漸進的立法程序以及其他措施，努力使兒童的權利獲得保障。

第一條

兒童擁有本宣言所列舉的一切權利。所有兒童，沒有任何例外，不能因自己或家

族的種族、膚色、性別、語言、宗教、政治或其他理念、國籍、出身、財富、或其他身分的不同而有所差別。一律享有本宣言所揭示的一切權利。

第二條

兒童必須受到特別的保護，並應用健康的正常的方法以及自由、尊嚴的狀況下，獲得身體上、知能上、道德上、精神上以及社會上的成長機會。

為保障此機會應以法律以及其他手段來訂定。為達成此目的所制定的法律，必須以兒童的最佳利益為前提作適當的考量。

第三條

兒童從出生後，即有取得姓名及國籍的權利。

第四條

兒童有獲得社會保障之恩惠的權利。兒童有獲得健康地發育成長的權利。為了達成此目的，兒童及其母親在生產前後，應得到適當的特別的保護和照顧。此外，兒童有獲得適當的營養、居住、娛樂活動與醫療的權利。

第五條

對在身體上、精神上或社會方面有障礙的兒童，應依特殊狀況的需要獲得特別的治療、教育和保護。

第六條

為使兒童在人格上得到完全的和諧的成長，需要給予愛情和理解，並盡可能使在父母親負責任的保護下，使他無論遇到什麼樣的狀況，都能在具有愛情、道德及物質的環境保障下獲得養育。

除了特殊的情況外，幼兒不得使其和母親分離。社會及公共機關對無家可歸的兒童與無法維持適當生活的兒童，有給予特別養護的義務。對子女眾多的家庭，國家

以及其他有關機構，應該提供經費負擔，作適當的援助。

第七條

兒童有受教育的權利，至少在初等教育階段應該是免費的、義務的。提供兒童接受教育應該是基於提高其教養與教育機會均等為原則，使兒童的能力、判斷力以及道德的與社會的責任感獲得發展，成為社會有用的一員。

負有輔導、教育兒童的責任的人，必須以兒童的最佳利益為其輔導原則。其中兒童的父母是負有最重要的責任者。

兒童有權利獲得充分的遊戲和娛樂活動的機會。而遊戲和娛樂活動必須以具有教育目的為原則。社會及政府機關必須努力促進兒童享有這些權利。

第八條

不論在任何狀況下，兒童應獲得最優先的照顧與救助。

第九條

保護兒童不受任何形式的遺棄、虐待或剝削，亦不得以任何方式買賣兒童。 兒童在未達到適當的最低年齡前，不得被雇用。亦不得雇用兒童從事危及其健康、教育或有礙其身心、精神、道德等正常發展的工作。

第十條

保護兒童避免受到種族、宗教或其他形式的差別待遇。讓兒童能夠在理解、寬容、國際間的友愛、和平與世界大同的精神下，獲得正常的發展，並培養他將來願將自己的力量和才能奉獻給全體人類社會的崇高理想。

※《國民中小學九年一貫課程人權教育議題》
http://www.edu.tw/EDU_WEB/EDU_MGT/EJE/EDU5147002/9CC/9CC.
html?TYPE=1&UNITID=225&CATEGORYID=0&FILEID=124759&open

法治教育的意涵與「法治教育向下紮根」 計畫簡介

主持人：潘慧玲（國立台灣師範大學教育學系教授兼教研中心主任）

討論人：林佳範（國立台灣師範大學公民教育與活動領導學系副教授）

論壇日期：2004 年 03 月 28 日

❋討論題綱❋

【法治教育的意涵與「法治教育向下紮根」計畫簡介】

一、前言

◆ 楔子

二、法治教育的意涵

◆ 融合教育的道德色彩與法律精神

◆ 應清楚認知法律體制並重視公民教育

◆ 法治概念從恪守法律到批判思考法律的正當性

三、「法治教育向下紮根」計畫

◆ 計畫緣起

◆ 參酌美國公民教育中心之法治教育教材設計課程

◆ 三年工作進程：翻譯、試教、種子教師培訓與推廣

四、結語

一、前言

● 潘教授

　　總統大選甫結束，前一段競選期間社會上熱鬧非凡，呈現出民眾對政治選舉的關心。不過，在這民主化的過程裡頭，如何讓法治配合民主加以實踐，仍舊是我們極待努力的重要課題。今天，我們特別以法治教育向下紮根為主題來進行討論。請到了台灣師範大學公領系林佳範教授到我們節目。

◆ 楔子

● 潘教授

　　林教授是法學博士，請問您是在哪裡拿的學位？

● 林教授

　　我是英國亞伯丁大學法學博士。

● 潘教授

　　我們知道法律有兩個系統，一個是大陸法系，一個是海洋法系。而您到英國讀的是英美的海洋法系，當初怎麼會想到英國念而不是到歐洲大陸念呢？

● 林教授

　　這個問題比較個人，我選擇英國的理由是我想瞭解整個歐洲法治化發展的過程，而英國正是一個頗為有趣的國家，因為它正面臨著歐洲統合的問題，亦即要不要加入歐盟並進一步整合於歐盟之下。我們知道英國的英文是"United Kingdom"，為一個聯合王國，內部本身有很多不同的聯邦，比如蘇格蘭原來是個別的民主國家，後來統合成一個國家。因此，有關統合或獨立的問題一直是它們的熱門議題，例如像蘇格蘭就有很強烈的獨立運動。而我認為英國的法治發展與台灣的背景蠻類似的，因而促使我想瞭解他們如何處理這些問題。

• 潘教授

　　但是國內採用的是大陸法系，那麼您念的海洋法系會不會有不適用的地方？

• 林教授

　　其實我攻讀的學校是在蘇格蘭，蘇格蘭則是大陸法系。雖然蘇格蘭也是在 UK 下面，但是採用的法律不同，這有其歷史淵源。再者，我攻讀乃屬於法律哲學，而不是蘇格蘭的實際法律研讀。當然，各國的法律不同，法理就不相同，因此，類似的問題在不同的制度下面，就會有不同的解決條件，不過有一些共通的法理還是可以做為參考。

二、法治教育的意涵

• 潘教授

　　我知道您最近有一項「法治教育向下紮根」的計畫，是由扶輪社、台北律師公會以及民間司法改革基金會共同推動，共同來研究如何讓國內的法治教育做得更好。然而，在推動這個計畫的同時，我們首先必須知道法治教育的意涵為何？您們如何定義？

◆ 融合教育的道德色彩與法律精神

• 林教授

　　我作為一個法律人，也是教育體系的一份子，看到的法治教育與其他法律人的了解有所不同，在教育體系裡面談的「法」，有強烈的道德觀念，不論是作法或者相關措施，都有強烈的道德色彩而非單純的法律色彩。當然，很多人簡單地以為法治教育就是要守法，甚至把法治教育簡化為犯罪防治教育，以至於很多法治教育教材都著重在刑罰的介紹，這樣的目標似乎太過狹隘，並且忽略了近代法律體系強調個人權力的保護與保障。另外，我們也發現目前還沒有一套系統的教材可以運用。因此，因緣際會下，出現了一群律師、學者和老師共同

來關心法治教育,希望能夠把法律體系的重要精神與理念介紹到校園裡頭,我們就是秉持著這樣的概念來界定法治教育。

• 潘教授

您提到了三個重點:首先,您認為目前我們推動的法治教育涉及道德色彩,而不完全是法律學者心目中所認為的法治教育,關於這點要請林教授進一步說明您認為有哪些地方需要改進?第二個,您提到法治教育不僅是犯罪防治教育,而應有更大的意涵。第三,事實上,法治教育涉及了主權或者人民權利、人民主體性的問題。

• 林教授

其實法律不是只是條文,但是一般教材對於法律的介紹多半都著重在刑罰的內容上,威嚇的作用居多。然而,這樣的介紹是很有限的,甚至有點誤解。因為即便是近代刑法,也有強烈的人權保障功能。以《刑法》第一條為例,特別強調所謂「罪刑法定主義」的精神,而不僅是一般人著眼的犯罪防制或者刑罰的威嚇而已。換言之,目前現有的教材裡頭缺少了人權保障的面向。以往我們會假設當學生聽到某個行為將會導致刑罰制裁之後,就會因而不敢做違法的事情,我認為這是沒有經過檢證過的假設。其實,很多研究發現學生會犯法,絕對不是因為他不知道這些法律刑責,法律不是絕對的道德律令,人人了解之後就不會違背。法律強調的是外在的制裁體系,而非內在良心。

• 潘教授

您認為法治教育的實施不應該只訴諸於道德的訴求而已。

◆ 應清楚認知法律體制並重視公民教育

• 林教授

我認為更重要的是要對整個法律體制有一個清楚的認知,當然這也要搭配公民教育,包括「民主」、「法的形成」、「法的執行」以及「法律救濟」,這些都是重要的法律面向。現在公民應該要清楚認識這些

法律知識，否則就會發生如李慶安委員的「舔耳案」，一般人民由於對法律的認知非常貧乏，不曉得真正有效的救濟途徑為合，而諸事尋求立法委員作為救濟權力的途徑，卻反而弄巧成拙。因此，我認為如果只是把法律當作道德規範的律令來宣導，是不夠的，應該要從更全面的法的各種面向來介紹。

● **潘教授**

的確，一般民眾可能不完全瞭解當他有事情發生時，應該如何尋求法律途徑，除了民眾的法治觀念不夠，我國司法體制的公正性與公信力也是另一個問題，然而這並不是我們三言兩語可以剖析的。如果我們把問題拉回來，來看要如何讓校園裡的法治教育真正落實，如果讓孩子們更了解法治的精神，更懂得如何爭取個人權利，或者謀求合宜的法律解決途徑，才是目前重要的課題。

◆ 法治概念從恪守法律到批判思考法律的正當性

● **潘教授**

您剛剛也特別提到，法治的概念在做轉變。換句話說，以前我們認為遵守國家法律就好了，而不會思索我們的法律到底好不好；現在，除了遵守法律之外，我們還要進一步批判思考法律的正當性，如果是惡法則並非真正的法，人們為什麼要遵守惡法？另外，以往忽略的人民主權議題，現在也逐漸成為探討主題，法治概念的發展有了很大的轉變。

● **林教授**

台灣的民主化走得非常快，也很急，然而，人民的法治概念是不是也相對的與時俱進，的確需要檢視。以「人權保障」為核心的法治概念是一個"rule of law"，而不是"rule by law"。換句話說，近代以人權保障為核心理念建立起來的法治觀念，與傳統法治觀念最大不同就在於一個是"rule of law "；一個是"rule by law"，前者指法律是高於政治力之上的，後者認為法律是受制於政治力的工具而已。在"rule by law"的觀念下，法治觀念強調的法律只是國家用來統治人民的工具而已。可是在民主化強調人權保障的法治觀念裡面，為了達到民主化，法的本身就是所謂的社會契約，是人民共同選出來的代表訂定的一個大家都應該受到拘束的基本的規範。更重要的是，人民選出來治理國家的公權力機關，本身也要守法，因為他的權力來源就是來自於法律授權。所以，前述這兩個很不一樣的法治觀念，是需要澄清的，特別是近代法治觀念從人權保障的觀點出發，更強調國家要守法，進而人民的人權也要受到保護。而傳統法治觀念只是統治者要求人民遵守他的意志而已，此時的法其實就是統治者的個人意志。雖然社會經過演變與民主化，但仍有許多人還是停留在舊的觀念裡，因此，我們需要讓民眾對新的法治觀念以及憲政運作的原理原則，有更新、更清楚的了解。

三、「法治教育向下紮根」計畫

◆ 計畫緣起

• 潘教授

進一步請教林教授的是，您們推動的「法治教育向下紮根」是由好幾個不同的基金會或社團一起推動。到底您們是什麼時候開始推動？需歷時多久？

• 林教授

民間司改會有一個「法治教育小組」，每個月都會定期聚會做教材的研發。而律師公會也有法治教育推動小組。民國九十一年，扶輪社剛好有個機會可以邀請耶魯大學法學院兩位副院長來向大家介紹美國是如何來推動法治教育。因此，在那樣的機會下，這三個團體結合在一起了，並且共同邀請美國耶魯大學法學院副院長來介紹他們在美國的幾套法治教育模式。美國的法治教育模式不是只有一套，而是有非常多不同的教育模式。耶魯大學在美國的東岸，他介紹的是屬於

東岸正在推廣的"street law"和"micro-society"這兩個不同的法治教育模式。

後來,律師公會有幾個律師剛好受邀到日本關東律師年會,談台灣推動的法治教育。在那個場合理面,他們遇到美國西岸洛杉磯的公民教育中心學者,他們也提供了一套法治教育教材給我們看,於是,我們比較了這幾套教材,發現"street law"比較著重一般生活中法律觀念的介紹;"micro-society"的課程則強調實做,也就是學校上午進行教學,下午則從事實做活動,讓學生從實做中認識法律。而我們現在正在推的「法治教育向下紮根」則是屬於美國公民教育中心的教材,談的是基本觀念,講權威、講隱私、講責任、講正義,並且將幼稚園大班 K 到十二的義務教育分成四個階段,講這四個觀念。對我們而言,這套教材是比較有系統的,而且可以針對不同的階段、針對基本的四個觀念來介紹法治教育,正好符合我們的需要,彌補我們缺乏系統的、循序漸進的法治教育教材之憾。後來,我們和扶輪社的朋友們討論,他們也很熱心,願意將這套教材用在我們的社會,因此,扶輪社各地社團幫忙籌募款項,提供基金,再由律師公會招攬許多對於推廣法治教育有興趣的律師,然後從民間司改會法治教育既有的發展基礎上,結合三方力量來發展法治教育,最後我們訂定一個三年計畫。

● 潘教授

換句話說,您們從民國九十一年耶魯大學教授來演講時,就已經著手進行這個計畫?

● 林教授

沒有,那時候只是三個團體湊在一起,辦一個研討會。可是,辦完研討會之後,認為如果要真正向下紮根,的確需要一套很好的教材,並且能夠實際在台灣各地慢慢推動才行。

● 潘教授

這個計畫是什麼時候正式開始?

• 林教授

　　大概是民國九十二年的暑假,當時我飛到美國國民教育中心與他們簽約,取得他們的授權,並且商談推動的細節,以及他們可以如何配合推動。

◆ 參酌美國公民教育中心之法治教育教材設計課程

• 潘教授

　　這套計畫也包括了美國公民教育中心的合作。

• 林教授

　　對,他們很樂意推廣這套教材,並且無償地讓我們翻譯這套教材。其實他們很樂意我們使用他們的教材,也派人來雙方交流,或者安排我們實際參觀他們使用這套教材的狀況。去年我到那邊時已經八月底快開學了,很多暑假開始的研習活動或是師資培訓活動都已經接近尾聲,不過我還向他們要了一些資料,比如種子教師的培訓課程與相關資料。

◆ 三年工作進程：翻譯、試教、種子教師培訓與推廣

• 林教授

　　去（民九十二）年「法治教育向下紮根」的主要工作是進行教材翻譯。到了九十三學年度上學期,我們找了台北市四所學校進行一個月的試教。我與台北市立師院（民國九十四年八月一日起易名為「台北市立教育大學」）但昭偉教授分別帶領兩個學校,將已經翻譯好的教材進行試教,看看老師們對於這個教材有什麼可待改進的意見。

• 潘教授

　　目前為止翻譯的教材部分已經稍微告一段落了？

• 林教授

　　是的,第一階段已經告一段落。在我們的計畫中有四個階段,分

別是翻譯、試教、種子教師培訓到推廣。

• 潘教授

那麼第一階段已經完成的教材是包括哪些年齡層孩子的法治教育教材？

• 林教授

從幼稚園大班到小學一、二年級，分為"pre-reader"和"reader"，這個階段的教材已經翻譯完成。

• 潘教授

也找了台北市四所學校試教。

• 林教授

也試教過了。今年二月份，律師公會招募了大概五十位律師來進行種子教師的培訓，目前也已完成。下一個階段就是聯繫台北市教育局，教育局介紹了一些法治教育的重點學校、中心學校，並且允諾作進一步的教師研習，也就是我們的推廣方式是採多元的方式進行，而我們也會找個別學校進行推廣。

• 潘教授

那麼您們有沒有預計每個階段的完成時間？

• 林教授

我們本來預計一個階段進行一年，意即第一年是嘗試期。第二個階段則希望能夠同時把第二、第三、第四等其他階段翻譯好，甚至做好師資培訓的工作。到了第三年，希望能夠全面推廣四個階段的工作。不過，這得要看我們籌募的基金還有訓練的種子教師是不是足夠。我們預計以三年的時間來進行這個計畫。

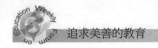

- 潘教授

　　關於種子教師，目前已經培訓了五十位，這五十位是否包括了 K 到十二年級的種子教師？

- 林教授

　　沒有，只有第一階段的教師。

- 潘教授

　　所以，未來還有很長路要走。

四、結語

- 潘教授

　　今天非常高興請到台灣師範大學公領系林佳範教授來到一週教育論壇談「法治教育向下紮根」的計畫。這項計畫非常有意義，目前也正在逐步推廣。可是，有關於這個計畫的實質內容為何？教材包括哪些單元？以及林教授到美國公民教育中心的考察情形如何？美國的公民教育中心到底是什麼樣的單位？他們推動這套教材又是基於什麼樣的發展歷史？都留待下次論壇再次探討。

美國的法治教育與「法治教育向下紮根」計畫

主持人：潘慧玲（國立台灣師範大學教育學系教授兼教研中心主任）

討論人：林佳範（國立台灣師範大學公民教育與活動領導學系副教授）

論壇日期：2004 年 04 月 04 日

❋討論題綱❋

【美國的法治教育與「法治教育向下紮根」計畫】

　一、前言

　二、美國法治教育的推動

◆ 美國法治教育的軌跡

◆ 美國公民教育中心的成立

　三、「法治教育向下紮根」與九年一貫課程

◆ 九年一貫學校本位課程提供法治教育理想的發展空間

◆ 種子教師為法律人擔任，指導學校教師正確的法律知識

　四、「法治教育向下紮根」的教材教法探討

◆ 在生活情境中教導法治觀念：以權威的教學為例

◆ 考量兒童身心發展情形，但文化差異仍待調適

　五、結語

一、前言

• 潘教授

今天我們要繼續談論法治教育。台灣有一群對法治教育充滿熱忱與理想的法律人，有感於社會歷經了民主化改革之後，產生了許多脫序現象，便發動一項「法治教育向下紮根」的計畫，並由扶輪社、台北律師公會、民間司法改革基金會共同策劃推動。今天我們再度邀請到參與這項活動的台灣師範大學公領系林佳範教授來到一週教育論壇。上次論壇我們大致和大家分享了法治教育的意涵，以及您為什麼做這個計畫，您也提到您為了這個計畫曾經到美國考察。所以，我們首先請林教授談談您到美國考察的結果，您認為美國哪些東西可以給予我們借鏡？

二、美國法治教育的推動

◆ 美國法治教育的軌跡

• 林教授

美國的法治教育又叫做"law related education"，發展的背景其實滿類似我們的民主化過程。美國這套法治教育大概是在六０年代，我們都知道美國在六０年代是反戰、校園奔騰的年代，他們法律人有感於民主化後的失序現象而發起的法治教育。很有趣的是，他們也是由法律人來推動所謂新一波的公民教育，正如台灣一樣。其實美國並不是沒有公民教育，他們很早就有公民教育，只是在六０年代時，大家認為公民教育的方式與內容似乎已經無法符合時代的需求，有點類似台灣舊的公民教育，多半都是背誦知識或者介紹一些無聊的事實，而無法讓學生產生興趣。值得一提的是，法律人介入公民教育的推動其實滿有趣的。在美國，法學院很強調論辯能力，強調要與學生互動。

◆ 美國公民教育中心的成立

● 潘教授

　　另外，我對於美國公民教育中心很好奇，您之前提到美國從六０年代開始發展、推廣了這套教材，而您也前往考察，那麼他們的推廣情形如何？

● 林教授

　　美國公民教育中心是在一九八二年由加州律師公會贊助的一個非營利性的類基金會的專責於發展課程、培訓師資、推廣教材，現在中心的專職人員有大概六十位，有兩個辦公室，一個是在華盛頓D.C.，另一個則位於 UCLA，一年的預算大約是兩千三百萬美金。而這套公民教育的教材是在六０年代，由 UCLA 加州大學洛杉磯分校成立特別委員會，結合加州的律師公會，聯合來推動的一套教材，叫做"law in the free society"。那時候他們選了八個觀念，除了權威、隱私、責任、正義以外，還有參與、多元化、財產權等這幾個觀念。邇後，美國公民教育中心成立以後，他們又篩選了其中四個觀念做為核心，叫做"foundation democracy"，就是民主基礎教材，重新包裝之後再次推動。因此，我認為美國的經驗滿值得我們借鏡，特別是美國公民中心的這套推廣模式，能夠讓我們在台灣九年一貫課程架構下，形成一套課程教材進到校園裡面去。

● 潘教授

　　他們的經費頗為充裕。

● 林教授

　　是的，而且中心很多資金的來源乃是透過國會立法要求而來。其實美國慶祝兩百週年國慶時，美國國會特別在某個法案裡面強調要推動法治教育，並且立法編制一筆預算，讓他們來發展，於是，他們發展了一套教材叫做"Project Citizen"，就是美國兩百週年國慶時產生

的憲法教材，從那之後，他們得到政府很多的支持。晚近，隨著東歐國家鐵幕的瓦解、逐漸的民主化，中心也在美國國務院與美國對外發展基金的贊助下，成立了一個"CIVITAS: International"計畫。這個計畫就是藉由他們的專業，開發法治教育的教材，來幫助世界各地的國家，特別是一些東歐民主發展中國家，協助他們建立法治教育、公民教育課程，這也是他們最近的功課。

● 潘教授

這套教材不只是在美國內部進行，也逐漸推廣到東歐國家去了。

● 林教授

對，它已經國際化了。美國沒有像我們以前所謂的「統編」課程，沒有強制課程內容，所以，很多州根本沒有相關的課程。因此，其實他們看待美國法治教育的發展時，都認為是沙漠中的綠洲，也許有一些點做得非常好，但是不敢說是全面性的實施，或者不敢保證的各個學校在法治教育的發展上面都很好。至於他們的發展模式，他們會在各州成立類似「中心學校」，然後再由中心學校來拓展這套教材。

● 潘教授

在我們的一般觀念裡，都會覺得美國人民的法治觀念要比我們好，然事實上，他們卻認為法治教育做得還不夠。

● 林教授

沒錯。我想每個社會都有他自己的問題，或許我們比較複雜一點，但是美國是多種族國家，他們有許多種族問題。而我們是因為許多傳統倫理價值觀念與現代法治觀念相互衝突，因此，在推展上需要留意如何轉化的問題。特別是當我們使用美國這套教材時，一定會有本土化的問題，我們也試圖在試教的過程中，找出一些可能在推廣時會出現的問題與疑義，因為這是翻譯的教材，雖然就某種程度上要忠於原著，但是實際在台灣推廣時，還是要考慮如何才能發展成適合本

土情境的教材。

三、「法治教育向下紮根」與九年一貫課程

• 潘教授

我們回頭檢視過去的教材，裡面有沒有法治教育？有，可是都是零零星星地呈現法治教育的相關概念。而您所參與的這項計畫，則是有系統地整理出 K 到十二年級的課程教材，您們運用了美國公民教育中心的這套教材，把他翻譯過來在台灣做推廣工作。那麼您們是如何將這套教材融入在九年一貫課程的架構底下？

◆ 九年一貫學校本位課程提供法治教育理想的發展空間

• 林教授

在以前統編的教材下，我們這套教材根本不可能成為學生正式課堂裡的讀物。其實教育部和青輔會編了「小執法說故事」這類教材，也頂多只是課外讀物，很少能夠成為正式課程。而在統編版的正式課程裡面，只有在公民課中提過法律議題。其實美國是一個去中心化的國家，也不是一個中央集權的教育體制，是故，他們的課程內容都是由地方做決定。而台灣在這幾年的九年一貫課程架構下，才允許學校發展所謂的學校本位課程，我們才有機會和學校合作這套教材，讓學校來選擇要用什麼樣的方式、安排在什麼樣的時段來上這個課程，這也是我們為什麼選擇美國這套教材的背景因素。

◆ 種子教師為法律人擔任，指導學校教師正確的法律知識

• 林教授

目前我們正在籌募種子教師，我們第一天把籌募的訊息公告在網路上以後，一下子就得到律師們的熱烈反應，甚至供過於求。目前我們培訓了五十個種子教師。

• 潘教授

種子教師的培訓不是就現有的教師來培訓？

• 林教授

沒有，我們是由律師來做培訓。

• 潘教授

那麼這些律師要如何進入校園裡頭來上課呢？這恐怕是另外一個問題。

• 林教授

對，這是另一個問題。

• 潘教授

進一步想請教林教授，您提到計畫前的進度是翻譯好教材，也在台北市找了四所學校進行試教，還培訓五十個種子教師，這五十個種子教師目前都是律師嗎？

• 林教授

有些是小學校長，不多，大概只有兩個；還有一些是研究生，不過大部分都是律師。

• 潘教授

那麼正式大規模推動這套課程的時候，這些人的工作是什麼？

• 林教授

也有律師提出這樣的質疑，因為他畢竟不是老師，怎麼教老師？律師比較熟悉的應該是法治的基本觀念，因此，我們期待律師把這套教材裡面相關的法律觀念正確地教導給老師們，至於教學的運用就是老師們的專業了。當然，目前國內的教學方式與這套教材的教學方式有很大的不同，不過我們都認為滿適合現在九年一貫的精神：強調選

讀為中心，強調討論，以活潑的方式進行教學活動。

- 潘教授

您剛剛提到的「種子教師培訓」是指這一批老師要教我們現有的老師們。

- 林教授

對，這些律師要把這套教材介紹給目前正在試教的這些老師，然後會與他們分享經驗，我想老師們拿到這套課程之後，應該有能力再去轉化成他需要的教材，不過最重要的是要正確掌握相關的觀念。

- 潘教授

九年一貫課程做了一些課程鬆綁的動作，所以，學校在選編教材上就有比較大的彈性，也可以把您們發展的這套東西納入，或者在彈性課程實施。

四、「法治教育向下紮根」的教材教法探討

- 潘教授

您提到這項計畫會歷經幾個階段，一個是翻譯，然後是種子教師的培訓，再做推廣，並且您們從去（九十二）年就開始著手進行，預計三年內完成整個工作計畫，當然這還要看基金籌募的情形。您也提到第一階段教材的翻譯部分已經完成一部份了，我們看到您也帶來了這個計畫翻譯出來的第一個階段 K 到二年級的部分，總共有四本翻譯教材，主軸是前面提及的隱私、正義、權威與責任。這四本教材編輯的方式令人很想看，印刷也很精美。在這幾個單元之中您覺得有什麼特別的地方要跟我們分享的嗎？

- 林教授

第一個階段面對的對象是學齡前的孩子，我們怎麼給這麼小的孩

子建立基本的民主社會觀念？如果要教這麼小的孩子憲法教育，到底要教些什麼內容？怎麼教？

- **潘教授**

而且《憲法》又是比較枯燥的東西。

◆ 在生活情境中教導法治觀念：以權威的教學為例

- **林教授**

其實我們第一個教導的概念是權威。這本教材是以圖畫書的方式進行教學，因為學齡前小朋友在閱讀上還不是很好，所以，是由老師講故事，然後提問題，學生互動，並引導學生一步步建立教材所要建立的觀念。這樣的方式十分類似九年一貫課程的方式，也就是帶進學生生活情境，讓他們在熟悉的環境中學習。特別是像《憲法》這麼枯燥的東西，要怎麼教這麼小的小朋友？這份教材裡頭是用一個「泡泡國」發生的問題來切入。小朋友都會吹泡泡，也知道泡泡是很容易破掉的，小朋友都能夠體會到他的脆弱性。而在這個泡泡國裡，如果大家都是「只要我喜歡有什麼不可以」，那麼社會就會失去秩序。所以在「權威」單元裡面，第一章講的是「什麼是權威」，第二章談我們如何判斷規則的好壞，如何選出領導者，第三章講我們如何決定是否要使用權威，第四章講領導者權威範圍應有多廣，從這四個面向來介紹權威概念。而孩子就藉由泡泡國裡的一些實際問題，來談什麼是權威，接下去還要解決問題，否則泡泡國會越來越下沈，於是就需要權威這樣的東西。

權威分為所謂的「規則」與「領導者」兩種不同的型態，所以，這個課程先讓小朋友區別權威的概念。再者，權威概念談到許多有關自己的事情要由自己作決定，比如要吃飯，要唱歌，都是由自己來決定，可是很多生活當中我們必須要做的事，應盡的義務，這就是權力的概念。其實，應該還要進一步區分，比如小朋友被另一個比較壯的小朋友威脅一定要把糖果給他的這件事，和媽媽叫小孩子刷牙的這件

事，雖然同樣都是別人叫你去做，可是比較過後小朋友就能了解到其實這是有差別的，一個是有正當性，一個是沒有正當性的。易言之，有正當性來行使的權力，即是一種「權威」，就像是生活當中需要領導者，需要有人來領導你，有人來指導你要做些什麼事情，而小朋友都可以從生活中慢慢區別。

另一種權威型態是規則。在這套課程的故事裡面設計了有關規則的問題，並且進一步教導學生要如何選領導人才，如何訂定規則來解決他們所面臨的問題。很有趣的是，這樣的思考滿類似於美國開國先賢所面臨的問題，他們需要權威，可是又怕權威被濫用，所以，我們會發現這個教材的基本思維模式其實是憲法式的思維，因為《憲法》裡面不外乎兩樣東西：人權與權力。他們設計課程的時候認為我們的確需要權威做事，可是如果給予權威太多權力，又會有濫用的憂慮，那麼應該怎麼辦呢？所以，在這個階段的教材裡面，雖然沒有提到任何的憲法條文，不過它所要建立的概念其實與憲法是很接近的。

◆ 考量兒童身心發展情形，但文化差異仍待調適

• 潘教授

我一邊聽林教授介紹，一邊正在翻閱他的故事書，這些故事書裡頭得卻有很多吸引人的圖片，可以激發孩子閱讀的興趣。整個設計是先讓孩子感受到有個問題存在那裡，然後引發孩子思考要如何解決這樣的問題，並介紹很多有關權威的相關概念。您們談的這些東西讓我聯想到我以前曾經做過的一個研究，是關於兒童角色取替，所謂「角色取替」是指一個人有沒有辦法站在別人的觀點想事情，了解別人怎麼想的能力。對幼稚園的小朋友而言，他們可以接受的程度有多少？換句話說，每個階段的孩子有不同的認知發展，年紀比較小的孩子可能就不懂「規則」概念是什麼意思？規則可不可以改變？誰制訂規則？誰有權力制訂規則？誰有權力改變規則？您們做這套教材的時候，是不是也考慮到孩子的身心發展情形。

- **林教授**

　　我想美國設計這套課程時的確顧慮到這些，只是文化差異仍舊存在，特別是在台灣的社會裡，老師或者家長的權威幾乎很少被質疑與挑戰，而這套課程充滿許多顛覆既有校園關係的環節，甚至檢討父母親的權威，讓孩子了解有些權威可能是被濫用的。因此，我們在推廣這套教材的時候，在試教過程中很多老師反應這些觀念和我們的文化價值有些許衝突之處。

- **潘教授**

　　曾經有老師反應？

- **林教授**

　　對，當然他們也反應小朋友對這套教材態度非常熱烈，其實我們不要低估小朋友的各種能力，課程裡有很多的提問小朋友都能夠表現得很好，而且在指引手冊裡面也詳細列出教學的目標，其實這套課程不像我們想得那樣複雜。比如剛剛談的權威，第一章就是要認識什麼是權威，目標是要能夠為權威下定義，然後能夠辨識權威在社會中的重要功能。同一個概念四個階段都有談到，而我們也會考慮到兒童的身心發展程度。不過，我認為真的有困難的地方是文化差異，只是台灣近年來的社會變化也很大。

- **潘教授**

　　變化非常的大。

- **林教授**

　　所以，未必得假設我們的社會還停留在很保守的階段，沒辦法接受這些概念。我認為勇於嘗試是很重要的，沒有完美的教材，所有教材都需要在課程實施的過程中進一步修正調整。

• 潘教授

不過，我覺得這套課程的方向是好的，就是不斷讓孩子重新省思為什麼要遵守規則？是誰定的規則？誰可以改變規則？權威的意涵又是什麼？慢慢培養孩子反思的能力，才能對社會上很多不正當的事情有所覺醒，才能擁有辨識的能力，並進而產生批判的行動力。

五、結語

• 潘教授

今天非常感謝台灣師範大學公領系林佳範教授來到一週教育論壇，談了這麼多有關國內法治教育的推展情形，如果聽眾朋友有興趣的話，不曉得可以在哪裡找到這些相關的資訊？

• 林教授

我們這邊有一個電話，由計畫秘書專門與大家聯繫，電話是（02）2328-2971。

• 潘教授

謝謝林教授。除了目前正在試教的學校之外，還希望全國各地對於法治教育有興趣的學校教師或者學界人士，都能夠共襄盛舉，一起將這套課程修正調整為適合台灣社會的法治教育教材。

國家圖書館出版品預行編目資料

追求美善的教育＝Pursuing the education of aesthetics and
　goodness／潘慧玲主編. —初版.—臺北市：心理, 2007.07
　面；　公分.--（一週教育論壇系列叢書；5）

　ISBN 978-986-191-043-7（平裝）

　1.教育

520　　　　　　　　　　　　　　　　　　　　96013354

一週教育論壇系列叢書之五　追求美善的教育

主　　編：潘慧玲
總 編 輯：林敬堯
發 行 人：洪有義
出 版 者：心理出版社股份有限公司
社　　址：台北市和平東路一段 180 號 7 樓
總　　機：(02) 23671490　　傳　　真：(02) 23671457
郵　　撥：19293172　心理出版社股份有限公司
電子信箱：psychoco@ms15.hinet.net
網　　址：www.psy.com.tw
駐美代表：Lisa Wu　　tel: 973 546-5845　　fax: 973 546-7651
登 記 證：局版北市業字第 1372 號
印 刷 者：博創印藝文化事業有限公司
初版一刷：2007 年 7 月

ISBN　978-986-191-043-7

讀者意見回函卡

No._____   填寫日期：　　年　　月　　日

感謝您購買本公司出版品。為提升我們的服務品質，請惠填以下資料寄回本社【或傳真(02)2367-1457】提供我們出書、修訂及辦活動之參考。您將不定期收到本公司最新出版及活動訊息。謝謝您！

姓名：_____　　性別：1□男　2□女

職業：1□教師 2□學生 3□上班族 4□家庭主婦 5□自由業 6□其他____

學歷：1□博士 2□碩士 3□大學 4□專科 5□高中 6□國中 7□國中以下

服務單位：_____　部門：_____　職稱：_____

服務地址：_____　　電話：_____　傳真：_____

住家地址：_____　　電話：_____　傳真：_____

電子郵件地址：_____

書名：_____

一、您認為本書的優點：（可複選）

　❶□內容 ❷□文筆 ❸□校對 ❹□編排 ❺□封面 ❻□其他____

二、您認為本書需再加強的地方：（可複選）

　❶□內容 ❷□文筆 ❸□校對 ❹□編排 ❺□封面 ❻□其他____

三、您購買本書的消息來源：（請單選）

　❶□本公司 ❷□逛書局⇨_____書局 ❸□老師或親友介紹

　❹□書展⇨____書展 ❺□心理心雜誌 ❻□書評 ❼□其他____

四、您希望我們舉辦何種活動：（可複選）

　❶□作者演講 ❷□研習會 ❸□研討會 ❹□書展 ❺□其他____

五、您購買本書的原因：（可複選）

　❶□對主題感興趣 ❷□上課教材⇨課程名稱_____

　❸□舉辦活動 ❹□其他_____　　（請翻頁繼續）

心理出版社 股份有限公司

台北市 106 和平東路一段 180 號 7 樓

TEL:(02)2367-1490
FAX:(02)2367-1457
EMAIL:psychoco@ms15.hinet.net

沿線對折訂好後寄回

六、您希望我們多出版何種類型的書籍

❶□心理　❷□輔導　❸□教育　❹□社工　❺□測驗　❻□其他

七、如果您是老師，是否有撰寫教科書的計劃：□有　□無

　　書名／課程：＿＿＿＿＿＿＿＿＿＿＿＿＿＿＿＿＿＿＿＿

八、您教授／修習的課程：

上學期：＿＿＿＿＿＿＿＿＿＿＿＿＿＿＿＿＿＿＿＿＿＿＿＿

下學期：＿＿＿＿＿＿＿＿＿＿＿＿＿＿＿＿＿＿＿＿＿＿＿＿

進修班：＿＿＿＿＿＿＿＿＿＿＿＿＿＿＿＿＿＿＿＿＿＿＿＿

暑　假：＿＿＿＿＿＿＿＿＿＿＿＿＿＿＿＿＿＿＿＿＿＿＿＿

寒　假：＿＿＿＿＿＿＿＿＿＿＿＿＿＿＿＿＿＿＿＿＿＿＿＿

學分班：＿＿＿＿＿＿＿＿＿＿＿＿＿＿＿＿＿＿＿＿＿＿＿＿

九、您的其他意見

＿＿＿＿＿＿＿＿＿＿＿＿＿＿＿＿＿＿＿＿＿＿＿＿＿＿＿＿＿

謝謝您的指教！